中国非洲研究院文库·学术译丛

非正式经济

西非企业规模、生产率和制度研究

Les entreprises informelles
de l'Afrique de l'ouest francophone

〔美〕南希·本杰明
（Nancy Benjamin）

〔塞内加尔〕阿马杜·阿里·姆拜耶　等 著
（Ahmadou Aly Mbaye）

王 战　周晨宇　孙小涵　　译

社会科学文献出版社
SOCIAL SCIENCES ACADEMIC PRESS (CHINA)

充分发挥智库作用　助力中非友好合作

——中国非洲研究院文库总序言

当今世界正面临百年未有之大变局。世界多极化、经济全球化、社会信息化、文化多样化深入发展，和平、发展、合作、共赢成为人类社会共同的诉求，构建人类命运共同体成为各国人民共同愿望。与此同时，大国博弈加剧，地区冲突不断，恐怖主义难除，发展失衡严重，气候变化问题凸显，单边主义和贸易保护主义抬头，人类面临诸多共同挑战。中国是世界上最大的发展中国家，是人类和平与发展事业的建设者、贡献者和维护者。2017 年 10 月中国共产党第十九次全国代表大会胜利召开，引领中国发展踏上新的伟大征程。在习近平新时代中国特色社会主义思想指引下，中国人民已经实现了第一个百年奋斗目标，正在意气风发向着全面建成社会主义现代化强国的第二个百年奋斗目标迈进，同时继续努力为人类作出新的更大贡献。

非洲是发展中国家最集中的大陆，是维护世界和平、促进全球发展的重要力量之一。近年来，非洲在自主可持续发展、联合自强道路上取得了可喜进展，从西方眼中"没有希望的大陆"变成了"充满希望的大陆"，成为"奔跑的雄狮"。非洲各国正在积极探索适合自身国情的发展道路，非洲人民正在为实现《2063 年议程》与和平繁荣的"非洲梦"而努力奋斗。

中国与非洲传统友谊源远流长，中非历来是命运共同体。中国高度重视发展中非关系，2013 年 3 月习近平担任国家主席后首次出访就选择了非洲；2018 年 7 月习近平连任国家主席后首次出访仍然选择了非洲；6 年间，习近平主席先后 4 次踏上非洲大陆，访问坦桑尼亚、南非、塞内加尔等 8 国，向世界表明中国对中非传统友谊倍加珍惜，对非洲和中非关系高度重视。在 2018 年中非合作论坛北京峰会上，习近平主席指出："中非早已结成休戚与共的命运共同体。我们愿同非洲人民心往一处想、劲往一处使，共筑更加紧密的中非命运共同体，为推动构建人类命运共同体树立典范。" 2021 年中非合作论坛第八届部长级会议上，习近平主席首次提出了"中非友好合作精神"，即"真诚友好、平等相待，互利共赢、共同发展，主持公道、捍卫正义，顺应时势、开放包容"。这是对中非友好合作丰富内涵的高度概括，是中非双方在争取民族独立和国家解放的历史进程中培育的宝贵财富，是中非双方在发展振兴和团结协作的伟大征程上形成的重要风范，体现了友好、平等、共赢、正义的鲜明特征，是新型国际关系的时代标杆。

随着中非合作蓬勃发展，国际社会对中非关系的关注度不断提高，出于对中国在非洲影响力不断上升的担忧，西方国家不时泛起一些肆意抹黑、诋毁中非关系的奇谈怪论，诸如"新殖民主义论""资源争夺论""中国债务陷阱论"等，给中非关系发展带来一定程度的干扰。在此背景下，学术界加强对非洲和中非关系的研究，及时推出相关研究成果，提升中非国际话语权，展示中非务实合作的丰硕成果，客观积极地反映中非关系良好发展，向世界发出中国声音，显得日益紧迫和重要。

以习近平新时代中国特色社会主义思想为指导，中国社会科学院努力建设马克思主义理论阵地，发挥为党和国家决策服务的思想库作用，努力为构建中国特色哲学社会科学学科体系、学术体系、话语体系作出新的更大贡献，不断增强我国哲学社会科学的国际影响力。中国社会科学院西亚非洲研究所是遵照毛泽东主席指示成立的区域性研究机构，长期致力于非洲问题和中非关系研究，基础研究和应用研究并重。

以西亚非洲研究所为主体于 2019 年 4 月成立的中国非洲研究院，是习近平主席在中非合作论坛北京峰会上宣布的加强中非人文交流行动的重要举措。自西亚非洲研究所及至中国非洲研究院成立以来，出版和发表了大量论文、专著和研究报告，为国家决策部门提供了大量咨询报告，在国内外的影响力不断扩大。按照习近平主席致中国非洲研究院成立贺信精神，中国非洲研究院的宗旨是：汇聚中非学术智库资源，深化中非文明互鉴，加强治国理政和发展经验交流，为中非和中非同其他各方的合作集思广益、建言献策，为中非携手推进"一带一路"合作、共同建设面向未来的中非全面战略合作伙伴关系、构筑更加紧密的中非命运共同体提供智力支持和人才支撑。中国非洲研究院有四大功能：一是发挥交流平台作用，密切中非学术交往。办好"非洲讲坛""中国讲坛""大使讲坛"，创办"中非文明对话大会""非洲留学生论坛""中国非洲研究年会"，运行好"中非治国理政交流机制""中非可持续发展交流机制""中非共建'一带一路'交流机制"。二是发挥研究基地作用，聚焦共建"一带一路"。开展中非合作研究，对中非共同关注的重大问题和热点问题进行跟踪研究，定期发布研究课题及其成果。三是发挥人才高地作用，培养高端专业人才。开展学历学位教育，实施中非学者互访项目，扶持青年学者和培养高端专业人才。四是发挥传播窗口作用，讲好中非友好故事。办好中国非洲研究院微信公众号，办好中英文中国非洲研究院网站，创办多语种《中国非洲学刊》。

　　为贯彻落实习近平主席的贺信精神，更好汇聚中非学术智库资源，团结非洲学者，引领中国非洲研究队伍提高学术水平和创新能力，推动相关非洲学科融合发展，推出精品力作，同时重视加强学术道德建设，中国非洲研究院面向全国非洲研究学界，坚持立足中国，放眼世界，特设"中国非洲研究院文库"。"中国非洲研究院文库"坚持精品导向，由相关部门领导与专家学者组成的编辑委员会遴选非洲研究及中非关系研究的相关成果，并统一组织出版。文库下设五大系列丛书："学术著作"系列重在推动学科建设和学科发展，反映非洲发展问题、发展道路及中非合作等某一学科领域的系统性专题研究或国别研究成果；"学术译丛"系列主要把非洲学者以及其他方学者有关非洲问题研究的学术著作翻译成中文出版，特别注重全面反映非洲本土学者的学术水平、学术观点和对自身发展问题的认识；"智库报告"系列以中非关系为研究主线，以中非各领域合作、国别双边关系及中国与其他国际角色在非洲的互动关系为支撑，客观、准确、翔实地反映中非合作的现状，为新时代中非关系顺利发展提供对策建议；"研究论丛"系列基于国际格局新变化、中国特色社会主义进入新时代，集结中国专家学者研究非洲政治、经济、安全、社会发展等方面的重大问题和非洲国际关系的创新性学术论文，具有基础性、系统性和标志性研究成果的特点；"年鉴"系列是连续出版的资料性文献，分中英文两种版本，设有"重要文献""热点聚焦""专题特稿""研究综述""新书选介""学刊简介""学术机构""学术动态""数据统计""年度大事"等栏目，系统汇集每年度非洲研究的新观点、新动态、新成果。

期待中国的非洲研究和非洲的中国研究在中国非洲研究院成立新的历史起点上，凝聚国内研究力量，联合非洲各国专家学者，开拓进取，勇于创新，不断推进我国的非洲研究和非洲的中国研究以及中非关系研究，从而更好地服务于中非共建"一带一路"，助力新时代中非友好合作全面深入发展，推动构建更加紧密的中非命运共同体。

中国非洲研究院

序

　　《非正式经济：西非企业规模、生产率和制度研究》的译本在作者、译者和编辑的共同努力下终于问世。首先感谢其中主要作者之一、塞内加尔谢赫·安踏·迪奥普大学校长阿里·姆拜耶教授。我们在法国作为评委共同参加博士答辩相识，便一见如故，后邀请他参加我在法国联合培养的博士答辩，加深了双方的相互了解。此后，我们多次互访，建立了良好关系。我在里昂二大产业研究所获博士学位，他在法国克莱蒙二大应用经济学院读博，专业虽然有差异，但在非洲投资、工业园区和第三方市场方面开展了良好的合作并在他的学校联合培养了两名应用经济学博士。

　　姆拜耶校长长期以来一直关注非洲非正式经济在西非地区发展中的作用。为此，带领团队进行实证研究，几年内对研究对象长期跟踪和反复比较，力争得出客观科学的结论。目前，国内外学术界对非洲发展关注较多，大部分聚焦治理、安全和可持续发展等重大议题；还有些学者考察政治和经济社会转型等问题。但非洲的国别和区域研究相对薄弱，有关西非企业在正式和非正式经济制度间运行和博弈的研究更是几乎没有。

　　应该说，西方殖民主义者因为资源而进入非洲，为保证其利益需求在政治上建立了西方式的民主共和制度，在经济领域打造了所谓的市场机制。非洲大部分国家独立后为真正做到自主发展，采取向东看的策略，构建了社会主义制度，但因种种因素后又回到民主共和制，可见，非洲国家的民主制度属于外生植入模式，而其市场经济也非内生模型。从这个角度看，姆拜耶教授的研究有着历史背景和现实意义，有着理论价值和实践指导意义。其研究由于具有前瞻性而得到了世界银行的全额资助。

　　本书的问世要感谢我曾经指导过的周晨宇先生和孙小涵女士。周晨宇毕业于武汉大学经济管理中法双学位班，后在法国留学获管理学硕士。孙小涵本硕就读于武汉大学法语系，聚焦法国和非洲法语国家研究，博士继续在武汉大学边海院攻读国际法专业。他们在海外的经历、对外语的把握和专业背景成为本书问世的关键。

本书得到社会科学文献出版社领导和编辑的大力支持，也得到中国非洲研究院和中国社会科学院西亚非研究所领导和专家的鼓励，在此一并感谢！

王战

武汉大学 华中农业大学教授、博导

2021 年 11 月 18 日于武汉

"非洲发展论坛"丛书

"非洲发展论坛"丛书发端于 2009 年,以撒哈拉以南非洲地区发展中遇到的主要社会经济问题为重点关注对象。该系列丛书每期都会围绕一个重大问题辑录关于地方、区域及全球相关政策的思考研究。无论是决策者还是研究人员或者学生都能从中获得攸关非洲大陆发展困境与机遇的最新研究成果。

丛书编辑工作由法国开发署和世界银行组织领导,所收编的全部研究论文均与主题密切相关,反映了发展现状,且都基于上述两机构的研究成果和实地调研。

通过合作开发该系列丛书,法国开发署和世界银行意在更新分析和了解撒哈拉以南非洲发展方式。

顾问委员会成员

法国开发署

皮埃尔·雅盖（Pierre Jacquet），战略总监兼首席经济学家

罗伯特·佩古（Robert Peccoud），研究总监

世界银行

山塔亚南·德瓦拉扬（Shantayanan Devarajan），非洲区首席经济学家

目 录

CONTENTS

目　录

目　录

目 录

表目录

图目录

缩略词

ADEPME	Agence pour le développement des petites et moyennes entreprises 中小企业开发署	
BCEAO	Banque centrale des États de l'Afrique de l'Ouest 西非国家中央银行	
BICIS	Banque internationale pour le commerce et l'industrie au Sénégal 塞内加尔工商银行	
BNP	Banque nationale de Paris 法国巴黎银行	
CEDEAO	Communauté économique des États de l'Afrique de l'Ouest 西非国家经济共同体	
CEM	*Country Economic Memorandum* 国家经济备忘录	
CGU	Contribution générale unique 单一普通税	
CREA	Centre de recherches économiques appliquées 应用经济研究中心	
CSI	Contribution du secteur informel 非正式部门纳税	
CSS	Compagnie sucrière sénégalaise 塞内加尔糖业公司	
DGE	Direction générale des entreprises （塞内加尔）企业管理局	
FAPE	Fonds d'appui à la promotion de l'Emploi 就业促进支持基金	
FASI	Fonds d'appui au secteur informel 非正式部门支持基金	
GIE	Groupements d'intérêts économiques 经济利益集团	
ICA	*Investment Climate Assessment* 投资环境评估	
IDECOM	Internationale pour le développement du commerce sénégalo-	

maghrébin 塞内加尔—马格里布贸易发展国际协会

IDH   Indice du développement humain 人类发展指数

IMAD   Initiative multilatérale d'allégement de la dette 多边债务减免
          倡议

INSAE   Institut national de la statistique et de l'analyse économique 国家
          经济分析与统计局

ISN   Institut sénégalais de normalisation 塞内加尔标准化协会

KSB   *Keur Serigne Bi*（沃洛夫语）伊斯兰隐士宅（法文意为 la
          maison de marabout）

NOSCOM   Nouvelle Société de commerce 新商贸公司

OCDE   Organisation de coopération et de développement économiques 经
          济合作与发展组织

OHADA   Organisation pour l'harmonisation des droits des affaires en Afrique
          非洲商法协调组织

OIT   Organisation internationale du travail 国际劳工组织

ONATEL   Office national des télécommunications 布基纳法索国家电信
          公司

ONFP   Office national de la formation professionnelle 布基纳法索职业
          培训中心

PME   Petites et moyennes entreprises 中小型企业

PPTE   Pays pauvres très endettés 重债穷国

ROES   Rassemblement des opérateurs économiques du Sénégal 塞内加
          尔经商者联盟

SONABEL   Société nationale d'électricité du Burkina Faso 布基纳法索国家
          电力公司

SONACOS   Société nationale de commercialisation des oléagineux du Sénégal
          塞内加尔国家油料贸易公司

SONATEL   Société nationale des télécommunications 塞内加尔电信公司

SOPAM   Société d'outillage de précision et d'accessoires mécaniques 精密

设备与机械配件公司

TAFIRE	Tableau financier des ressources et emplois	收入与雇工财务表
TEC	Tarif extérieur commun	对外共同关税
TFP	Total factor productivity	全要素生产率
TUTR	Taxe unique sur le transport routier	道路运输单一税
TVA	Taxe sur la valeur ajoutée	增值税
UEMOA	Union économique et monétaire ouest-africaine	西非经济货币联盟

序　言

　　非洲大陆经济持续增长，现代化步伐持续推进。人们有必要明白如何更好地利用这些积极趋势来减贫和扩大就业，特别是在每年有 700 万～1000 万年轻人进入劳动力市场的情况下。

　　时至今日，尽管非正式部门为非洲劳动力提供了大量岗位并且在推动大陆经济增长和社会融合方面发挥了核心作用，但围绕它的系统研究依然贫瘠。

　　通过这本书，我们可以更好地了解西非法语区非正式部门企业的复杂现状。这本书颇具创新性，因为它侧重于研究非正式企业而非目前该主题下大部分研究所侧重的非正式就业，本书为大型非正式企业赋以定义，认为其销售与大型正式企业存在竞争但运作方式与小型非正式企业非常相似。正式与非正式企业监管框架不同，在制定政策提高二者生产率时应加以区分。

　　书中所用数据收集方式多种多样，独辟蹊径。在与诸大学研究人员、政府官员、西非经济货币联盟委员会、正式和非正式行业协会以及工会的合作中，上述成员提供了关于非正式企业的珍贵定量定性数据。

　　本书从以下诸多方面对非正式经济展开了全面研究：在国民经济中的重要性、主体的社会人口学特征、不同行业间的非正式要素分配、与国家的关系、融资来源、非正式企业的生产率及其制度和社会网络。

　　书中通过描述非正式企业提高生产率的方法手段突出了制度管理建设中的短板，同时也见微知著地指出了非正式经济体系化进程中面临的文化障碍。

　　这本书不仅为读者了解西非非正式部门运作推开了一扇窗，还对大家更好地了解如何提高非正式部门劳动生产率颇有裨益。因此，它绝非简单罗列信息，而是为那些致力于让非洲摆脱贫困的有志之士所著的实用工具书。

马克塔·迪奥普（Makhtar Diop）

世界银行非洲区副总裁

前　　言

　　非洲非正式部门与其他发展中地区特别是拉丁美洲的非正式部门相比未免相形见绌，这是因为人们对该地区情况知之甚少，而关于非正式经济中的大小型主体共存的研究就更为稀缺，但这一主题却是非洲非正式部门的一个重要特征。大部分情况下，非正式部门的概念给人以微小且不稳定实体之感。虽然这类企业在非洲非正式部门中占主导地位，但也存在规模庞大的非正式企业以及将大小型非正式企业和正式企业联系起来的强大民族宗教网络。本项研究以西非三国（贝宁、布基纳法索和塞内加尔）为案例，详尽分析三国国内情况，以期更好地了解西非非正式部门。

　　塞内加尔应用经济研究中心（CREA）与世界银行长期保持合作关系，本书即为合作成果之一。早在 2007 年初，塞内加尔应用经济研究中心就已和世界银行研究部门在共同资助推动一个研究项目方面达成了共识，项目由时任中心主任阿马杜·阿里·姆拜耶（Ahmadou Aly Mbaye）和世界银行塞内加尔分区经济学家南希·本杰明（Nancy Benjamin）共同实施，姆拜耶先生目前担任塞内加尔谢赫·安踏·迪奥普大学校长。2003 年本杰明夫人参与协调起草了塞内加尔经济备忘录，从世界银行的角度，这项研究正是在此背景下应运而生。本杰明夫人强烈建议就非正式部门进一步展开深入调研，以便更好地了解塞内加尔乃至西非的营商环境。而塞内加尔应用经济研究中心在本国及该地区其他国家有着丰富的实地调研和公共政策分析经验成果。

　　大多数关于非正式部门的研究都是从其对劳动力市场和家庭福祉的影响入手，且都是基于"非正式企业均规模较小、大多由家族企业构成"的假设。而我们却另起炉灶，重点关注城市中的企业。这种选择背后有多种缘由。首先，我们对非正式经济的营商环境和制度框架更感兴趣，将这两点视作非正式经济的关键决定因素，即便似乎截至目前有关非正式经济的文献研究并未将其作为研究基本点。事实上，侧重于家庭和劳动力市场的非正式经济研究有一个最大的缺陷，即通常是基于某种对于非正式领域较为局限简化的定义，将非正式部门的范围局限在小型企业（5~10名雇员和/或营业额低于某一阈值）。这种颇具局限性的定义，其源头要追溯到联合国1993年制定的国民经济核算体系含义范畴内的家庭经济。这种对非正式经济的研究方式是错误的，首先，它在实施过程中会产生严重误差，尤其是在企业规模、主体年龄或行业方面（例如，是否包括农业），而这些恰恰都值得仔细研究。此外，基于国内调研结果所构建的数据库很难在国际层面进行比较。最后，现有文献并未在大型非正式经济的概念方面有所建树，而这正是本书分析的重点。我们从营业额角度给出了大型非正式企业的定义，其与非正式经济中的其他类型企业有着多种共同特征，特别是会计账目真实性存疑方面。

我们在研究中所采用的一以贯之的抽样策略使研究范围可以同时辐射到大小型非正式企业和正式企业。所采数据来自对所研究的三个城市各300家企业的实地调研、半正式访谈以及国民账户。作者从不同方面对非正式经济展开研究，从各主体的社会人口学特征到大型非正式经济的真实情况，包括非正式经济的不同要素与正式经济间的相互作用、非正式经济对税收的影响、非正式和正式经济不同分部主体对营商环境的反馈比较、正式和非正式经济之间的生产率差异、社会网络和各种制度的影响等。

这项研究是该分区研究人员、有关国家官员、西非经济货币联盟[1]委员会、正式和非正式经济雇主行业协会、工会以及这些国家负责非正式经济的不同主管部门间通力合作的成果。上述成员和机构为研究提供了诸多重要信息，没有他们的帮助，研究人员很难收集到相关数据。我们想借此机会真诚地感谢他们在数据收集过程中对访谈和其他请求的配合。这里特别要提到西非经济货币联盟下属税收、贸易和海关政策部以及经济政策部——数据收集过程中的主要支持方。委员会一直派人陪同、协助我们与各国主管部门及私营部门组织合作。他们还协助跟进我们调取这些主管部门数据或行政文件以及各种报告方面的请求。此外，委员会还与贝宁、塞内加尔和布基纳法索联合组织了此项成果的推广会议并在其中发挥决定作用。我们再次对委员会主席、上述两部门的领导和工作人员表达深切谢意。

我们还要对相关政府表示谢意，它们慷慨提供了研究所需数据并与研究团队坦诚交流。与三国海关、税务领导机构、商务部、财政部及各类支持非正式部门发展组织的合作，从未令人失望。三国国家统计部门也协助我们开展了抽样和数据收集工作。它们在此领域的丰富专业知识和工作经验对研究大有助益。在此，要特别提到时任贝宁共和国可持续发展部内阁主任安多南·多索（Antonin Dossou）先生，他从头至尾见证了项目的进展。

三所高校经济研究中心为本研究提供了诸多帮助，它们是贝宁阿波美卡拉威大学、布基纳法索瓦加杜古大学和塞内加尔达喀尔大学，三个中心的研究工作分别由富尔博·盖罗·阿穆苏加（Fulbert Géro Amoussouga）、金赛·萨瓦多哥（Kimsey Savadogo）和阿马杜·阿里·姆拜耶教授指导。三个小组参与了相关书籍等文献收集和多项研究工作，并协助我们完成了各章节的撰写及研究推广工作。逾百位研究、管理和调研人员辛勤付出且卓有成效，篇幅所限不一一列举。在此，特别感谢达喀尔的法图·盖耶（Fatou Guèye）、阿达玛·盖耶（Adama Guèye）、雷昂·阿科颇（Léon Akpo）、阿雷·纳尔·迪奥普（Allé Nar Diop）、邦巴·迪奥普（Bamba Diop）、姆巴克·巴（Mbacké Ba）、富迪耶·杜古雷（Fodiyé Doucouré）、阿兰·阿卡尼（Alain Akanni）、索菲·帕斯卡妮·法耶（Sophie Pascaline Faye）和拉萨纳·西索科（Lassana Cissoko），科托努的米歇尔·索埃岱（Michel Soédé）、让－克劳德·卡卡（Jean-Claude Kaka）、达米安·阿格博济（Damien Agbodji）等，瓦加杜古的巴默里·乌阿塔拉（Bamory Ouattara）、拿马罗·雅郭（Namaro Yago）、阿拉达利·塔奥雷（Aladari Traore）等。恩戴耶·阿米·迪亚洛（Ndèye Amy Diallo）和热尔曼尼·门德斯·迪奥（Germaine Mendes Diaw）承担了该项目在达喀尔大学应用经济研究中心的行政资源协调工作。

阿马杜·阿里·姆拜耶和南希·本杰明组织协调了研究各阶段工作，协调小组其他成员也在撰写修订部分章节方面多有助益，其中有史蒂芬·格鲁伯（Stephen Golub，斯沃斯莫尔学院）、多米尼克·霍顿（Dominique Haughton，本特利大学）、比拉希姆·尼昂（Birahim Bouna Niang，达喀尔大学应用经济研究中心）和伊布拉易姆·迪奥普（Ibrahima Thione Diop，达喀尔大学应用经济研究中心）。阿马杜·阿里·姆拜耶和南希·本杰明共同设计了调研问卷，制定了调研策略，并组织在三个城市开展实地数据收集。他们还在比拉希姆·尼昂和伊布拉易姆·迪奥普的帮助下通过访谈收集了定性信息，并撰写了本书除特别指出外的所有章节。最后，两人共同组织了面向三国政府和相关者有关三国及西非经济货币联盟委员会非正式经济问题的研究宣传工作。史蒂芬·格鲁伯与杰米·汉森-勒维斯（Jamie Hansen-Lewis）共同撰写了第8章，史蒂芬·格鲁伯还独立撰写了有关西非非正式跨境贸易和社会网络的第9章全章内容，同时亦参与了本书成稿的编辑工作。多米尼克·霍顿在抽样阶段提供了相关建议，并作为共同作者撰写了关于非正式经济和生产率的第7章内容。比拉希姆·尼昂和伊布拉易姆·迪奥普共同撰写了关于西非非正式部门制度环境的第6章。伊布拉易姆·迪奥普也与其他研究人员共同组织了对三个国家的第二阶段调研。阿马杜·阿里·姆拜耶和法图·盖耶在五位经济与管理学院博士生阿萨那·贝耶（Assane Bèye）、迪亚拉·西斯（Diarra Ciss）、雅戈尔·迪奥那（Yacor Dione）、乌塞努·肯达（Ousseinou Kinda）和吉卜力·乌阿塔拉（Djibril Ouattara）的协助下完成了英文原版序言、第8章和第9章的法文翻译和全书译校工作。

世界银行研究委员会、世界银行非洲区诸机构及致力于减贫事务的卢森堡信托基金（LPRP）为本项目提供了大力资助，尤其是我们在所研究三国开展的推广研讨会便得益于卢森堡信托基金的资助，同时它还承担了研究文件出版的大量支出。共同增长便利评估信托基金（Trust Fund pour la Diagnostic Facility for Shared Growth）也为研究出版和推广提供了资金支持。全球发展网络（Global Development Network）和法国开发署（Agence

Française de Développement）为研究组在三城收集数据提供了支持。

最后，我们对两位匿名顾问在全稿修订阶段提出的真知灼见及鼎力相助表达诚挚谢意。

注释

1. 西非经济货币联盟税收、贸易和海关政策部以及经济政策部自此以后分别改称区域市场、竞争与合作贸易部（DMRC）和经济政策与区内税务部。

绪章

西非的非正式部门：概述

　　非正式部门给人的印象往往是一些游离在现代经济边缘的小型无组织生产者。然而在西非诸国却恰恰相反，非正式部门的生机勃勃与正式部门的缺乏活力形成了鲜明对比。在这些国家，小型经营者与那些组织完善、与政界关系良好的大型正式企业可以共存。

　　本项目属系统描述分析大型非正式企业前沿研究，不仅首次区分了大小型非正式经济，还独树一帜地应用多种数据收集策略。由此我们得出了一个关键性结论，即大小型非正式经济间彼此决定要素不同，政策层面的反映也不尽相同。

　　非正式部门在非洲经济增长发展过程中处于中心地位，但围绕该部门的现有研究文献却十分匮乏。本书力求使人们总体了解西非非正式企业的复杂现状，书中详尽描述分析了非正式企业的特点和运作模式，其在经济中占优势地位的缘由，正式和非正式企业间的关系，非正式经济对经济发展的影响以及经济政策方面的合理建议。

　　本研究重点关注集中在三个首都城市的非正式企业，即塞内加尔达喀尔、贝宁科托努和布基纳法索瓦加杜古。三国国情天差地别，但作为一个整体却在西非法语区里非常有代表性，在一定程度上可以代表西非整体情况。我们使用定性与定量相结合的研究方法，从对三个城市900家企业的实地调研、对相关人士和主体的访谈中所获数据及一切可用的二手数据着手分析研究。我们别出心裁地设计了抽样策略以使其覆盖大小型非正式企业和正式企业三类主体。

　　此外，我们给出了非正式部门更全面的定义，这个定义既反映了其复杂性和异质性（见第 1 章），还考虑到了非正式经济的六个指标，而此前的定义通常局限于单个或两个指标。通过分析研究在西非调研所得的数据，我们证实了此前研究的诸多成果，尤其是关于小型非正式企业的一些结论。此外，本研究的另一重大创新在于强调了大型非正式经济的规模以及制度和社会文化因素对其形成和发展的影响。

我们研究非正式部门的方式

　　了解非正式经济的前因后果至关重要，因为它在西非经济中发挥着主导作用，特别是在扩大就业和创造收入方面。第 3 章描述了三国国内的非正式部门并运用各国国民账户数据从整体和分部门层面分别介绍了其在国家就业和国内生产总值中的份额。尽管这些国民账户的官方评估数字有一定局限——没有涵盖大型非正式企业数据，但这些数字显示非正式部门对国内生产总值有很大贡献，而对就业的贡献则达 90% 甚至更多。诚然，私营部门的正式就业岗位确实竞争激烈，仅能雇用 1% ~5% 的劳动力。

　　此前关于非洲非正式部门的绝大多数研究都侧重于规模极小的经济活动，通常是个体经营，如街头商贩或手工艺人。虽然大多数非正式活动的规模的确很小，但非正式部门实际情况要复杂得多，它既包含了规模很大的经营活动，也串联起看似孤立的微型企业形成复杂的非正式网络。

　　非洲非正式部门与拉丁美洲的有所不同，佩里等人（Perry，2007）有关拉丁美洲非正式部门的原创研究并未涵盖任何对大型非正式企业的分析，其中仅提到一些大企业所报销售额或员工人数低于实际情况。这项对拉美的研究还表明，有相当一部分劳动者自愿放弃正式部门的有偿工作去创建自己的小型非正式企业，而这种现象在西非却很少见。

　　侧重个体企业和劳动力市场是经济学研究人员在撰写有关小型非正式经营者文章中常使用的数据收集策略。

　　从定义上看，这种方法并不能覆盖大型非正式企业。国际劳工组织分别在 1993 年和 2002 年推出过非正式部门的实证研究方法，可谓开此领域之先河，后继研究多以其为尊。在这个体系下，非正式经济主要由企业规模和是否登记在册限定，这就将非正式部门调研的样本局限在以家庭或个体为单位的小经营者内。其他文章使用了投资环境调研数据（ICA，Investment Climate Assessment）及类似数据库，如盖尔伯和拉波塔等的文章（Gelb et al.，2009；La Porta et Shleifer，2008）。投资环境评估的调研数据虽然为研究者提供了大量实用信息，但这些数据涉及私营企业整体，原则上应该兼有正式企业和非正式企业，但实际上它却将非正式经济中的重要部分——大型非正式企业以及微型企业排除在外。世界银行也围绕非正式企业和微型企业展开了调研，力求界定非正式部门，但这些调研仅局限在小型非正式企业而未将大型非正式企业涵盖在内。

　　本研究认为对非正式部门的定义应较为宽泛，因为很多正式企业也经常开展一些非正式活动。近来一些学者认识到非正式部门所涉之广，故提出一系列指标以便更好地理解这一问题（Steel et Snodgrass，2008；La Porta et Shleifer，2008；Guha-Khasnobis et Kanbur，2006）。但他们都没有提出如何收集相关数据来验证以上认识的策略。由于这一问题错综复杂，要想更好掌握情况只能使用多种标准。一些已注册企业虽然纳税但却少报了盈利（Dabla-Norris，Gradstein et Inchauste，2008；La Porta et Shleifer，2008）。调研结果显示，很多企业并没有申报它们的真实营业额。

　　在第 1 章中，我们从六项指标定义非正式部门：经营规模、是否登记注册、账目真实性、经营场所固定性、信贷获取途径及企业税收状况。尽管这些指标已经比其他研究者的标准更为详尽，但依然不能涵盖非正式经济的全貌，如企业管理实践、公司组织水平及是否参保等。结合以上六项指标，分析指定企业满足了多少项便可得出该企业非正式经济的经营层级。

　　在所有企业中，处于最底层的是完整意义上的非正式企业，它们没有任何正式企业属性。第二层企业是至少满足了一项正式企业属性的企业，依此类推，完全正式的企业处于最上层，它们具有正式企业的所有特征。百分百的正式企业与百分百的非正式企业构成了企业类型中的两极。根据调查，两种极端类型的企业都属罕见。

　　本书将非正式企业分为大型和小型两类。大型非正式企业在企业规模上与现代企业类似，但在其他方面呈现非正式性。这些企业除了有时会存留真实账目外，符合上文提到的其他五项非正式部门标准。大型非正式企业与正式企业的差异并不明显，主要表现在企业组织结构与管理者个人作风等方面，而这些并不包含在所提出的六项指标中，本书第4章将详细分析这一问题。

由于非正式经济错综复杂，收集信息难度颇大，本书所用数据主要来自三个路径。首先是研究对象国的国民账户及其他公共数据库中的标准化数据，例如海关、税务局及国家统计机构的相关数据，这些数据可以让研究人员对非正式经济的整体情况有一个大致了解，但不足以支撑对非正式企业的深入分析研究。其次是研究团队自主调研获得的数据资料。最后是团队所开展的半标准化研究访谈，通过访谈我们也收集到一些定性信息来补充调研所得的定量数据。此外我们还走访了一些公私部门中与非正式经济相关的重要人士及专家。

为将正式企业与大小型非正式企业结合起来分析研究，我们在调研中采用了分层抽样的方法，本书第2章对此进行了详细描述。概括而言，根据（a）三类研究对象企业（正式、大小型非正式）及（b）工业、贸易及其他服务行业企业两个标准建立了一个3×3矩阵并从中随机抽取一个样本。这些样本来自2007年我们在三个城市（达喀尔、瓦加杜古和科托努）的首次研究调研，每个城市300家企业，累计调研了900家企业。

2009年，我们研究团队对三个城市的企业做了一个小规模补充调研和访谈，此次调研重点是正式企业和大型非正式企业。

西非非正式企业的特征

研究团队从以下多重标准入手比较了正式企业和非正式企业的特征与运作，包括企业规模、主体的社会人口学特征、信贷获取、国际贸易的参与、资本投资、公共服务获取、企业注册、是否留存真实财务报表、工作场所是否固定、是否纳税及所纳税种（据实纳税或定额税）以及是否参保。

本研究最为显著的成果之一是建立了划分大小型非正式企业的标准。如上所述，尽管现有文献中关于非正式经济经营者及其主营部门和活动性质的记载很少，但在西非同时存在着大型非正式企业、牵涉非正式部门的庞大复杂商业网络与小型非正式经济经营者。因此研究的目标之一是要记录分析各类非正式经济模式的真实发展现状，特别是要区分大小型非正式经济。

正式企业、大小型非正式企业在本质上存在差异，但在许多方面又呈现一定的相似性。研究团队分析了典型企业案例及这些企业中的典型经营部门案例，所涉部门包括进出口、贸易、批发零售、运输及建筑，本书第4章详细阐释了相关研究成果。在塞内加尔，据估计，可能某一位贸易商掌握着该国主食大米1/3的进口业务。这些大型非正式经济企业家受教育程度低，通常起步于小规模经营，而后由于他们具有明显高于平均水平的卓越创业能力以及不懈努力，且在社会族裔和宗教网络的助力下，拥有了极大的财富与影响力。就产品销量及其他衡量企业经营水平的指标而言，这些企业可以与同领域的正式企业对标。此外，这些企业往往虽已注册登记且为政府熟知，但依然会持续大量低报营业额，留存的财务报表在很大程度上也是虚假的。而在企业管理模式和组织结构上，这些企业往往具有家庭作坊性质，这一点与小型非正式企业相似。

通常在这类企业中有一个一般为男性的核心人物控制管理企业的所有职能部门，如人力资源、会计、财务、市场营销等，而正式企业则与之相反，会分别设立不同部门来执行企业各项职能。此外，在这类企业中所有个人自身的财产资源即为企业的财产资源。

另外，这些企业的存续具有脆弱性，企业所有人一旦与税务或海关人员发生冲突，可能就会解散企业或者在被税务局盯上后改换名号重出江湖。

人们往往很难直接辨认出大型非正式企业，研究团队是通过走访了一些企业家、政府代表与其他熟知情况的人士后才了解该类型企业的运作模式以及分辨这类型企业的方法。同时作者比对了这些大型非正式企业在海关数据库中申报的进口额和在税务局申报的营业额，试图了解其在塞内加尔的经营状况。大型非正式企业的真实进口额往往会远超其申报的总营业额，这就清晰地反映了该类企业存在谎报虚报营业额现象。

而对于小型非正式企业，团队的调研结果很大程度上验证了已有文献的结论，详见第5章。这些企业往往规模较小，自雇在企业中占主导地位。

一般来说，大多数企业已在市政部门和商务部注册登记，只有极少一部分在税务局注册。企业经营者受教育程度普遍偏低，女性的参与程度虽相对较高但依然比男性低很多。这些企业由于没有会计或财务账目往往也无法获得银行贷款，因此它们通常会从非官方渠道获取贷款，借贷利率相当高。企业对信息通信技术的应用也较为受限。这些企业往往与大型非正式企业集中于相同产业，如贸易、手工艺品、运输以及新旧衣买卖等。它们向微型企业及低收入家庭出售劣质产品，彼此间竞争十分激烈，很少涉及出口贸易。同时，小型非正式企业往往处于管控失调且竞争激烈的劳动力市场，企业员工无法享受社保。

第 5 章比较了正式企业及大小型非正式企业各自的特点。

正式企业与非正式企业在上述所有特征上都存在差异。总体而言，它们往往规模更大，在税务部门完成了登记注册，据实纳税。它们的管理人员和员工往往受教育程度更高，企业有更多的借贷渠道，尽管与国际标准还有差距。企业中也较广泛地应用信息通信技术且在出口贸易中稍有成绩。

大型非正式企业往往介于正式企业与小型非正式企业之间，正如上文所述，大型非正式企业的组织结构与小型非正式企业几乎没有区别，而从销售数据上看，大型非正式企业与正式企业往往等量齐观。但除科托努案例外，大型非正式企业的长期员工数量远低于正式企业。科托努在地区走私活动中基本充当了交易平台的角色，详见第 9 章，因此，它有别于另外两座城市。如第 9 章所述，大多数从事走私活动的团体都属于非正式企业，特别是在二手车交易中，此点在第 4 章中有详细阐述。

有关非正式经济的文献中经常会提到非正式经济发展的一个主要劣势在于非正式企业往往很难获取正当公共服务。本书研究在很大程度上也证实了这一点，但同时发现在某些情况下，正式企业获得某些公共服务所需等待的时间比小型非正式企业还要长。此外，无论是正式企业还是非正式企业从业者都对营商环境非常不满。

正式企业与非正式企业间的关系非常复杂，竞争的同时也有合作。许多正式企业依赖着非正式经销商，在贸易和建筑行业中正式企业与非正式企业间紧密的交易分包关系就非常明显，而一些进口商品的清关也呈现这种互动关系。许多海关人员联合一些有资质和资源的掮客在未经授权的情况下从进出口清关中攫取利益。而非正式代理商通过贿赂有资质的掮客，使用其印章就可以用非常低的成本完成清关。同理，在建筑行业，正式企业往往掌握着公共采购及其他大型订单的合同，但最终这些订单大部分会被分包给非正式企业完成。

而在其他行业，非正式企业特别是非正式进口商冲击了正式生产商和经销商的市场竞争力。国家为了保护本土生产商，对一些进口商品如糖和服装设置了进口壁垒，而大部分非正式企业为了逃避这些进口壁垒所从事的经营活动都带有走私性质。走私活动同样广泛存在于其他类型商品中，特别是二手车、旧衣服及医药产品甚至包括假药等。这导致了不公平市场竞争，损害了支付这些产品进口关税的正式经销商的利益，该现象在贝宁尤为常见。第 9 章以贝宁和塞内加尔为例，解释了这些走私网络的运作模式。在该章中，研究团队大致估计了走私活动的规模，分析了诱发这些行为的政策原因。另外，第 8 章提到跨国贸易商人的亲缘关系网为这些走私活动提供了便利。

制度与社会文化环境

如第 4 章所述，非正式经济在西非经济中占据主导地位并在不断扩张，在客观上损害了正式经济的发展。我们认为，制度和社会环境对非正式经济主导地位的形成具有双重作用。一方面，制度框架决定了非正式经济的形成。正是由于营商环境和监管体系存在漏洞才促使企业往往选择从事非正式性质经营活动。此外，西方引入的规章和规范与非洲传统企业管理模式存在抵牾，这些外来模式未进行本土化调整。另一方面，非正式经济处于主导地位这一现象不利于各市场主体平等竞争，损害了经营市场内部的规则条例。

第 6 章分析了法律监管体系以及它们如何影响企业决定是否组织非正式形式经营活动。名目众多的税种往往使正式企业不胜其烦，包括各种所得税、工资税、设备和建筑使用税以及注册许可费。苛捐杂税使得正式经营成本颇高。所研究的三个对象国都采用了非洲法语区的商业法则，原则上由非洲商法协调组织（OHADA[1]）负责管理协调，而这个跨国管理组织是仿照法国体系模式建立起来的。

非洲商法协调组织对所有企业包括小型企业都设置了财务报表的最低标准，但政府却没有严格执行这些低标准规定，而是允许一些企业缴纳定额税后可以不留存可靠财务报表。这种现象说明了政府执行既定规则的能力很弱。而另一个主要问题是，一些财政机构间特别是海关和税务机构缺乏合作。正如前文所述，我们在第4章对税务和海关数据库的分析中发现塞内加尔谎报虚报营业额现象非常严重。此外，政府财政收入匮乏、办事效率低下，官吏冗多而职责混杂。

这些积弊的主要原因在于区域内部各国投资环境指标相当糟糕。我们的调研访谈结果基本与以世界银行《营商环境报告》和世界经济论坛的全球竞争力报告为代表的营商环境国际标准排名相符。此外我们还注意到，企业申请经营所需的水电通信等公共服务通常要等待很长时间，价格高昂质量却不稳定。频繁停电目前仍是各类企业从事经营活动的主要困扰。

第6章中谈到，腐败、官僚主义和寻租行为大行其道，这些都体现了国家职能运行的失败。社会中充斥着腐败，促使大型非正式企业异军突起。这些企业往往拥有背景强大的政界保护伞，为它们的非正式行为豁免脱责。这些企业可以蔑视法院作出的任何于己不利的判决，新闻中也时常有法院腐败丑闻的报道。这样一来，海关、各级行政机构和执法机关构成的巨大利益链条支持保护大型非正式主体开展经营活动。

税收层面也体现了国家职能运行的失败。税务部门往往异常关注正式企业。调研中遇到的许多正式经济经营人员都抱怨说，一旦它们被税务机关视作重要纳税主体就会不断受到检查，有时还被勒令整顿，详见第5章。税务人员往往对正式企业异常关注。而在一个腐败大行其道的环境中，非正式企业在与政府打交道时似乎表现得更为灵活。一些企业管理人员认为谎报虚报营业额是非常普遍的现象，而这些行为却并没有受到政府的处罚。

一些有关非洲经济发展的文献也阐述了调研访谈中发现的市场监管体系薄弱和国家职能运行有失的问题，但是这些文献更多是从经济角度而非社会文化方面来解释。第8章论述了社会文化因素在西非非正式经济崛起扩张中发挥着至关重要的作用。值得关注的是，族裔宗教网络正逐步替代国家成为公共财产提供方。这些社会网络已成为社会资本的一种形式，可以左右社会经济发展。从积极的角度看，这些网络构建起某种社会信任关系，可以对相关方执行合约、获取融资或信息交换提供便利和担保而无须通过书面或其他正式形式落实。

从属于同一社会关系网络的成员比网络外的人拥有更多的优势和便利，尤其是在跨国贸易领域，强大的关系网可以使网络内部的成员掌握更多的内部消息，从容应对国家间任何商业规则变化导致的交易成本变动。这类网络在西非非正式经济和跨境贸易中发挥着重要作用，详见第 9 章。而从消极的角度看，这类社会资本通常具有排他性和互斥性，有时甚至会导致反社会行为或者违反正式经济规则标准的行为，这在非正式经济中十分显著。在很多西非国家中，各类社会网络在以走私和逃税为代表的违法行为中十分活跃。而由于官方职能机构执法能力薄弱，族裔宗教网络又从殖民时代开始前就在西非各国广泛存在且不断抵制冲击着殖民影响，使得传统网络一直保有旺盛强大的生命力。第 8 章重点介绍了穆里德派网络和约鲁巴派网络的共性，并把它们与本书所讨论的非正式经济联系起来。

同时第 8 章以塞内加尔穆里德派和贝宁约鲁巴派为例介绍了社会网络对经济的影响。这两个案例都凸显了非正式经济与商业贸易间有着非同寻常的密切联系。目前国内和跨境商业贸易是非正式经济的最主要活动，详见第 2 章。而除非洲大陆本土外，穆里德贸易网还延伸到了欧洲、亚洲和北美，但约鲁巴派的贸易范围目前基本局限于西非。了解历史文化与经济间的相互作用有助于理解非正式经济在西非经济中的核心地位。虽然这些贸易网络形成的集体凝聚力和互信感有助于贸易活动拓展，但这些社会团体的政治经济影响带有倾向性。它们的主要势力范围，如塞内加尔的图巴和桑达加以及贝宁的当帕托，在很大程度上超出了政府的管辖能力，这使得它们能在当局的眼皮底下从事走私逃税活动。

第 9 章聚焦塞内加尔—冈比亚、贝宁—尼日利亚两条贸易线路，详细剖析了走私问题。我们在此章中详细描述分析了这种非正式贸易的特点和运作模式。非正式贸易的决定因素多种多样，但主要动因在于各国不合理的经济政策及其导致的产品价格差异，同时跨境族裔宗教关系带动了非正式贸易的发展，详见第 8 章。而西非各国国境狭长、疏于管理，各国政府政策执行能力差以及政坛重量级人物的参与都使得这种贸易愈发壮大。

非正式经济的成本与收益：生产率、生活水平与税收收入

　　非正式经济的成本和收益可以从企业经营人个体或者企业整体两种角度来分析。前者侧重指企业是否正式化的决策，后者侧重指非正式经济的社会经济影响。前者强调企业管理者的决策受到国家对商业规则执行能力水平、公共财产或服务是否供应充足以及监管体系是否透明的影响。不友好的营商环境会将一个经济主体推向非正式经济。正式化经营意味着企业可以更好地享受公共服务，但同时也要恪守规则，尤其是税收规则。正式化经营意味着企业必须要付出固定成本（企业登记注册费用和将曾经不正式的经营活动正式化的成本）与变动成本（缴税和社保），正如列文森和马罗尼所强调的那样（Levenson et Maloney，1998）。本书研究表明，了解这些制度因素对于理解非正式经济的发展至关重要，详见第 4 章和第 6 章。

　　书中其他章节还涉及对非正式经济社会影响的概述分析。非正式经济的生产率是分析其负面影响的重要衡量指标。诸多研究显示，正式企业与非正式企业间生产率差距相当显著。在三个研究对象城市的调研结果也证实了这一点，详见第 7 章。此外，当把非正式经济分解为上文所述的六个层级予以分析时，企业经营正式性与生产率存在强正相关性。在计量经济模型中使用不同技术替代参数均证实了这一结论，如果不算非正式经济中其他特殊定义和变量的误差影响，这一结论可谓是强有力的。

　　生产率与非正式经济间存在相互作用，因此二者具有双向因果关系。低生产率的企业往往管理人员素质也不高，这就导致企业会慢慢转向非正式经济。而有才干的管理者则倾向于将企业正式化以便获得更优质的公共服务和社会资源，当然这一切都建立在国家能够执行商业规则且监管体系对私营经济有利的前提下（Gelb et al.，2009）。而若从企业的正式或非正

式地位观察其对企业生产率的影响，非正式企业获取公共服务的机会较少
由此导致其生产率难以提高。同时企业的非正式经济属性还制约着企业应
用现代公司管理模式的水平，企业无力培育一批高素质员工也就无法获得
高素质员工带来的收益，从而又限制了企业生产率的提高。此外企业融资
能力差，意味着企业投资机会少，因此企业资本密集度低，从而劳动生产
率也随之下降。

　　除研究劳动生产率外本书还关注了全要素生产率（TFP）。全要素生产
率在计算生产率时排除了资本密集度，但同劳动生产率一样，全要素生产
率与非正式经济也存在负向关系。这个现象表明仅凭资本密集度无法解释
劳动生产率的变化，并且也进一步证明了正式企业与非正式企业的贷款情
况不是造成其生产率差异的原因。

　　研究还分析了大小型非正式企业间的生产率差异。研究结果表明，大
型非正式企业的生产率虽低于正式企业但差距不大，而小型非正式企业则
与大型非正式企业生产率差距显著。因此就生产率而言，相较小型非正式
企业，大型非正式企业与正式企业更为相似。

　　此外，非正式经济与民众贫困水平也有关系。非洲多国文献显示，小
型非正式企业从业者的薪酬水平对农业劳动力有较大吸引力，但小型非正
式企业与大型非正式企业和正式企业相比要脆弱得多，发展潜力也小得多
（Calvès et Schoumaker，2004）。当经济增长率下行时，小型非正式企业的
数量便会激增，这一现象验证了"小型非正式企业是穷人的安全网"这一
观点。但非正式经济盈利水平始终比正式经济低得多。在第 3 章中，我们
使用了货币贫困和非货币贫困两种贫困指标，辅以三个研究对象国的家庭
生活水平调研数据。结果证实，非正式部门员工比其他群体更容易面临贫
困与不稳定。总体而言，只有别无选择的人以非正式经济为生，这种经济
不会成为经济增长和发展的可持续原动力。

　　众所周知，逃税是非正式经济的另一种社会成本。我们还为此研究了
三国中非正式经济对国家税收的影响。正式经济与非正式经济各自在国内
生产总值中所占份额与其对国家税收的贡献完全不相称。尽管非正式经济
占据国内生产总值的半壁江山，但它几乎对国家税收没有贡献。据估计，

非正式经济逃税导致的国家税收损失占三国国内生产总值的 3% ~ 10%。政府试图以定额税的方式对小型非正式企业征税，但目前成效甚微。

大型非正式企业虽有能力缴纳更多的税费，但由于它们严重谎报虚报营业额并利用政治影响力对政府施压，情况也不乐观。

主要结论与建议

我们的研究成果验证了非正式经济内部的异质性以及大型非正式企业在西非的确规模庞大。我们也注意到在描述经济主体行为、分析正式私营经济发展障碍时，必须区分大小型非正式企业。虽然大多数非正式企业规模较小，但大型非正式企业在某些领域尤其是贸易中发挥着重要作用，此外非正式经济的发展也反映了各国构建实施本国市场监管体系的方式方法。

针对大小型非正式企业的不同情况，要制定不同的经济政策。对于大型非正式企业，要引导它们正式化并据实纳税；而对于小型非正式企业，显然应该加强小微企业管理能力以便减贫扶贫，特别是要大力帮扶小微企业参与管理培训、获取信贷及向相关部门获取公共服务等。

从某些角度看，非正式经济的发展体现了国家经济体制的缺陷，大型非正式经济是各国政府没能有效落实私有经济管理规则的典型表征。就大型非正式企业而言，国家应建立一套切实可行的监管体系来约束经济市场。各国政府都应系统评估各项公共政策的预期影响、私企的规范成本、落实政策的执行成本和执行不力情况下对政府公信力的负面影响。非正式经济主要集中于不可交换产品交易领域，尤其是服务业、贸易、分销、建筑及本地食品或原材料行业。虽然非正式经济对就业创收有积极影响，但其活动本质上并不具备可交换产品的发展潜力。

国家要实现预期经济增长目标就不能过多依赖于非正式经济。此外，政府应施政促进正式企业的国际竞争力，如大力吸引外资提高正式企业产品出口量和企业生产率。

非正式经济助长形成了一种对正式经济不友好的营商环境，尤其是在吸引直接外资方面。非正式经济大多不受监管也不缴税，这制约着西非经济发展，阻碍经济持续增长。小型正式企业主要由外企构成，它们纳税负担重，这严重削弱了它们的竞争能力。高税收是正式经济之"砒霜"，却是非正式经济之"蜜糖"，因此非正式经济成为吸引外资的主要障碍。

当一个经济体中的大部分经济活动游离于税收监管体系之外时，这个经济体是不太可能取得长足发展的。因此，非正式经济正式化应成为众多非洲国家的长期目标。

非正式经济活动大多生产率低下，企业自身脆弱性、经营缺乏透明度、不记账、依赖占地盘和寻租传统以及生产资源次优分配（尤其是按家庭信贷需求分配）等都阻碍着非正式经济生产率的提高。非正式经济还制约着企业应用现代企业管理模式，阻碍企业雇用高素质劳动者，从而限制了企业的发展和国际竞争力。

本土产品和服务的国际竞争力也会影响企业生产率。非洲大陆在国际贸易中权重微小且还在持续下降，促进经济增长、增加民众收入的关键在于提高企业竞争力。非正式经济制约着出口贸易的发展。此外，调研结果表明，非正式企业发展面临的主要挑战是市场需求不足。由此，竞争力不足、与国际市场隔绝是非洲各国国内企业发展面临的主要障碍。解决上述经济问题的治理要点在于提升各行业国际竞争力，刺激企业谋求发展的主观意愿，而这又会产生高昂的经济成本。

加强企业登记与税务主管部门间的协调互动有助于改善营商环境，如设置统一纳税识别标识，特别是在税务与海关部门中，这将有助于改善营商环境和解决大型非正式企业治理难题。诚然改革必将会受到某些寻租规模庞大的经济主体的抵制。

非正式经济特别是大型非正式企业造成国家损失大量税收，税基缩减。除与纳税相关的现实困难外，这些非正式企业时常表示它们之所以没有如实缴税是因为国家滥用公共资源。双方应该建立持续对话机制以便共同采取措施推动局面好转，促进营商环境改善，履行企业纳税义务。政府应努力改善公共资源管理使用模式，建立健全以成果为导向的管理机制。私企应留存真实透明的财务报表，如实纳税，以便提高企业生产率，提升获取信贷机会。当都履行据实纳税义务时，企业间就会形成良性循环。这就是治理营商环境需要运用治理私企的原则的原因。应该明确共同利益以便推进改革，相对于政府单边发起对非正式部门的征税改革倡议，这样的合作更有可能成功。

小型非正式企业的积极贡献主要在于创造就业、增加收入和减贫等方面。然而，由于非正式经济收入普遍偏低，小型非正式企业受制于企业生产率太低而几乎没有发展空间，这也是至今各国政府及社会资方扶助小型非正式企业而成效甚微的原因。

国家应使用胡萝卜加大棒方式介入这一经济部门，帮扶小型非正式经济并鼓励它们正式化。然而小型非正式企业潜力毕竟有限，难以推动经济大幅增长。因此应该更多关注大型非正式经济正式化而不是小型非正式经济，避免加剧贫困失业。

国家职能运行有失是非正式经济发展的主因，而社会文化传统尤其是族裔宗教社会网更是非正式经济生长的有利土壤。了解这一点就有助于引导非正式经济正式化。例如，相较合法组建的政府，许多人更倾向于服从传统权威；相较西式学校，传统教育制度从某些方面讲更适宜传授创业技能，而西式学校则更倾向于培养公务员。非正式经济中的许多要素仍有积极一面，政府应该依托这些积极要素实施有利于社会发展的经济政策。我们倡导进一步研究西非经济主体的社会行为，这有助于改善企业培训、市场监管等社会经济问题。

注释

1. Organisation pour l'Harmonisation du Droit des Affaires en Afrique（Organisation for the Harmonization of Business Law in Africa）非洲商法协调组织。

参考文献

Calvès, Anne-Emmanuelle et Bruno Schoumaker, «Deteriorating Economic Context and Changing Patterns of Youth Employment in Urban Burkina Faso: 1980 – 2000», *World Develop-*

ment, 2004, 32（8）, p. 1341 – 54.

Dabla-Norris, Era, Mark Gradstein et Gabriela Inchauste, «What Causes Firms to Hide Output? The Determinant of Informality», *Journal of Development Economics*, 2008, 85（1 – 2）, p. 1 – 27.

Gelb, Alan, Taye Mengistae, Vijaya Ramachanran et Manju Kedia Shah, «To For malize or Not to Formalize? Comparison of Microenterprise Data from Southern and East Africa», *Working Paper 175*, Washington, DC: Center for Global Development, 2009.

Grimm, Michael, Peter Knorringa et Jann Lay, «Constrained gazelles: High potentials in West Africa's informal economy», *World Development*, 2012, 40（7）, p. 1352 – 68.

Guha-Khasnobis, Basudeb et Ravi Kanbur, «Informal Labour Markets and Development», *Studies in Development Economics and Policy*, New York: Palgrave Macmillan, 2006.

La Porta, Rafael et Andrei Shleifer, «The Unofficial Economy and Economic Development», *Brookings Papers on Economic Activity*, 2008, 2, p. 275 – 364.

Levenson, Alec R. et William F. Maloney, «The Informal Sector, Firm Dynam ics and Institutional Participation, Volume 1», *Policy Research Working Paper 1988*, Washington, DC: Banque mondiale, 1998.

OIT, «Development Policies and Institutional Environment for Employment Promotion in the Informal Sector in Ghana», *Jobs and Skills Program for Africa*, Genève : OIT, 1995.

OIT, *Decent Work and the Informal Economy: Sixth Item on the Agenda*, Rapport VI, Genève : 90ᵉ session de la conférence de l'OIT, 20 juin 2002.

OIT, «The Unoffi cial Economy in Africa», *NBER Working Paper 16821*, Cambridge, MA: National Bureau of Economic Research, 2011.

Perry, Guillermo E. , William F. Maloney, Omar S. Arias, Pablo Fajnzylber, Andrew Mason et Jaime Saavedra-Chanduvi, *Informality: Exit and Exclusion*, Washington, DC: Banque mondiale, 2007.

Steel, William F. et Don Snodgrass, «World Bank Region Analysis on the Informal Economy», In *Raising Productivity and Reducing Risk of Household Enterprises*, Annexe 1, «Diagnostic Methodology Framework», Washington, DC : Banque mondiale, 2008.

第1章

西非非正式部门：界定要素

研究非正式经济的最大挑战无疑是如何定义非正式经济，目前学界对此尚无定论。国际劳工组织曾发布一份关于肯尼亚非正式经济的报告（Hart，1972），自这份颇有先驱性的报告问世后研究人员就对非正式经济提出了多种不同定义。研究人员所提出的这些定义很大程度上是由于数据采集抽样方法各异，由此所得出的结论和后续政策性建议也有所不同。

近年来，非正式经济在各国尤其是非洲国家的发展进程中扮演着日趋重要的角色，而与之相关的问题引起了研究人员的关注。大多数有关非正式经济的定义都局限于使用某两个常用标准衡量限定非正式经济，尤其是企业规模、企业是否注册及账目是否真实等。而本书却独辟蹊径，其原因至少有二。第一，从非正式企业整体角度出发考量而非分析企业员工个体，因此分析的核心是如何促进社会营商环境改善、促进经济增长而非如何减贫。第二，作者认为单一标准是无法体现非正式经济的复杂性和异质性的，因此将多个标准结合起来区分不同类型的非正式经济。在本章中，将剖析使用这些标准的内在逻辑并提出一套有关非正式经济的独创实证衡量方法，其中融合了多重标准。在作者看来，非正式经济更类似于一个连续体而非简单的二元变量，因此非正式经济的分类取决于对象企业所符合的标准数量。

非正式部门意即"非法"吗？

非正式经济常与非法行为相关联，如贩毒、地下经济及黑市交易等。

在西非，大多数非正式活动的非法性往往是经营者没有如实上报造成的，但这些行为究其本质并非犯罪。事实上在普通商品交易和服务业领域，非正式经济与现代正式经济差异并不大。我们不应因一种经济活动是否非法而判定它是否具有非正式性。非正式经济主要取决于经济活动的组织类型。尽管非正式活动与犯罪活动一样都很隐蔽，但二者程度不同。犯罪行为受人谴责，面临法律的制裁；但人们对非正式行为宽容度很高，非正式行为所面临的诉讼风险也与犯罪不同。

经合组织对地下经济、家庭经济与非法经济进行了如下区分：

• 地下经济包含一切以逃避税务和其他法律义务为目的隐藏经济活动；

• 非法经济包含如贩毒、伪造货品等一切非法行为；

• 家庭经济由个体活动组成，如有偿家政服务等；

• 非正式经济包含一切未经登记或注册流程不完全的经济活动。

这种划分方法反映了经合组织希望用一组定义区分发达国家和发展中国家现实发展情况的愿望，但这种划分方法在现实中却非常混乱。非正式经济活动本身一般都不是违法行为，但经营者偷税漏税、违反企业管理规章原则的行为却是违法的。

西非的大多数正式企业通常也会涉足非正式业务，因此非正式经济问题更多源于经济活动的非正式程度而非非正式属性。一些正式企业隐蔽虚报收入并把业务分包给非正式企业，如建筑和公共工程领域的招标要求相当严格，只有正式企业才能获得正式合同，而恰恰是在这个行业，正式企业将业务外包给非正式企业的情况相当普遍。在这个行业里，无论工程出资方是政府还是社会捐助，大部分工程是由非正式分包商实际完成的。即使像港口或机场这样的大型工程项目，非正式企业也会在正式企业的掩护下开展业务。

西非各国政府往往非常了解国内非正式经济实际情况，事实上政府能够明确识别大多数非正式经济活动，而这些非正式经济活动却依然能够享受特殊的纳税规则和法律地位。各国现行税收制度中已有若干专门针对非正式经济的条款。这些条款都假定所有非正式企业都是小规模企业，企业财务能力有限无法提供真实可靠的财务报表因而无法据实纳税。由此非正式企业需要缴纳定额税以代替普通经营所得税。这种缴税方法并不苛求企业需要有专业的财务人员和财务文件，因此也被认为是处理非正式企业税务问题的得体方案。但这种缴税方式无法准确估量企业真实销售额。而非正式经济领域的另一种缴税模式被称作预提税制度。正式企业向非正式企业支付分包业务时要扣押一部分资金作为非正式业务实体的税款，只有分包商能够证明他们之后会履行纳税义务，正式企业才会支付这部分押金给非正式分包商。在西非还有其他针对非正式经济的征税方法，这表明当局清楚地意识到非正式经济在社会中的存在以及其在经济中的作用。但也要注意到，非正式企业在实际操作中往往被划定为一类特殊企业，其特点是组织架构薄弱，无法提供财务文件。虽然这种扶助中小型企业的做法从某些角度看是合理的，毕竟对于它们来说据实缴税负担沉重，但这种政策福利在西非有时却会被大型非正式经济钻空子。

那么应该如何定义非正式经济呢？通过梳理文献，总结出以往研究定义非正式企业的常用指标：企业规模、未登记、未纳税或纳税不完全、具备真实财务报表、获取银行信贷能力以及经营场所机动性。这些标准虽各自捕捉到了非正式经济的某些特点但同时却忽略了一些重点，后文会对此详细阐述。应将非正式经济视作一个连续体，结合上述所有标准判定对象企业符合多少条。由此将所有企业分为三类：正式企业、大型非正式企业和小型非正式企业，详见下文。

对非正式经济定义标准的批判性回顾

非正式经济的定义方法有很多种，不同的研究视角导致定义的方法不同。而企业规模、是否登记注册以及是否保留真实账目是最常用的标准。作者采用不同方式收集了非正式经济的相关数据以便研究非正式经济中的不同元素，而这些数据在国际层面未必具有可比性。亚当姆斯（Adams，2008）回溯了研究非正式经济不同的调研方法，坦言非正式经济研究中最大的挑战之一是学界对非正式经济定义尚无定论。而坎布尔（Kanbur，

2009）也谈到所有非正式经济研究者都应从非正式经济定义着手研究。在本小节中，将回溯判别非正式经济的各种标准并验证这些标准是否体现了非正式经济的一部分特点。作者认为要定义非正式经济，使用复合型标准更为合适。

下文中将提出适宜定义非正式经济的六条标准。以往的判别方法仅限于这些标准中的一两条，虽然运用六条标准的连续判定方法比以往研究方法更全面，但也无法涵盖非正式经济的全部特点，其他诸如企业管理实践模式和社保要素都未包含在内。

规模标准

企业经营规模是在定义非正式经济时最常用的标准。这条标准可以回溯到 2002 年国际劳工组织发布的报告，其将非正式经济定义为企业所有人是个人或家庭的未注册的企业，企业财产与私人财产密不可分且企业没有可靠的财务体系来跟进企业运营情况。根据联合国国民经济核算体系 1993 年数据，只有家庭企业符合上述标准。很显然，非正式经济的其他标准如是否留存真实账目及是否注册登记等，也包含在该非正式经济定义中。由此，非正式部门即由员工人数在 10 人以下、未在任一指定主管部门登记注册的小型企业构成。国际劳工组织 2002 年发布的内罗毕报告在分析 20 世纪 70 年代初经济发展时就专门提出了"非正式经济"一词并随之给出了两条定义标准，即企业规模较小和未登记注册。这也与哈特（Hart，1972）的报告中使用的标准相符。

自 1993 年国际劳动力市场统计学家学会第 15 届年会召开以来，国际劳工组织就着意区分非正式经济和非正式就业。非正式经济是指一切符合企业规模及登记注册相关标准的企业，而非正式就业人员则是指非正式经济从业者、无薪酬的家庭成员劳动者、在正式企业中没有稳定岗位的劳动者以及无薪酬的家政服务从业者。

国际劳工组织的定义方法存在两个问题（AFRISTAT，1997）。

•它仅仅对非正式经济企业规模给出了建议上限值，即 10 名员工，但各国在调研本国非正式经济时可以自主调整这一阈值，由此导致各国非正式经济企业规模阈值不统一，不利于在国际层面比较非正式经济调研数据。有些国家将阈值定为 5 人，而还有国家在此基础上上下浮动。

• 允许各国自行裁定是否将农业、无薪酬的家政服务从业者、以非正式经济为副业的从业者纳入非正式经济涵盖范畴，农村地区非正式经济从业者最小年龄也由各国自行限定。

用企业规模来限定非正式经济的原因是，往往小规模企业缺乏分工明确的组织架构，无法满足税务局、统计局及其他公共部门指定的财税标准，所以只能以非正式属性经营。大多数推崇小规模企业非正式经营的人认为非正式经营可以为几乎没有商业管理技能的贫苦家庭提供收入，是他们赖以生存的救星。在正式就业稀缺、民众普遍贫困的国家中，非正式经济被视作社会安全网。卡尔维斯和舒马克（Calvès et Schoumaker, 2004）将非正式经济视作社会中以小规模为单位的群体生存方式。在西非国家，小规模商业活动的发展也证实了这种观点，非正式经济在很大程度上是一种变相失业。修车工、街头摊贩以及其他小商贩涌入大城市城区街道，尽己所能讨生活，勉强赚得维持生存所必需的收入。非正式经济中的大多数劳动力都来自外迁的农村人口，这些人劳动技能不高，缺少工作机会，只能从事一些非正式经济活动。

这一观点与菲尔德（Fields, 1990）和哈特（Hart, 1972）有关肯尼亚的研究结论相似。此外加利和库瑟拉（Galli et Kucera, 2004）的研究也得出了类似结论。他们都认为，非正式经济的企业规模基本在 5～10 人。经合组织在 1997 年的一份报告中对非正式经济的定义也选用了类似的标准，即（a）企业不具有合法工作场所因而使用私人住宅开展经营，（b）企业资本密度低，或（c）由家庭成员负责全部或部分管理工作。

学者马洛尼（Maloney）长期研究小微企业，他在一份关于拉美的研究报告（Maloney, 2004）中提出了对于非正式经济的一些乐观预期，认为个体完全可以自由选择是坚持正式经营还是投身非正式经济以赚取更多利润。马洛尼在此前的一项研究（Maloney, 1998）中将墨西哥非正式主体定义为个体企业，这些企业中的员工往往不超过 6 人，没有社保，受教育程度至多中等。

即使一些研究人员并未将企业规模视作判定非正式经济的标准之一，他们也会注意到企业规模与非正式经济的强相关性。斯蒂尔（Steel）和斯诺德格拉斯（Snodgrass）就属于这类学者，他们在 2008 年发布的研究表明并没有区分个体家族企业、非正式企业和小微企业。他们认为家庭企业的定义标准也适用于非正式企业。他们将自雇劳动者及无薪酬家族成员劳动者纳入个体企业劳动者范畴，这也符合国际劳工组织对非正式经济的定义。无独有偶，诺里斯（Dabla Norris）、格拉德施泰因（Gradstein）和因超斯特（Inchauste）在 2008 年发布的研究中就使用可计算一般均衡模型分析了 41 个发达国家和发展中国家的样本，从中发现企业规模与其正式或非正式属性存在强相关性。同理，查姆斯（Charmes，1993）也使用了含企业规模在内的 3 个标准定义非正式经济，其中企业规模被视为最重要的标准，另外两条标准是企业是否登记注册以及企业是否具有合法地位。

主要收集自各个家庭非正式经济的调研数据对于理解以小规模家庭活动为经营活动主体的非正式经济至关重要。这一家庭福利调研利用家庭经济活动的特殊性，可充分辨明经济活动的正式或非正式性质，由此有助于对非正式经济的生产就业情况做出合理推断。这种方法对于了解劳动力市场现状特别是非正式经济劳动力及民众贫困现状非常有用。家庭提供工作机会，从这些家庭着手，建立起始基础来了解非正式就业市场，从这个角度看方法是合理的。但当调研非正式生产主体而不仅仅针对就业时，由于受雇家庭相对于雇主家庭比例过高，这种方法就可能会存在问题。

因此，为了获得非正式经济中的所有企业样本而非单纯家庭样本，本书运用了家庭与企业混合数据库的调研方法。这是一种分层调研策略，允许调研人员适当考量调研对象不同部分权重后作出有效推论。

在研究各国非正式经济时还发现其中一个概念问题，即传统定义与西非各国真实情况并不完全相符。一些被纳入非正式经济范畴的经济活动，其规模并不小。研究发现各国中都有很多非正式企业与现代企业可以等量齐观，这就是本书所称的"大型非正式企业"，它包括所有在规模上鹤立鸡群的非正式企业。虽然研究中的大多数非正式企业规模都非常小，有些甚至算得上是微型企业，但也存在少数规模庞大的非正式企业，这类企业的利润在非正式经济收入中占据很大比重。

恰恰相反的是，一些正式企业规模很小。盖尔伯（Gelb et al.，2009）等学者在一项分析南部非洲与东部非洲七国企业调研数据的研究中表明，微型正式企业和微型非正式企业同时存在于各国经济中。这些学者将企业划分为三类，即雇用5名员工甚至更少的微型正式企业、雇用5~10名员工的小型正式企业以及雇用5名员工以下的微型非正式企业。在7个国家中，微型和小型正式企业占受访企业总数量的百分比不尽相同，比重最低的是纳米比亚和肯尼亚，占28%，最高的是乌干达，占54%，但这项研究没有将大型非正式企业考虑在内。

总而言之，西非的企业规模与其正式或非正式属性无疑是具有相关性的，但企业规模本身并不足以判定企业是否是非正式企业，也有很多非正式企业是大型企业。因此，尽管在判定非正式经济时需要考虑企业规模，但应与其他标准相结合以便更全面地了解非正式经济。

注册标准

是否在国家机构注册登记通常被视作判定非正式经济的另一标准。作者认为，这一标准比企业规模更适合判定非正式企业。但随之而来的问题是需要知道都有哪些主管部门被纳入考虑范畴，是中央主管部门抑或地方主管部门，是税务局还是其他部门。拉波塔与谢菲尔（La Porta et Shleifer，2008）将登记注册作为非正式企业的判定标准。他们认为需要区分两类非正式企业，即逃避警方、税务机构或者其他监管方的企业以及完成登记注册却隐瞒营业额的企业。因此，是否登记注册这一简单标准不足以判定一家企业的正式或非正式属性。于是他们提出了其他标准来判定非正式企业，还分析了这些标准在经济中的地位，如小微企业在经济中的占比、男性参与劳动的比例、自雇劳动者在非农业经济中的占比、缴纳社保的比例、电能消耗量以及流通中的货币供应量。这些标准虽然适用于比较国民经济情况，却不太易于从调研数据中获取。西那和亚当姆斯（Sinha et Adams，2006）将非正式经济定义为无组织经济，沿用了印度官方术语来描述非正式经济特征。他们为了给特定的非正式经济活动定性便提出了是否长期留存账目以及是否在主管部门登记的标准。经合组织在 1997 年也指出，"非正式经济可定义为未在税务机构或社会保障机构办理注册的生产单位的产出"。根据这一定义，是否登记被视作划分正式经济和非正式经济的决定性因素。

在贝宁、塞内加尔和布基纳法索三国，123 调研①项目第二阶段是由三国国家统计机构——国家经济分析与统计局（INSAE，2002）、预测统计局（DPS，2004）、国家人口数据统计局（INSD，2003）——指导、一个名为"发展、机构与长期调整"（DIAL）的社会经济研究机构实施完成的，它们将未注册登记或者没有完整书面财务账目作为非正式经济判定标准。企业办理注册的唯一标准是看企业是否具有唯一纳税识别标识。由此，非正式经济被定义为"没有识别号或者完整书面财务账目的生产单位"。

然而没有在任何一个政府机构登记注册的企业并不常见，这就导致了注册标准可信度存疑。盖尔伯等（Gelb et al. , 2009）的研究表明大多数企业至少在一个政府机构办理过注册，这些政府机构的职责主要有四项：（a）核实企业名称；（b）发放经营许可证；（c）协助企业在市级单位注册；（d）帮助企业在税务局登记。由于只有最后一项被纳入非正式经济考量范畴，我们因此能够区分微型正式企业和微型非正式企业。

斯蒂尔和斯诺德格拉斯（Steel et Snodgrass，2008）驳斥了"非正式经济是未在税务局登记的实体"这一观点。他们认为，公共当局事实上完全了解非正式经济的存在并向它们征税，甚至介入协调非正式经济在城市市场中的摊位分配。本书认同这一观点。很多非洲国家没有可靠的非正式经济财务统计系统，政府无从得知非正式经济的真实营业收入也就无法对它们按常规税收方法征税。因此在非洲国家除了有适用于正式经济的常规税制外还有适用于非正式经济的定额税制。在根据文献定义划归为非正式经济的企业中，很少有企业没有获得任何一个主管部门的经营许可。因此斯

---

① 123 调研是由名为 DIAL（"发展、制度与长期调整"）的社会经济研究机构发起的覆盖小型非正式经济的调研。——译者注

蒂尔和斯诺德格拉斯认为是否登记注册这一标准存在片面性，只有那些在街头偷偷摸摸摆摊的小商贩和家庭小作坊才符合该标准下的非正式经济。斯蒂尔和斯诺德格拉斯认为非正式企业在中央主管部门或许没有登记注册，但一般会在地方主管部门登记并在当地纳税。由此，是否登记注册这一标准在很多国家难以推广。

因此，有多少相应管辖权的主管部门，企业就需要面对多少项登记的办理。

● 税务部门将企业与协会识别号（NINEA）和唯一纳税人识别号作为企业识别号。可按这两种识别号识别的企业适用常规税收制度。另外这三个国家常备税务部门，且一般隶属经济与财政部。

● 贸易类企业必须在贸易登记处登记并获得商务部发放的贸易登记号。

● 从事进出口活动的企业须持有进出口许可证，该许可证同样由商务部发放。

● 原则上，所有企业须依法向国家一级的统计部门提交财务报表副本。许多企业并未履行这一义务，即使履行了，也相当不规范，极大影响了所采数据真实性。

● 市政部门在商人经商场所就地对其征税，包括街头小商贩。

由于各级主管部门很多，企业数据库信息随之激增，企业可以任选一个主管部门登记注册，因此很少企业没有在任何一个主管部门注册，包括非正式企业。在税收方面，税务局依据企业坐落位置及其经营性质专门划拨不同部门分管某一类型企业，每个部门负责一个特定的数据库，尽管这些数据库有时并没有很好地整合。在这三国中，各国税务部门中都有一个大企业部，专门负责处理大型企业①征税工作[1]，这个部门通常在所有征税部门中税收收入最高。此外，在三国首都还设有一些税收中心，每个中心都有自己负责的纳税人数据库。然而整合各处税务部门登记情况并结合所汇总的未纳税登记或未按纳税税种登记情况后，发现二者并不匹配。

---

① 指现代大型企业。——译者注

税收制度

在西非经济货币联盟（UEMOA）中有两种税收制度，一种是企业普通所得税，另一种是定额税。定额税适用于那些无法提供翔实财务文件及较确切营业额估值的小型非正式企业。在塞内加尔和布基纳法索，年营业额低于 5000 万西非法郎（约合 10 万美元）的企业原则上缴纳定额税[2]。在西非其他国家，这个阈值水平几乎类似但也不完全相同。收入超过阈值的企业如果可以提供能让税务局准确判定企业所在的税收范围和税款金额的文件时应该按普通税制纳税。然而现实中很多小型企业没有纳税，甚至没有在税务局登记，而一些营业额已经超过阈值的大型非正式企业大量谎报营业收入以图缴纳定额税。

因此在西非经济货币联盟国家中，判定非正式企业的重要元素不在于了解企业是否在税务局登记注册，而是弄清楚它们是否按照应执行的税收制度缴纳了税款。这些企业可分为两类：（a）缴纳定额税或没有纳税的企业，这类企业占大多数；（b）缴纳普通所得税的企业，这类企业占少数。

账目的非真实性

这一点也是判定非正式经济的基本标准。非正式经济的主要特点是经营活动不透明。大多数非正式企业都没有留存能够准确、即时反映企业经营状况的财务文件，这种现象使得对这些企业的监管、征税尤为困难。由此引出一个问题：什么样的财务报表可以将企业定性为正式企业？人们通常会考虑公共统计与税务部门所要求的财务报表，但这一标准在研究对象国中却存在问题。实际上，正式企业所需提交的财务报表有时并不相同。此外根据国家现行税收财会制度，大型企业的财务报表往往比小型企业的更复杂。大企业需要提供企业收入与雇工财务表，而小企业只需提供更为简化明确的财务报表。因此只要企业按照要求提供财务报表并据实纳税就可以被定性为正式企业。

要求企业提供真实可靠的财务报表是为了企业据实纳税，否则企业就应该缴纳定额税，即使缴纳定额税的企业往往也已经在税务局登记备案。

账目的非真实性这条标准的问题在于难以核实企业提交的财务报表真实性。很多企业尤其是大型非正式企业极其善于编造虚假财务报表，并勾结审计公司提供虚假财务公证。我们调研中遇到的很多不愿透露姓名的非正式企业经营者都表示自家账目有多个版本，一个是给自己看的，一个用于申请银行贷款，一个用于纳税等。他们不费吹灰之力就可以联合审计公司弄虚作假，完成账目公证，瞒天过海，偷税漏税。

因此要辩证地看待这些国家中的所谓"真实账目"，必须非常审慎地考量账目的真实性。这种现象说明应根据企业所归属的税种划分企业。很多企业本应归入大型企业却通过操纵账目来避免被划入这一类。但由于没有更好的验证方法，本项研究中也将该标准纳入了考量，把缴纳定额税和不纳税的企业视作非正式企业，将所有据实纳税的企业视作正式企业。

这项标准一般与各国社会治理与企业监管能力密切相关。坎布尔（Kanbur，2009）指出国家干预要素是影响非正式经济的核心变量。为了定义非正式经济，他将这种国家治理社会、制定并实施经济政策的概念放入企业领域。按此逻辑就应把所有国家相关法规都纳入非正式经济判定标准，但这些法规过于冗杂，参考起来尤为不便。坎布尔由此提出了各经济主体对现行监管体系的四种态度：

- 接受监管并恪守规则；
- 接受监管但不遵守规则；
- 不断调整自身活动规避监管体系中对自己不利的部分；
- 始终不接受监管。

坎布尔认为只有第一类是正式经济，剩下的都属于非正式经济。他还认为国家执法能力是决定经济主体是否会开展非正式经营活动的重要因素。

工作场所的机动性

西非很多非正式经济活动的工作场所具有高度机动性，包括合法的街头商贩和非法经营的街头商贩，还有小型机械工人、小器件工匠、细木工、钣金工及所有小型工艺行业从业者。他们往往既没有属于自己的独立工作场所，也不租工作间，就在城市中的一些闲置空间工作，当所有者需要使用这个空间时，他们就会被驱逐。由此，一些研究人员将非正式经济与那些四处流窜的家庭小摊位混为一谈并直接套用后者的定义来限定前者。我们认为，如果将大多数机动性高的经济活动都定义为非正式经济，那么那些具备固定工作场所的非正式经济就难以界定。所以这个标准只能展现非正式经济的部分特征，无法全面地概括非正式经济的全貌。

获取银行信贷的难度

非正式经济的另一显著特征是企业获取信贷能力较弱。约翰森（Johnson，2004）和阿克腾等（Akoten et al.，2006）都指出，与大多数小企业一样，非正式经济基本无法获得银行贷款。这就导致它们只能使用非正式的贷款方式，如向亲友或养老基金组织贷款，而这些贷款方式利率都很高。拉波塔和谢菲尔（La Porta et Shleifer，2008）的研究表明，非正式经济获取信贷机会少也可以用非正式经济经营者大多教育水平不高来解释。

很多非洲国家将获取银行信贷能力作为划分非正式经济的标准之一。银行在审查贷款文件前一般都会要求借贷方提供若干财务和行政文件。由于非正式经济主体往往无法提供相关文件，它们因此几乎无法获得银行贷款。很多人便由此使用获取银行信贷能力来定义非正式经济，这看似是一种很合理的方法，毕竟非正式经济主体确实无法提供相关文件。然而在西非这种判定方法也有一定局限性。银行受理贷款时除要求借贷方提供必要的财务行政文件外，还会提出一定的担保要求。很多正式企业也达不到获取信贷的标准。很多企业特别是中小企业往往使用个人资产投资或者通过非正式金融渠道借贷，这些非正式渠道往往利息高昂，有些甚至算得上是高利贷。国家在社会资方的支持下也曾多次设立信贷额度或为企业贷款提供担保途径以缓解企业的融资困难问题，但中小企业借贷难问题依旧紧迫。银行受理贷款的一些标准并不一定是歧视非正式经济，更何况任何一家企业，无论正式或非正式企业，都有可能串通审计公司或者会计师事务所弄虚作假，骗取银行贷款。

因此，如果用获取银行贷款能力弱判定非正式经济则需要仔细分析企业借贷困难的真实原因。虽然这条标准可以体现非正式经济的一些特征，但不排除存在一部分非正式企业并不适用，而一些正式企业却符合这条标准。

图 1.1 显示了样本中符合非正式经济各条标准的企业比例。根据这些标准所反映的情况，非正式企业占比相当高。如三个城市中超 75% 的企业没有缴纳普通所得税，也无法获得银行信贷。多数企业符合雇员数量少且无固定工作场所这两条标准。而是否留存账目或登记注册对判定非正式企业并不显著，大多数企业都有注册记录，也有看似合理真实的账目。

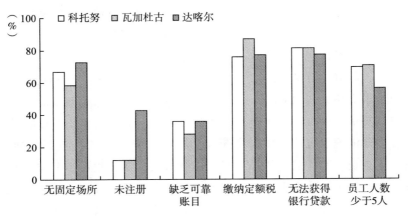

图 1.1 西非三市符合非正式经济各种标准的企业比例

数据来源：作者调研收集得到。

研究非正式经济的新方法

在本项研究中，将非正式经济视作一个连续体，不以非黑即白的视角来看待。

作为连续体的非正式经济

正如前文所述，无论单独使用哪一条标准，都难以准确定义非正式经济，因此不能使用二分法分析非正式经济。无论是企业规模、是否注册、是否纳税等任一标准都不能作为判定非正式经济的充要条件。因此非正式经济现象似乎是需要一系列标准结合起来才可以予以准确界定的。其中企业是否注册这一条判定效果并不显著，因为各国都有很多企业监管机构，几乎所有企业都在至少一个机构注册过。而即使将判定标准设定为在某一些特殊机构注册，问题在于哪些机构具有特殊性，应该纳入考虑范畴。企业规模小这条标准适用于大多数非正式企业，但却并不能涵盖大型非正式企业，此外，一些小型企业也可能是正式企业。是否留存真实账目这条标准很难判定。因为不少企业的财务报表真实性存疑，许多企业会针对不同用途炮制截然不同的报表。在获取银行借贷方面，无论是正式企业还是非正式企业都可能会遇到困难，这条标准并不能将二者区分开。最后工作场所机动性这一条也不充分，因为它也仅适用于一部分非正式企业。

　　这些标准中的每一项都只包含非正式经济的某一种特征，无法展现非正式经济的全貌。这表明更为恰当的做法是将这些标准结合起来，将非正式经济视作一个连续体。斯蒂尔和斯诺德格拉斯（Steel et Snodgrass，2008）指出，"这个连续体应将企业的不同特征结合起来，如是否登记注册、据实纳税，企业组织结构，员工雇用情况及企业经营情况等"。古阿－卡斯诺比斯和坎布尔（Guha-Khasnobis et Kanbur，2006）也采用了多重标准判定方法。在描述非正式就业时，他们强调这种就业形式往往不能享有社保、休假及正式雇佣合同，收入偏低，与工会组织无甚联系，工作条件不稳定，所从事的工作往往具有非法性或准非法性。尽管分析主体更侧重于非正式经济活动而非非正式就业，但他们提出这种多重标准的思路值得借鉴。在西非各国，非正式经济是一种极为复杂的经济现象，不同经济主体间差别很大，很少有企业符合所有判定标准。

　　表 1.1 显示了上述 6 个指标之间的相关性测试。相关系数都是正的，15 个之中有 9 个具有统计学意义。留存真实账目与其他 5 项标准之间的相关性具有统计学意义。然而，非正式经济的解释性变量是离散变量，这使得相关矩阵的计算变得困难。于是，作者使用了克莱姆 V 系数，即基于卡方（χ^2）的相关性度量。

表 1.1　三市非正式部门标准的卡方独立性检验

	账目留存	注册	场所类型	信贷获取	员工人数	税收模式
账目留存	1					
注册	0.131*	1				
场所类型	0.12*	0.213*	1			
信贷获取	0.202*	0.02	0.018	1		
员工人数	0.192*	0.092	0.133*	0.037	1	
税收模式	0.357*	0.258*	0.292*	0.148	0.225	1

﹡表示在 5% 统计显著性水平的系数。

数据来源：作者收集的调研数据。

因此，我们可以将非正式经济分为以下几类。

• 最底层的是那些完全意义上的非正式企业。它们不具备任何正式性属性。这些企业没有在包括税务局在内的任何主管部门登记注册。企业规模很小，无法获取银行信贷，无须缴纳普通所得税，工作场所灵活机动。这些企业的正式性为零。但事实上除了街头商贩及从事小型商业活动的个体经营者外，很少有企业属于此类。

• 将那些至少满足 1 条正式性标准的企业主体划为一级非正式经济。这些企业往往已经在相关行政部门登记注册，或是其营业额超过 5000 万西非法郎，或 5 年内曾获得过银行信贷。

• 至少满足了 2 条正式性标准的企业主体被视作二级非正式经济。

• 三级非正式经济企业至少满足 3 条标准，以此类推。

• 最后一级是那些符合所有正式性标准的企业主体，即我们所说的正式企业。这些企业至少曾在一个主管部门有过注册记录，企业营业额也往往高于 5000 万西非法郎，企业据实纳税，在过去 5 年中获得过银行信贷，并存有真实财务账目。

根据分类体系，非正式经济可被分为六个层级。后续分析将其简化为三类，即正式企业、大型非正式企业与小型非正式企业。

西非的大型与小型非正式经济

西非非正式经济的显著特征之一是大小型非正式经济并存。大型非正式企业的规模虽然可以与现代企业①等量齐观，但它们在很多方面表现出了明显的非正式性。这些企业几乎符合正式性的所有标准，唯有一条，这些企业的财务账目往往是虚假或存疑的，有时还具有误导性。我们对大型非正式经济的分析贯穿全书，特别是在第 4 章有详细分析。

我们在研究中将企业分为三类，分别是正式企业、大型非正式企业及其他非正式企业（本书将其称为小型非正式企业，见表 1.2）。正式企业原则上满足所有正式性标准³，大型非正式企业符合大多数正式性标准，但通常不会留存真实账目，申报的营业额往往远低于实际营业额，因此它们往往选择缴纳定额税。小型非正式企业基本都在主管部门有注册记录，也可能有相对固定的工作场所，但只有极少数符合其他正式性标准。

表 1.2　正式企业、大型非正式企业与小型非正式企业的特征

	正式企业	大型非正式企业	小型非正式企业
定期缴纳所得税	是	有时	很少
留存诚实的会计账目	是	否	很少
注册	是	是	有时
营业额高于 5000 万西非法郎	是	是	很少
固定场所	是	是	有时
银行信贷资格	是	很少	
非正式经济层级	6	4 ~ 5	0 ~ 3

单从官方数据很难甄别大型非正式企业，因为这些企业往往严重谎报虚报其营业额，由此采用下述策略予以甄别：

● 在 2007 年调研第一阶段共问询了 900 家企业，随后将问询调研中企业经营者提报的销售额与企业在税务机关申报的销售额进行了比对。

● 2009 年重新调研了一小部分大型正式企业和大型非正式企业，随后重复了上一步骤中的比对环节。

● 采访了各相关方，包括企业管理者、政府官员等。

---

①　指现代大型企业。——译者注

● 综合分析了税务与海关的两处数据库，比较了两处数据的异同。

结　论

本章提出使用六条标准定义非正式经济，包括企业规模、是否登记注册、是否留存真实账目、工作场所是否固定、获取信贷能力及是否按对应的税种据实纳税。结合分析这六条标准，根据研究企业所符合的标准数量建立了一套非正式经济分级。在这六条标准中有三条尤为重要，即企业规模、是否按所对应税种纳税以及是否留存真实账目。随后明确区分了大型非正式企业和小型非正式企业。这一点在西非经济研究中非常重要，但以往文献中对此并未过多提及。大型非正式企业规模可与现代企业等量齐观，但在其他诸多方面呈现出非正式性。它们几乎符合正式性的所有标准，唯一一项除外，即这些企业的财务账目真实性存疑。

注释

1. 这是税务局下辖的一个部门，专门负责处理营业额超 5 亿西非法郎的大型企业的税收问题。

2. 这些阈值随国家不同及时间推移发生了显著变化。

3. 几乎所有企业都或多或少有欺诈行为，因此在西非各国，很少有纯粹的正式企业。

参考文献

Adams, Arvil V., «Skills Development in the Informal Sector of Sub-Saharan Africa», Washington, DC: Banque mondiale, 2008.

AFRISTAT (Economic and Statistical Observatory of Sub-Saharan Africa-Observatoire économique et statistique d'Afrique subsaharienne), *Proceedings of the Seminar on the Informal Sector and Economic Policy in Sub-Saharan Africa*, Bamako: AFRISTAT, 1997.

Akoten, John E., Yasuyuki Sawada et Keijiro Otsuka, «The Determinant of Credit Access and Its Impacts on Micro and Small Enterprises: The Cases of Garment Producers in Kenya», *Economic Development and Cultural Change*, 2006, 54 (4), p. 927 – 44.

Calvès, Anne-Emmanuelle et Bruno Schoumaker, «Deteriorating Economic Context and Changing Patterns of Youth Employment in Urban Burkina Faso: 1980 – 2000», *World Development*, 2004, 32 (8), p. 1341 – 54.

Charmes, Jacques, «Estimation and Survey Methods for the Informal Sector», Centre d'Économie et d'éthique pour l'environnement et le développement, université de Versailles Saint-Quentin-en-Yvelines, document préparé pour un séminaire de l'OIT, 1993.

Dabla-Norris, Era, Mark Gradstein et Gabriela Inchauste, «What Causes Firms to Hide Output? The Determinant of Informality», *Journal of Development Economics*, 2008, 85 (1 – 2), p. 1 – 27.

DPS (Direction de la Prévision et de la Statistique), « Le secteur informel dans l'agglomération de Dakar: performances, insertion, perspectives. Résultats de la phase II de l'enquête 1 – 2 – 3 de 2003», Sénégal: DPS, juin 2004.

Fields, Gary S. , «Labour Market Modelling and the Urban Informal Sector: Theory and Evidence», In *The Informal Sector Revisited*, ed. David Turnham, Bernard Salomé et Antoine Schwarz, Paris: OCDE, 1990.

Galli, Rossana et David Kucera, «Labor Standards and Informal Employment in Latin America», *World Development*, 2004, 32 (5), p. 809 – 28.

Gelb, Alan, Taye Mengistae, Vijaya Ramachandran et Manju Kedia Shah, «To Formalize or Not to Formalize? Comparisons of Microenterprise Data from Southern and East Africa», *Working Paper* 175, Washington, DC: Center for Global Development, 2009.

Guha-Khasnobis, Basudeb et Ravi Kanbur, «Informal Labour Markets and Development», *Studies in Development Economics and Policy*, New York: Palgrave Macmillan, 2006.

Hart, Keith, *Employment, Income, and Inequality: A Strategy for Increasing Productivity and Employment in Kenya* , Genève: OIT, 1972.

INSAE (Institut National de la Statistique et de l'Analyse Économique), «Le secteur informel dans l'agglomération de Cotonou: performances, insertion, perspectives ; Enquête 1 – 2 – 3, premiers résultats de la phase 2, 2001», Bénin: INSAE, septembre 2002.

INSD (Institut National de la Statistique et de la Démographie), «Le secteur informel dans l'agglomération de Ouagadougou: performances, insertion, perspectives ; Enquête 1 – 2 – 3, premiers résultats de la phase II, 2001», Burkina Faso: INSD, septembre 2003.

Johnson, Susan, «Gender Norms in Financial Markets: Evidence from Kenya», *World Development*, 2004, 32 (8), p. 1355 – 74.

Kanbur, Ravi, «Conceptualizing Informality: Regulation and Enforcement», *Working Paper* 09 – 11, Department of Applied Economics and Management, Ithaca, NY: Cornell University, 2009.

La Porta, Rafael et Andrei Shleifer, «The Unoffi cial Economy and Economic Development», *Brookings Papers on Economic Activity*, 2008, 2, p. 275 – 364.

Maloney, William, «Are LDCs Markets Dualistic?», *Policy Research Working Paper* 1941, Washington, DC: Banque mondiale, 1998.

Maloney, William, «Informality Revisited», *World Development*, 2004, 32 (7), p. 1159 – 78.

Mbaye, Ahmadou Aly, Sogué Diarisso et Ibrahima Thione Diop, *Quel système bancaire pour le fi nancement des économies de l'UEMOA* ?, Paris: L'Harmattan France, 2011.

NU (Nations unies), *System of National Accounts*, New York: NU, 1993.

OCDE, «Framework for the Measurement of Unrecorded Economic Activities in Transition Economies», *OCDE*, Paris, 1997.

OIT, *Decent Work and the Informal Economy: Sixth Item on the Agenda*, Report VI, 90e session de l'OIT, Genève: OIT, 2002.

Sinha, Anushree et Christopher Adams, «Reforms and Informalization: What Lies behind Jobless Growth in India?», In *Informal Labour Markets and Development*, ed. Basudeb Guha-Khasnobis et Ravi Kanbur, New York: Palgrave Macmillan, 2006.

Steel, William F. et Don Snodgrass, «World Bank Region Analysis on the Informal Economy», In *Raising Productivity and Reducing Risk of Household Enterprises*, Annex 1, «Diagnostic Methodology Framework», Washington, DC: Banque mondiale, 2008.

第 2 章
方法与数据来源

我们将在本章中介绍全书的研究方法论与数据来源。我们所采数据主要有以下三种来源：

- 在达喀尔、科托努和瓦加杜古三个城市收集的调研数据；
- 各国国民账户及其他与研究相关的二手数据；
- 正式及非正式经济相关方、非正式经济政府监管部门人员及其他相关方的调研访谈记录以及从中获取的各类定性信息。

非正式经济研究人员在收集相关数据时面临的主要问题是如何取样。出现这个问题主要有两方面原因。

- 非正式经济是难以用标准化的唯一定义来界定的，这种定义上的困难也体现在数据收集方面。研究人员需要判定哪些是正式经济哪些是非正式经济。这是在取样之前亟须确定的基本问题，它会很大程度上影响取样方法和采集到的样本。

- 联合国在 1993 年提出的国民经济核算体系对我们研究的取样方法有很大影响。在这个体系中，非正式经济涵盖所有以家庭为单位的生产经营个体。正是由于非正式经济囊括了所有家庭个体经营者，在数据收集时就会产生到底是面向家庭还是企业调研的问题。换句话说，应该选择家庭还是企业作为调研主体抑或将二者混在一起调研？

我们侧重于研究非正式企业组织架构而不是非正式经济从业者，因此我们就需要思考到底将家庭、企业二者中的哪一个作为调研对象或者是二者同时作为调研对象。在本章中，我们将回溯以往研究非正式经济的数据采集方法，分别评析其优缺点。然后我们将概述在本项研究中所采用的数据来源和采集方法。

针对非洲非正式部门的调研取样：批判性评估

对非正式经济不同的定义方法及其对调研的影响

非正式经济调研取样方法无论在各国国内还是国际上都是学术争论的焦点[1]。很多国际研究机构及国际学会对非正式经济的各种定义及基于这些定义产生的不同取样方法发表过看法，而取样方法的不同深刻影响着各国的调研结论。国际劳工组织在 1993 年召开的国际劳动力市场统计学家学会第十五届年会无疑对非洲非正式经济数据采集方法影响最为深远。根据学会上提出的观点，非正式经济可以被视作为相关人员增加就业机会和收入的一切商品服务交易生产单位。这个定义是基于假定非正式经济所涉及的所有生产单位的组织水平都较低、规模都很小而产生的。这些生产单位大多是个体经营，其资金流转和经营开支都与企业所有者的私人财产密切相关。

个体企业的重要特征之一是其资产及业务与企业主的私人财产和经济活动高度融合，很难将二者孤立分析。这点与具有独立法人资格和财务自主权的企业存在差异。非正式经济中的个体企业往往没有可靠账目区分企业业务和企业主的私人活动，由此非正式企业通常没有可靠账目这一标准应与前文提到的两条标准纳入一起分析。

如第 1 章所述，研究人员会使用很多标准定义非正式企业或非正式就业并随之制定相应的取样策略。例如一些国家用 5 名雇员这一阈值判定非正式经济而另一些国家的判定阈值可能会有所增减，这就给横向比较各国非正式经济数据库增加了难度。而在某些调研中，调研人员没有设置任何雇员人数阈值判定非正式经济，比如前文提到的 123 项目调研。这项调研单纯使用是否留存真实账目这一标准来呈现非正式企业特征。还有一些国家认为那些没有固定经营场所或经营流动性很高的企业就是非正式经济。联合国经济社会理事会 2007 年发布的报告指出，有些国家会将农业纳入非正式经济，而另外一些国家则将其排除在外。

基于就业的取样策略 VS 基于企业的取样策略

研究人员往往会开展各类调研，采访不同单位，从中获取非正式经济相关数据，而针对劳动力市场的调研更是常常被视作非正式经济数据的重要来源[2]。这种调研会将所有劳动人口视作调查对象总体，根据不同标准筛选分离出非正式经济从业者，由此得知这个群体的主要特征及他们在劳动人口总数中的占比。调研人员还可以通过识别非正式企业经营个体来确定当地都有哪些非正式企业。威尔玛（Verma，2007）指出，这种取样方法是基于家庭的调研方法，所获取的结果可以通过多级筛选步骤反推到非正式经济整体[3]。

目前已有文献大多侧重于收集非正式就业方面的数据。在 1993 年召开的国际劳动力市场统计学家学会第 15 届年会上专家们明确区分了非正式就业与非正式劳动。前者指一段时间内正式和非正式企业以及家庭个体中的所有非正式就业岗位。考虑到同一个人在非正式经济中可能有多个工作岗位，这种区分的实际意义就在于将就业岗位视作调研单位而非个人。123调研的研究方法为西非大多数国家所采纳[4]，它主张从家庭个体到非正式生产单位逐层开展调研。

123 调研的第一阶段主要对象是家庭和就业，研究组设计了两份问卷，一份调查家庭个体中的社会人口学特征，另一份调查所有劳动人口的就业情况。然后研究人员按不同调研单元对劳动人口和非劳动人口进行分类，随后将劳动人口分为两类，一类是正式经济劳动者，另一类是非正式经济劳动者。这里非正式经济采用企业未在行政部门登记注册或没有真实账目这两条标准来划分。该调研的最大局限之一是受访者往往难以确定自己工作的企业是否已经注册或者拥有真实账目。这明显会导致调研结论出现问题，而基于这个结论做出的有关正式与非正式经济间的分类标准也会出现偏差。事实上就连很多企业管理人员都难以确定企业的经营属性是正式还是非正式，更不用说普通雇员了。访谈中发现，根据上文提到的非正式经济一系列判定标准，很多自诩是正式经济从业者的受访者事实上属于非正式经济从业者。

另外，非正式经济研究中还有另外一种调研方法，即将非正式企业视作调研主体。但这种调研方法的最大局限在于调研人员无法获得一个可靠的取样框架用于选取具有代表性的样本。因此，各国调研人员越来越不倾向于使用该调研方法，而是更愿意采用将家庭和企业混在一起的调研方法。这种混合型调研方法的调研对象主体同时包含家庭和企业。

还有研究人员从家庭消费预算角度入手展开调研，试图反推非正式经济活动特征。这种调研是以家庭作为研究原点，以家庭支出作为研究对象，试图从交易商品源头判定产品供应商是正式还是非正式企业[5]。这种方法也存在一定局限，它将非正式企业等同于所有小企业，忽略了大型非正式企业和小型非正式企业。

我们的数据收集策略

从上述情况可以看出大部分发展中国家特别是非洲国家现有调研大多都是围绕家庭展开的。产生这种现象的主要原因是调研人员往往难以获取涵盖所有非正式经济主体类型的样本框架，因此也难以抽取具有代表性的样本。如果抽取融合了不同类型非正式经济主体的样本，这种取样方法就非常有效，但它的局限在于经过多层筛样后剩下的非正式生产单位大多是小型非正式企业。由此产生了在第 1 章和第 4 章中用很大篇幅叙述的问题，即这些国家的研究人员忽视了非正式经济中的其他类型主体，尤其是大型非正式企业。大型非正式企业虽然数量不多，但在国家经济中地位举足轻重，在促进经济增长和与正式经济的互动中积累了很多重要经验，而这种调研方法却无法详细研究大型非正式企业。小型非正式企业的经验往往局限于如何在市场中生存下来，以它们作为基准的调研适用于分析民众生活水平和家庭就业情况。而如果在研究非正式经济时依然采取这种研究基准就无法得知非正式经济对营商环境和经济增长的影响。非洲非正式企业很多时候在活动规模和体量上并不逊色于正式企业。正如查姆斯（Charmes，2007）指出的，"如果调研中没有观察到介于正式和非正式之间的企业，那非正式经济就不可能转化为正式经济"。这种方法存在一个局限性，即受访者对非正式经济定义的理解未必相同。在调研中，为了尽可能全面地了解受访者所在企业的正式或非正式属性，调研人员会问受访者很多问题，涉及企业是否留存账目、在公共部门是否办理了注册或其他有关判定非正式经济标准的问题，但受访者不一定如实回答。因此通过这种方法判定非正式生产单位得出的结果并不准确。

我们更侧重于分析非正式经济对经济增长和竞争力的贡献，所以调研会更关注非正式企业而不是从事非正式经济的家庭。我们非常关注营商环境对非正式经济的影响以及非正式经济的反应，关于这部分内容的分析详见第 6 章。我们的研究目的使得取样方法需要兼顾从事小型非正式经济的家庭个体和企业。此外我们还将正式经济纳入样本，方便对比正式经济和非正式经济。

我们的数据来源

作者围绕正式企业和非正式企业展开了调研，分别在达喀尔、瓦加杜古和科托努各自调研了 300 个生产单位样本，累计调研 900 家单位。

遇到的主要困难在于如何定义样本框架才能在这些城市中的正式与非正式企业中选取最具代表性的样本。在这些国家中，汇总正式和非正式企业名录往往是由多个不同部门完成的，而它们彼此间又缺乏沟通协调，有时同一个企业在不同部门整理的名录中往往标识不同，使得整合工作十分困难[6]。例如，在税务部门中，各独立数据采集中心汇编的企业名录就标识各异，无法统一。

下述为三个国家中较权威的企业参考名录。

1. 国家统计部门，即塞内加尔国家人口数据统计局（ANSD）、布基纳法索国家人口数据统计局（INSD）和贝宁国家经济分析与统计局（IN-SAE）汇编的正式企业名录。这些正式企业数据库中的所有数据都是根据企业提供给税务部门和国家统计部门的信息编制的。

2. 各国税务部门，即塞内加尔、布基纳法索和贝宁税务部门编制的正式企业名录，这个数据库是根据企业每年年底提交给税务部门的财务报表编制的。达到某一营业额阈值的企业需要据实纳税，而其他企业则需缴纳定额税。这些数据库只包含据实纳税的正式企业信息而没有缴纳定额税企业的信息。

3. 税务部门统计的非正式企业名录。数据库中包含的企业都已被税务部门明确识别但所申报的营业额没有达到可以据实纳税的标准只能缴纳定额税。

4. 各国商务部、海关及商会汇编的企业名录。其中包含所有具有进口许可证和从业资质的正式及非正式企业。

而我们所选取的样本主要有以下几个来源。

● 正式经济调研框架是由汇总各国统计部门和税务部门企业名录所得。

● 大型非正式经济调研框架是从税务部门企业名录中按缴纳定额税且年营业额超 2000 万西非法郎的标准筛选所得。

● 小型非正式经济研究主体主要是基于各国 123 调研成果。我们从 123 调研结果所显示的各种非正式活动较为集中的区域入手，随机派遣调研人员前往这些区域对某些部门如工业、贸易业及其他服务业等展开调研，受访单位一般是营业额低于 2000 万西非法郎的小型企业。

我们的取样方法

采用分层抽样的方法从以下两种分类组合中随机抽取样本：（1）正式经济、小型非正式和大型非正式经济；（2）工业、贸易及其他服务业。对于正式经济，由于可以获得它们的官方生产统计数据，根据不同部门的所占比重来确定按行业划分的正式经济样本比重。对于非正式经济，企业和就业的占比情况需要根据 123 调研结果确定（见表 2.1 和表 2.2）。

由于我们将使用逻辑回归分析，因此难以获得一个简单的公式，来寻找与模型系数相关的误差范围。粗略的近似值与 1/n 成比例，其中 n 是观察次数。如果假设是母群中的简单随机样本，比例系数取决于若干因素。事实上，由于我们采用分层抽样，误差会有所不同，这意味着，样本规模扩大至 400、500 个单位甚至更多时，估算精确度随之提高的速度将会非常缓慢[7]。除了在实践中更为可行之外，这也是我们为每一个城市选择 300 个单位样本规模的原因。

表 2.1　2003~2004 年西非三国国内生产总值分解情况

指标	贝宁		布基纳法索		塞内加尔	
	2003 年	2004 年	2003 年	2004 年	2003 年	2004 年
总附加值						
金额（十亿西非法郎）	1900	1961	2583	2713	3500	3715
占总额的比重（%）	100	100	100	100	100	100
正式经济的附加值						
金额（十亿西非法郎）	510	519	1308.00	1379.00	1578	1730
占总额的比重（%）	26.8	26.5	50.7	50.8	45.1	46.6
非正式经济的附加值						
金额（十亿西非法郎）	1390.00	1442.00	1274.00	1334.00	1922	1984
占总额的比重（%）	73.2	73.5	49.3	49.2	54.9	53.4

数据来源：塞内加尔经济预测研究局（DPEE），2008；贝宁国家经济分析与统计局（IN-SAE），2007；布基纳法索国家人口数据统计局（INSD），2005。

表 2.2　西非三国非农非正式部门企业分布情况

部门	贝宁		布基纳法索		塞内加尔	
	企业数量（家）	占总数的比重（%）	企业数量（家）	占总数的比重（%）	企业数量（家）	占总数的比重（%）
工业	45080	21.86	56520	34.20	86200	30.62
服装	18900	9.17	12395	7.50	21100	7.50
建筑和公共工程	16740	8.12	9255	5.60	21100	7.50
其他工业	9440	4.58	34870	21.10	44000	15.63
商业	102040	49.49	84449	51.10	131100	46.54
店外零售贸易	73600	35.70	22806	13.80	100300	35.63
店内批发/零售贸易	73600	35.70	22806	13.80	100300	35.63
服务业	59060	28.64	24293	14.70	64300	22.84
修理	6630	3.22	4131	2.50	5700	2.02
餐饮	21640	10.50	7932	4.80	11500	4.09

部门	贝宁		布基纳法索		塞内加尔	
	企业数量（家）	占总数的比重（%）	企业数量（家）	占总数的比重（%）	企业数量（家）	占总数的比重（%）
运输	10800	5.24	1653	1.00	11900	4.23
其他服务业	19990	9.70	10577	6.40	35200	12.50
合计	206180	100	165262	100	281500	100

数据来源：塞内加尔预测统计局（DPS），2004；贝宁国家经济分析与统计局（INSAE），2002；布基纳法索国家人口数据统计局（INSD），2003。

上述研究依然会存在一个问题，即企业在回答部分敏感问题时未必会实话实说。非正式企业向国家部门提供信息时往往谎报收入，但在接受研究人员的访谈中，这种情况可能会稍微好一点。我们在收集研究所用数据时特别注意保护非正式经济主体隐私，不会向税务部门通报。此外，也会随机将调研数据和访谈结果结合比对。从中发现，企业主体极少向调研人员提供虚假信息，这一点在下一节中会有讨论。

其他数据来源

除了收集调研量化数据外，我们还从多方面展开了调研访谈，从中收集到了很多定性数据，此外，还使用了一些二手数据。

来自访谈的定性数据

我们在全书论述中都使用了调研数据和二手数据，此外还从与各相关方的访谈笔录中获取了很多信息。在这些访谈中我们特别注意确定访谈主要步骤和保护受访者隐私，使他们不必为自己的生意和人身自由担忧，得以尽可能全面、清晰地表达自己的想法。访谈平均时长为一个半小时。而在访谈过程中，我们所遇到的最大挑战之一是常会被经营者误认为是税务人员或者是采集敏感信息给出资方的人，而当受访者是行政人员时又有可能会被误认为是非建制派研究人员。为此，我们会向受访者明确说明访谈本质是用于学术研究，但也可能会将所获结果通报决策层以助其改进施政方针。但我们会格外坚持未经有关人员明确同意，不会泄露任何个人信息。我们非常关注受访者在匿名陈述下表达的真实倾向和观点。

我们会尽可能通过中介来确定受访组织和人员。当受访者是某主管部门时，我们会借助于某些部委官员、西非经济货币联盟委员会，也会动用个人私交，争取会面机会，赢得受访者的信任。而在采访正式和非正式主体时，我们会求助于一些商会、雇主组织及私人会计师。这些会计师往往具有非正式职业属性，专门负责为一些非正式组织保管账目。

我们开展访谈的目的在于收集定性信息，用以补充我们在分析调研数据和二手数据中得到的量化信息。访谈中所提的问题和问卷中的问题是一样的，都与非正式经济定义的标准有关。这些标准包括企业是否在指定主管部门如税务部门或商务部等注册登记、是否按自己所属的税收制度纳税、获取银行信贷的能力、企业营业额及企业雇员数量等。将这些问题结合起来分析比孤立分析更能准确判定企业经济活动性质属于正式性质还是非正式。虽然调研问卷中的问题与访谈问题相同，但在访谈中可以通过提问技巧与受访者问答交流，更好地确定受访者企业到底是正式还是非正式性质。通过调研数据发现，受访者在回答涉及判定企业的正式或非正式属性的问题时，往往会出现前后矛盾。一些经营者在调研中声称自己据实纳税，但是他们的某些行为却表现出矛盾之处，如他们的账目并不真实或者并没有固定的工作场所。在清理数据时会将这些有问题的答案筛出来，校正调研结果。但这种数据整理方法有时需要比对调整，有时全凭直觉，存在一定误差。在访谈过程中如果能让受访者对某些特定点深入表达看法，能更加明确地展现相关方的真实情况。

访谈还涉及受访者对营商环境的看法、与主管部门的关系、对正式和非正式主体间互动的观点、受访企业的社会关系及企业管理者和员工间的某些社会人口学特征，如年龄、受教育程度、父母受教育程度等。而调研问卷涵盖了上述所有要素，只不过采用了二元封闭式问题，即受访者不可解释观点、发表意见或阐释想法。

最后，我们还采访了一些与调研主体无关的其他类型主体，包括负责管理非正式经济的公共主管部门及西非经济货币联盟等一些负责制定企业尤其是非正式企业税务和海关政策的区域组织。这些访谈并未涉及小型非正式经济，更多针对大型非正式经济。访谈结果与调研结果基本一致，验证了很多调研数据结果，并补充了很多从调研数据中无法获取的信息。

二手数据

我们在本书中使用的最后一类数据是各类二手数据，包括三个国家的国民账户及以往针对家庭和企业的调研成果。

通过分析国民账户数据，按行业评估了正式和非正式经济对国内生产总值的贡献。通过分析 123 调研结果，获取了非正式经济国内生产总值，它和正式经济国内生产总值一同构成了全国国内生产总值。将在第 3 章中介绍如何从整体附加值中分离正式和非正式经济各自所占比重。所给出的非正式经济附加值是由与其取样方法相同的非正式经济附加值估算而来的。这些调研结果具有一些局限性，在第 1 章和第 2 章中已有阐释。作者认为估算出来的附加值大大低估了非正式经济的实际情况，会遗漏大型非正式经济的数据。另外，调研中往往由受访者自行判定自己是处于正式还是非正式经济从业者地位，而根据调研经验，受访者往往会弄错他们自身的属性，很多人自认为是正式经济从业者，但根据正式性各种标准，他们应该属于非正式经济从业者。这些因素导致估算出来的非正式经济附加值远低于真实情况。然而无论如何这些数据都已经表明非正式经济在国民经济体量中占比巨大。

从三个国家以往针对家庭和企业的调研数据中也获取了一些信息，用以补充分析民众生活水平、劳动力市场和营商环境，文中已呈现了分析结果。

结　论

我们考虑到非正式经济的复杂性及获取非正式经济准确信息的难度便采用了三种不同的数据来源，分别是各国国民账户及其他二手数据库、调研所得数据及从访谈中获取的定性信息。我们开展调研的目的是获取正式企业及大小型非正式企业的混合样本，为此我们采取分层取样方法收集了与三类企业相关的很多信息。而在与企业管理者和其他非正式经济相关方的访谈中进一步核实了调研中获取信息的准确性，并得以更好地理解非正式经济特别是大型非正式经济。

注释

1. 有关对非正式经济定义不同标准的分析详见第 1 章。

2. 马里（1989、1996）、尼日尔（1994）、坦桑尼亚（1990）、肯尼亚（1999）和墨西哥（1989）都做过这种调研。

3. 有关此类抽样不同阶段的回顾分析详见威尔玛（Verma，2007）的研究。

4. 联合国在 2007 年发布的研究中指出，非洲国家中喀麦隆、马达加斯加、摩洛哥、贝宁、布基纳法索、科特迪瓦、马里、尼日尔、塞内加尔、多哥、刚果民主共和国、布隆迪应用了这种调研方法，而非洲以外的一些发展中国家包括中国、孟加拉国、危地马拉、秘鲁和墨西哥也采用了这种方法。

5. 高提亚（Gautier，2002）指出，人们普遍认为非正式企业生产的产品质量较差，正式企业生产的产品质量较好。

6. 西非很多国家正在采取措施统一各部门标识号，但这项工作仍处于起步阶段。

7. 例如，当样本量从 300 个单位增加到 400 个单位时，精度从 0.058 提高到 0.05。

参考文献

Charmes, Jacques, «Estimation and Survey Methods for the Informal Sector», Centre d'Économie et d'éthique pour l'environnement et le développement, université de Versailles Saint-Quentin-en-Yvelines, document préparé pour un séminaire international de l'OIT, 2007.

DPEE (direction de la Prévision et des études économiques), *Les Comptes nationaux du Sénégal*, Dakar: DPEE, 2008.

DPS (direction de la Prévision et de la statistique), *Le Secteur informel dans l'agglomération de Dakar: performances, insertion, perspectives; Résultats de la phase II de l'enquête 1 - 2 - 3 de 2003*, Sénégal: DPS, juin 2004.

Gautier, Jean-François, «Taxation optimale de la consommation et biens informels», *Revue économique*, mai 2002, 53 (3), p. 599 - 610.

INSAE (Institut national de la statistique et de l'analyse économique), *Le Secteur informel dans l'agglomération de Cotonou: performances, insertion, perspectives*; *Enquête 1 - 2 - 3, premiers résultats de la phase 2, 2001*, Bénin: INSAE, septembre 2002.

INSAE, *Les Comptes nationaux du Bénin*, Cotonou: INSAE, 2007.

INSD (Institut national de la statistique et de la démographie), *Le Secteur informel dans l'agglomération de Ouagadougou: performances, insertion, perspectives*; *Enquête 1 - 2 - 3, premiers résultats de la phase II*, 2001, Burkina Faso: INSD, septembre 2003.

INSD, *Les Comptes nationaux du Burkina Faso*, Ouagadougou: INSD, 2005.

NU (Nations unies), *System of National Accounts*, New York: NU, 1993.

NU, Conseil économique et social, «Étude sur la mesure du secteur informel et de l'emploi informel en Afrique», African Center for Statistics, Economic Commission for Africa, décembre 2007.

OIT, *Conference Report of the Sixteenth Conference of Labor Market Statisticians*, Genève: OIT, janvier 1993, p. 19 - 28.

Verma, Vijay, *Sample Design Consideration for Informal Sector Survey*, université de l'Essex, Colchester, R. -U. , 2007.

第 3 章

西非非正式部门：国民经济占比与民生影响

　　本书的研究对象是西非经济货币联盟中塞内加尔、布基纳法索和贝宁三国的非正式经济。之所以选取这三个国家作为研究对象，是因为其在西非经济货币联盟乃至整个西非都很有代表性。国家体量都不大，根据 2008 年的统计数据，三国人口均在 800 万至 1400 万之间，人均收入和人类发展指数很低，在各种投资环境标准指标排名中往往靠后，如在世界经济论坛和世界银行发布的《营商环境报告》中三国排名都不高，详见表 3.1。这三个国家与其他大多数非洲国家一样，正式经济主要依赖初级产品，而国内生产总值和就业机会大部分仰仗非正式经济。表 3.2 和表 3.3 呈现了这三国在西非经济货币联盟及撒哈拉以南非洲国内生产总值中的占比。

表 3.1　2006～2008 年三国经济指标

	贝宁			布基纳法索			塞内加尔		
	2006 年	2007 年	2008 年	2006 年	2007 年	2008 年	2006 年	2007 年	2008 年
经济									
人口（万人）	760	790	810	1340	1370	1400	1190	1220	1250
国内生产总值（亿美元，购买力平价）	113	122	130	156	166	178	193	208	218
人均国内生产总值（美元，购买力平价）	1484	1548	1608	1161	1209	1268	1617	1701	1739
国内生产总值增长率（%）	3.8	4.7	5.0	5.5	3.6	5.0	2.3	4.7	2.5

续表

	贝宁			布基纳法索			塞内加尔		
	2006年	2007年	2008年	2006年	2007年	2008年	2006年	2007年	2008年
人均国内生产总值增长率（%）	4.1	4.3	3.9	6.5	4.2	4.8	3.3	5.2	2.2
出口在国内生产总值的占比（%）	30.7	31.2	31.5	10.8	10.4	10.5	25.4	23.7	27.1
竞争力									
世界经济论坛排名	—	107	—	—	119	127	—	—	—
《营商环境报告》排名	—	137	151	—	163	161	—	146	162
非正式部门在国内生产总值的占比（%）	70.3	70.1	70.3	49.0	49.0	—	46.7	45.5	46.8
生活质量									
贫困发生率（%）	36.8	33.3	—	13.9	42.6	42.8	—	—	—
贫困严重性	0.07	0.04		6	—	—	—	—	—
人类发展指数排名	161	161	163	173	177	176	153	166	156
教育									
初等教育率（%）	95.9	—	—	66.5	65.3	—	81.8	86	
文盲率（%）	65.3	54.7	—	78.2	69.6	—	60.7	56	
健康									
艾滋病患病率（%）	2	—	—	2	—	—	1.51	—	0.7
疟疾患病率（%）	39.7	—	—	—	—	—	30		

数据来源：世界银行，2009；塞内加尔数据来自国家人口数据统计局（ANSD），2009；贝宁数据来自国家经济分析与统计局（INSAE），2009；布基纳法索数据来自国家人口数据统计局（INSD），2009。

表 3.2　1990～2009 年三国国内生产总值在西非经济货币联盟中的占比

单位：%

	1990年	1995年	2000年	2001年	2002年	2003年	2004年	2005年	2006年	2007年	2008年
贝宁	6.5	8.2	9.3	9.3	9.4	9.6	9.6	9.6	9.6	9.7	10.1
布基纳法索	10.9	9.0	10.1	10.5	11.0	11.6	11.9	11.8	11.7	11.8	11.8

续表

	1990年	1995年	2000年	2001年	2002年	2003年	2004年	2005年	2006年	2007年	2008年
科特迪瓦	37.9	41.6	40.5	39.2	38.6	36.9	36.5	35.7	35.3	34.6	34.1
马里	9.7	10.7	10.4	11.2	11.2	11.9	11.8	12.0	12.4	12.5	12.7
尼日尔	8.7	6.6	6.5	6.7	7.0	7.1	6.8	7.4	7.4	7.4	7.8
塞内加尔	20.1	18.5	18.2	18.1	17.9	18.4	18.9	19.0	19.0	19.7	19.4
多哥	6.3	5.5	5.0	4.9	4.9	4.5	4.6	4.6	4.5	4.4	4.2
西非经货联盟国内生产总值（百万美元）	28.5	26.5	25.8	26.9	29.9	37.3	42.5	45.9	49.3	57.4	69.0

数据来源：世界银行，2009；塞内加尔数据来自国家人口数据统计局（ANSD），2009；贝宁数据来自国家经济分析与统计局（INSAE），2009；布基纳法索数据来自国家人口数据统计局（INSD），2009。

表 3.3　1990～2008 年三国国内生产总值在撒哈拉以南非洲占比

单位：%

	1990年	1995年	2000年	2001年	2002年	2003年	2004年	2005年	2006年	2007年	2008年
贝宁	0.6	0.7	0.7	0.8	0.8	0.8	0.7	0.7	0.6	0.7	0.7
布基纳法索	1.1	0.7	0.8	0.9	1.0	1.0	0.9	0.9	0.8	0.8	0.8
科特迪瓦	3.7	3.4	3.1	3.3	3.4	3.2	2.8	2.6	2.3	2.3	2.4
马里	1.0	0.9	0.8	0.9	1.0	1.0	0.9	0.9	0.8	0.8	0.9
尼日尔	0.9	0.5	0.5	0.5	0.6	0.6	0.5	0.5	0.5	0.5	0.5
塞内加尔	2.0	1.5	1.4	1.5	1.6	1.6	1.5	1.4	1.3	1.3	1.4
多哥	0.6	0.4	0.4	0.4	0.4	0.4	0.4	0.3	0.3	0.3	0.3
西非经货联盟	9.8	8.1	7.7	8.4	8.8	8.5	7.8	7.2	6.6	6.7	7.0
撒哈拉以南非洲地区国内生产总值（百万美元）	291.1	325.7	333.6	320.9	340.7	436.5	545.0	640.6	743.4	856.1	991.5

数据来源：世界银行，2009；塞内加尔数据来自国家人口数据统计局（ANSD），2009；贝宁数据来自国家经济分析与统计局（INSAE），2009；布基纳法索数据来自国家人口数据统计局（INSD），2009。

塞内加尔毗邻海洋，相较西非其他国家，工业化与发展程度相对较高，但依然非常贫穷。前法属西非首都就在塞内加尔境内，独立后的塞内加尔因此继承了较高的国内基础设施水平，与其他法语国家密切的贸易关系得以传承下来。塞内加尔在地理上将冈比亚这个英语国家完全包围了起来，而冈比亚与塞内加尔在经济政策上存在显著差异，国内经济主要依靠向塞内加尔走私。位于几内亚湾的贝宁也是沿海国家，地理环境却与塞内加尔完全不同，气候植被与邻国中非更为相近。此外，贝宁与西非经济强国尼日利亚间有漫长的国境线，经济上受到尼日利亚很大影响。而布基纳法索则是萨赫勒国家，地处内陆，气候干旱，与另外两国相比，生产潜力更小。

本章将概述三个国家的非正式经济规模及其对国民经济产生的影响。首先分别简要介绍三国经济特点，随后会得出结论，即非正式经济对三国税收的贡献比例远低于其在国内生产总值中的占比。之后比较从事非正式经济活动与正式经济活动的家庭间生活水平的差异，从中得出非正式经济对社会福祉的影响结论。

三国经济情况概述

塞内加尔、贝宁和布基纳法索三国同撒哈拉以南非洲大多数国家一样十分贫穷，正式经济主要集中于一些初级产品加工业，而非正式经济在国民经济剩下的部分中处于主导地位。在此简要介绍三国经济情况，表3.1列出了三国经济的一些基本数据。

贝宁

沿海国家贝宁地处几内亚湾，国土面积114763平方公里。北部与尼日尔交界，西北与布基纳法索相连，东部毗邻尼日利亚联邦共和国，西部接壤多哥共和国，南部濒临大西洋。这样的地理条件使得贝宁国土呈现为贝宁湾与尼日尔河之间长度约700公里的长带状。从南到北，地势起伏不大，较为平缓。然而，尽管贝宁有丰富的水文资源，树木植被覆盖率约为

65%，但是，植被面积正面临逐年缩小的危险。

贝宁于 1990 年从社会主义经济过渡为市场经济，并于 1994 年经历了西非法郎贬值，随后，国家的经济增长速度明显加快。国内生产总值增长率从 2005 年的 2.5% 增长至 2007 年的 4.7% 和 2008 年的 5.0%，近年来，这一数值稳定在 5% 左右。第一产业与第三产业在经济中占据主导地位，第二产业规模较小。第一产业地位虽然有所下降，但长期以来在贝宁国内生产总值中占有很大比例，1994～1999 年，平均占比为 37.1%，2000～2008 年平均占比为 30%；至今，这一产业仍然容纳约 60% 的就业。

贝宁农业以粮食作物和棉花这一主要经济作物为主，粮食作物包括木薯、豆类、山药、玉米、小米、大米等。贝宁的正式经济高度依赖棉花，是西非最大的棉花出口国。棉花是贝宁半数以上农民的主要收入来源。由于棉花的国际价格低廉，以及对这一部门自由化的管理不善，贝宁棉花产量急剧减少，从 2005～2006 年的 35 万吨骤降为 2006～2007 年的 24 万吨。最近几个种植年度里，棉花产量部分恢复。贝宁正在努力促进农作物多样化（腰果、木薯、菠萝、乳木果），以确保食品安全及推动国内产品的出口。

工业在贝宁国内生产总值的占比只有 13%，其中大部分来自棉花加工业，特别是轧棉业。制度环境不利，尼日利亚走私品入侵国内市场，人口教育水平低下，这些情况都阻碍了工业的发展。为此，贝宁政府与私营部门合作，制订了一项促进投资的计划，这一计划包含五点：改革法律体系与司法系统以加强对财产权的保护，改革金融体系，提高产业竞争力，进一步融入西非国家经济共同体（CEDEAO），以及优化基础设施，尤其是要优化通信网络和工业园区的基础设施。然而这一计划的落实范围并不明确，反映了贝宁和该地区其他国家过去与现在许多类似计划的状况。

服务业在贝宁国内生产总值的占比最高，约为 42%。区域贸易，特别是与北部以尼日利亚为主的内陆国家之间的走私，与棉花出口一起，构成贝宁主要的经济活动。运输、银行系统、保险与其他服务业高度依赖这一跨境贸易，而这种贸易通常是非正式的。非正式经济在走私活动中发挥着重要作用，在第 9 章中将详细说明。1990～2008 年，批发与零售贸易在国内生产总值的占比为 19%，而同一时期内，运输的占比为 9%。

与许多非洲国家一样，贝宁的贸易逆差很高，占国内生产总值的20%~25%。与官方转移支付与服务出口（特别是与非正式跨境贸易有关的）相关的账户赤字较小。棉花是官方出口的主导产品，主要运往法国、中国、印度尼西亚、印度与尼日利亚。官方进口主要来自发达国家，以法国为首（占进口的45%），其次是美国、日本、中国（7%）、西非经济货币联盟成员国（9%）以及尼日利亚。官方统计数据表明，与西非经济货币联盟和尼日利亚之间的贸易量很小，但这些统计数据具有误导性。贝宁和尼日利亚之间存在大量未经登记的双向贸易。

尽管自2008年起全球遭遇经济危机，但贝宁的宏观经济相对稳定，这在很大程度上归功于西非法郎与欧元挂钩。通货膨胀率维持在3%左右，与西非经济货币联盟的趋同标准相符。由于全球食品价格与汽油价格上涨，通胀率于2008年暂时性增长至7.9%。预算赤字日益恶化，从2005年的5.2%升至2008年的10.4%。尽管如此，在重债穷国倡议和多边减免倡议的帮扶下，贝宁获得了部分债务减免，加之该国对外借债较为谨慎，外部公共债务逐渐减少，已从2008年占国内生产总值的58.3%降至12.6%。

与许多撒哈拉以南非洲国家一样，贝宁的人口增长率很高，1992~2002年平均人口增长率为3.25%，2007年略有下降，为3%。在高人口增长率的情形下，政府意识到需要增加投资，以改善教育、培训、环境卫生和食品卫生等公共服务质量；然而，这些政策至今收效尚不显著。虽然社会指标有所改善，但贝宁仍然是一个非常贫穷的国家，人均年国内生产总值为600美元，预期寿命为54岁，识字率为45.3%，在联合国开发计划署人类发展指数177个国家中排名第163位，货币性与非货币性贫困率约为40%。

布基纳法索

布基纳法索与贝宁毗邻，深居内陆，属于萨赫勒国家。它位于尼日尔河流域的环路之内，是一个大陆国家，国土面积274200平方公里，无出海口。北部、西部与马里相邻，东北与尼日尔相邻，东南接壤贝宁，南部接壤多哥、加纳和科特迪瓦。平缓的地势大大减少了流经该国三条河流即穆

温河、纳齐农河与纳康伯河的势能。经济增长率在 1997～2006 年平均为
5.9%，2008 年降至 4.7%。经济增长很大程度依赖第一产业，其在 1990～
2000 年约占国内生产总值的 40%，2007 年占 51%。农业和畜牧业平均占
国内生产总值的 36%，为 80% 的人口提供就业和收入。在农业政策方面，
布基纳法索政府的基本目标是产量每年增加 5%～10%，农民与牧民的收
入水平每人每年至少提高 3%。此外，布基纳法索有巨大的农业潜力，但
这一潜力没有得到充分开发：农田面积有 900 万公顷，在耕土地仅占 1/3，
可灌溉土地面积为 165000 公顷，开垦的仅占 12%，蔬果生产很有潜力，
亟待开发。

　　布基纳法索第二产业约占国内生产总值的 26%，这一产业受采掘业的
影响较大，特别是采矿业，它对第二产业附加值的形成起着重要作用。这
一产业具备许多优势，能够促进国民财富的增长。自 1998 年以来，布基纳
法索政府采取了一项工业发展战略，这一战略针对 12 个分支，即棉花、谷
物、水果、蔬菜、油籽、奶类、肉类、皮革、毛皮、金属制品、聚合物
（橡胶和塑料、建筑石料和建筑金属）以及化学产品（化肥和农药，药
品）。虽然布基纳法索工业基础薄弱，但仍有 100 家左右工业企业，主要
集中于瓦加杜古和博博迪乌拉索。

　　布基纳法索的第三产业以贸易和旅游业为主。1990～2007 年，第三产
业约占国内生产总值的 32%。贸易占据着重要地位，1990～2000 年，贸易
在国内生产总值中的占比为 22%，2007 年占 11%。布基纳法索贸易发达
得益于地处西非经济货币联盟各成员国中心的地理位置以及国内两座贸易
格外发达的城市——瓦加杜古和博博迪乌拉索。布基纳法索无疑是联盟中
与其他国家有最多道路连通的国家。旅游业发挥着主导作用，尤其因为布
基纳法索是一个以手工艺品声名远扬的国家。实际上，这一产业雇用了大
约 90 万人口，并占国内生产总值的 30%。如今，布基纳法索将本国作为非
洲手工艺品的橱窗，每两年举办一届瓦加杜古国际手工艺品展会（SIAO）。

　　即使受到 2002 年科特迪瓦危机的影响，布基纳法索国内贸易额在过去
3 年里仍稳步增长，2005～2007 年，平均每年增长 12.65%。在同一时期
内，出口对进口的覆盖率为 30%～33%，这表明，出口占进口的 1/3。布

基纳法索的主要进口产品是运输机械与设备、工业半成品、饮料、烟草、油以及动植物油脂。

自 1997 年以来，布基纳法索从重债穷国倡议中大大受益。但其外债在 2007 年仍相当于国内生产总值的 34.5%。根据联合国开发计划署公布的人类发展指数，2007 年布基纳法索的全球排名为 176，反映了社会状况不稳定的特征。2007 年，布基纳法索实际人均年收入为 430 美元，远远低于撒哈拉以南非洲人均年收入 592 美元这一平均水平。贫困率在 1998 ~ 2007 年从 55% 显著下降到 42.6%，随后，2008 年贫困发生率略微上升了 0.2 个百分点，反映出增长放缓和家庭脆弱性升高的社会特征。根据核心福利指标问卷（QUIBB）2007 年的调研，农村地区活跃人口失业率为 7.8%，城市地区为 17.7%。然而真实情况显然远高于以上数字。

塞内加尔

沿海国家塞内加尔因地理位置而具有许多优势。塞内加尔国土面积为 196723 平方公里，西部濒临大西洋，北部和东部连接毛里塔尼亚，东部与马里毗邻，南部与几内亚和几内亚比绍接壤。冈比亚深入塞内加尔内陆 300 余公里，在塞内加尔国土内部形成一块准飞地，佛得角群岛距离塞内加尔海岸 560 公里。自西非法郎贬值以来，塞内加尔国内生产总值增长率在 5% 左右，但由于 2008 年全球经济危机以及国内经济政策失当，近年来塞内加尔经济增长率显著下降。

塞内加尔经济支柱产业是第一产业，该产业 2000 年和 2008 年在国内生产总值中的占比分别为 16.9% 和 13.2%。塞内加尔第一产业高度依赖农业。近年来，由于国内降水不足以及主要经济作物花生市场疲软，农业发展速度放缓。2006 年以来，塞内加尔政府实施了多项农业发展计划以寻求农业发展新方向，但这些计划缺乏连贯性。政府近年来提出了很多新举措，但往往指向不明，可行性不大。

塞内加尔国内渔业虽然雇用了大部分沿海人口，约 60 万居民，但其在国内生产总值中的占比仍然偏低，2000 ~ 2008 年仅占 1.7%。目前渔业发展主要受制于资源过度开发，而迄今为止政府尚未提出有效管理方法。

2005 年塞内加尔化工产业遭遇了危机，之后国内第二产业持续增长低迷，2000～2008 年第二产业在国民生产总值中约占 20%。第二产业主要靠建筑和公共工程业（BTP）推动，包括塞内加尔政府近年来承建的大型基础设施工程。建筑与公共工程业在国内生产总值中的占比在 2000 年和 2008 年分别为 4.1% 和 4.7%。该行业发展迅猛主要得益于塞内加尔国内因移民注资而蓬勃发展的房地产市场及大量桥梁道路公路建设工程，尤其是在达喀尔。相较而言，制造业在国内各区域都表现强势，2008 年占国内生产总值的 12.8%。

塞内加尔第三产业发展显著，是国内经济增长最大拉动力，2000～2008 年，第三产业约占国内生产总值的 45%。在这一产业中，贸易增长迅速，1990～2008 年，占国内生产总值的 16%。流动商贩激增标志着塞内加尔国内贸易迅速发展，这些流动商贩是零售贸易业主要从业者。在塞内加尔，穆里德派掌管着大部分贸易网络，而他们依靠海外侨民将网络辐射到全球，详见第 8 章。另外，大量中国商人在塞开店也冲击了黎巴嫩人和本土商人一直以来的行业垄断地位。零售业基本属于非正式经济。而电信行业对塞内加尔国内生产总值有颇多贡献，约占 11%，塞内加尔传统固话运营商是国家电信公司（SONATEL），此外还有三家移动通信运营商。

法国是塞内加尔的主要合作伙伴，然而，近年来，中国在塞内加尔对外贸易中的份额增长非常迅速。塞内加尔主要出口产品为磷酸盐、盐、花生和渔业产品。但花生业由于遭遇如土地沙漠化、土壤侵蚀和黄曲霉素污染等结构性问题，产品质量下滑，市场份额缩水，花生这一传统经济作物在国内经济中的占比也急剧萎缩。除资本高度密集的磷酸盐工厂以外，塞内加尔出口多样化程度不高，尤其是劳动密集型产业出口疲软。近年来，园艺商品成为较有发展潜力的出口产品，但其份额仍然很小。

非正式经济在西非经济中的比重

虽然在非洲，非正式经济缺乏官方统计数据，但人们往往会尝试估量其在经济中的占比。据作者及其他研究人员估计，非正式就业超就业总量

80%，甚至可达90%。而据西方国家官方统计数据，非正式经济[1]在各国国内生产总值中的比重高达60%。

非正式经济研究者们采用的定义不尽相同，估值也略有差异，但学界普遍认为，非正式经济在非洲经济中占有重要地位。施耐德和恩斯特（Shneider et Enste，2002）的研究表明，非正式经济在发达国家往往占国内生产总值的10%～20%，而在发展中国家的占比则要超过1/3，在非洲占比更高。施耐德在2000年发布的研究中指出，非正式经济占非洲各国国内生产总值的42.3%，而在尼日利亚更是高达60%。这一结果与国际劳工组织的估值大体吻合，劳工组织在2002年发布的报告表明非正式就业占北非国家非农业就业岗位的48%，占拉美国家的51%，占亚洲国家的65%，占撒哈拉以南非洲国家的72%。而陈（Chen，2001）推算非正式经济在20世纪90年代为非洲新创造了93%的就业岗位。而夏巴、霍恩和莫拉塔（Xaba，Horn et Motala，2002）则指出，虽然正式经济就业情况停滞不前，但非正式经济就业和增长都在稳步上升。大冢和山野（Otsuka et Yamano，2006）则更关注农村经济发展，他们指出非正式经济占埃塞俄比亚非农收入的13%，占肯尼亚的30%，占乌干达的38%。斯蒂尔和斯诺德格拉斯（Steel et Snodgrass，2008）也指出非正式经济在非洲各国国内生产总值中的占比可达50%～80%，非正式就业占了各国就业的90%。博茨瓦纳中央统计局（CSO）2008年的一份报告显示，1999～2007年，该国非正式企业数量增加了28.7%。卡那格拉贾和玛朱姆达（Canagarajah et Mazumdar，1999）估算非正式经济约占加纳国民收入的3/4，而在该国农村，这一比例可达90%。卡尔维斯和舒马克（Calvès et Schoumaker，2004）指出，非正式就业占布基纳法索整体就业的80%。

西非经济中增长率最高也最重要的行业往往都是非正式性质的经济主体所主导的，如批发与零售贸易、运输、餐饮、光盘磁带复刻、细木工及建筑房地产等。学者们注意到在其他发展中国家非正式企业往往在这些行业中处于主导地位，特别是在零售贸易、建筑及其他服务业，亚当姆斯、伦德与司凯纳、韩恩（Adams，2008；Lund et Skinner，2004；Haan，2006）都表述了这一观点。维利克（Verick，2006）也指出，非洲非正式经济非

常青睐贸易零售行业。查姆斯（Charmes，1993）也指出，贝宁市区中
80.7%的经济主体是街头摊贩。博茨瓦纳中央统计局 2008 年发布的报告中
指出，该国 39.6% 的非正式企业涉足零售贸易业，另有 20.7%、11.3% 和
10.3% 的非正式企业参与了房地产、制造业和酒店业。美国国际开发署
1988 年的一项调研显示塞内加尔 72% 的非正式活动涉及批发和零售贸易
业，而国际劳工组织（OIT，1995）也曾提到这些企业总体上规模很小，
平均每家企业仅有 1.1 名员工。塞内加尔预测统计局在 2004 年开展的 123
调研第二阶段结论中表明，自 2003 年以来，国内各非正式企业的总体规模
基本没有变化，平均每家企业员工人数达 1.5 人，略有增长，而非正式经
济的产业占比却发生了很大变化，2003 年贸易在非正式经济中的占比降至
46.5%，工业、服务业和渔业的占比则分别为 30%、6% 和 21.3%。

基于国民账户的产业分析

在本节中，将依据国民账户数据介绍官方是如何估算非正式经济在各
国国内生产总值和国内就业中占比情况的。各国在统计国民账户时基于家
庭调研，将非正式经济定义为小规模企业。尽管这种方法已经涵盖了非正
式经济中的重要部分但忽略了大型非正式企业。因此从国民账户估算出来
的非正式经济数据远远低于非正式经济的真实情况。但无疑已经是一个很
好的开始。

在西非经济货币联盟所有国家中，非正式经济大致占各国国内生产总
值的一半或更多。自 2000 年以来，非正式经济在贝宁、布基纳法索和塞内
加尔国内生产总值中的占比分别为 74%、49% 和 54%。

图 3.1、图 3.2 和图 3.3 显示了 1991～2007 年三个国家的国内生产总
值总体增长率，以及正式和非正式经济占国内生产总值的比例。直到 2000
年，非正式经济的增长才超过了正式经济，然而，从那时起，贝宁和布基
纳法索两国中正式和非正式经济的增长率逐步趋同，而在塞内加尔，正式
经济明显增长复苏。

图 3.4 显示了非正式经济在各国三大产业中占国内生产总值的比重。

三个国家中第一产业往往由非正式经济主导，而在第二产业中各国分布则有较大差异。在塞内加尔第二产业和第三产业中，非正式经济占一半以上，而在布基纳法索和贝宁则约占第三产业产量的 3/4。在贝宁，正式经济的附加值比例最高，而在布基纳法索，这一比例约为一半。

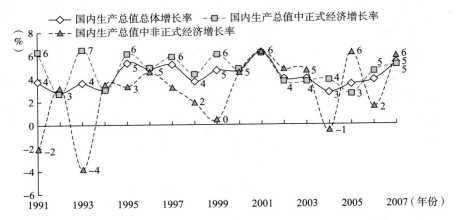

图 3.1　1991～2007 年贝宁正式与非正式经济的附加值增长率

数据来源：贝宁国家经济分析与统计局（INSAE），2009。

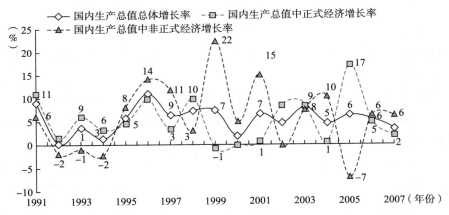

图 3.2　1991～2007 年布基纳法索正式与非正式经济的附加值增长率

数据来源：布基纳法索国家人口数据统计局（INSD），2009。

图 3.5 至图 3.13 显示了三个国家中非正式部门在一段时间内更为详细

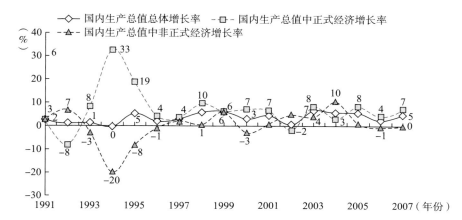

图 3.3　1991～2007 年塞内加尔正式与非正式经济的附加值增长率

数据来源：塞内加尔国家人口数据统计局（ANSD），2009。

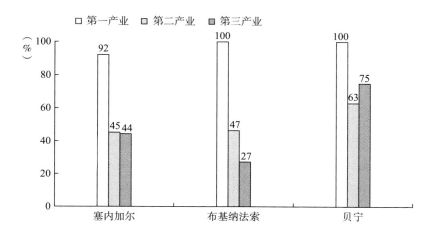

图 3.4　2007 年非正式经济在各产业中占三国国内生产总值的比重

数据来源：塞内加尔国家人口数据统计局（ANSD），2009；贝宁国家经济分析与统计局（INSAE），2009；布基纳法索国家人口数据统计局（INSD），2009。

的产业分布。第一产业（农业、畜牧业、渔业—林业）的所有衍生行业完全或绝大部分由非正式经济主导（图 3.5 至图 3.7）。然而，在第二产业（图 3.8 至图 3.10）和第三产业（图 3.11 至图 3.13）中，正式企业和非正式企业在衍生行业中所占比例存在很大差异。采矿业在贝宁和布基纳法索有进一步非正式化的趋势，而在塞内加尔却不然。

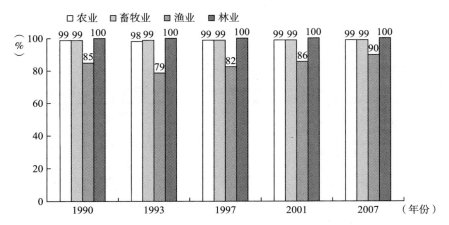

图 3.5　1990～2007 年非正式部门在塞内加尔第一产业附加值中的占比情况

数据来源：塞内加尔国家人口数据统计局（ANSD），2009。

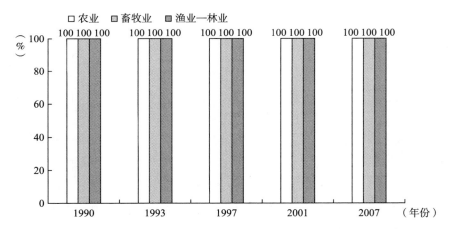

图 3.6　1990～2007 年非正式部门在布基纳法索第一产业附加值中的占比情况

数据来源：布基纳法索国家人口数据统计局（ANSD），2009。

　　贝宁和布基纳法索的建筑和公共工程行业非正式程度相当高，但在塞内加尔，正式和非正式经济在这一行业中的分布较为平均，另外，这个行业的数据还提供了关于正式和非正式企业如何互动的重要例证。

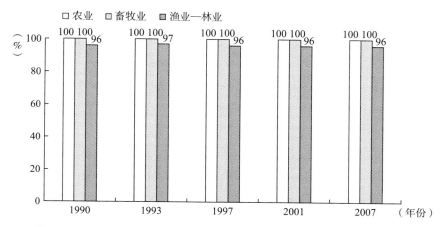

图 3.7　1990 ~ 2007 年非正式部门在贝宁第一产业附加值中的占比情况

数据来源：贝宁国家人口数据统计局（INSD），2009。

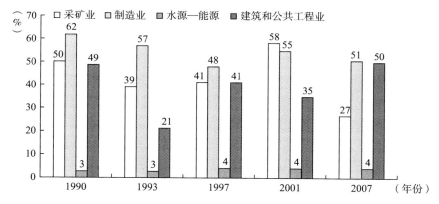

图 3.8　1990 ~ 2007 年非正式部门在塞内加尔第二产业附加值中的占比情况

数据来源：塞内加尔国家人口数据统计局（ANSD），2009。

　　小型非正式从业者在住宅建造业中占主导地位，而对于如道路桥梁等公共工程项目，政府往往要通过财政预算和社会资方募集资金。政府招标过程中需要企业同时具备资金募集能力和合法经营属性，而非正式企业两条都不符合，因此往往是正式企业中标公共工程项目，但它们通常会将业务转包给非正式建筑企业。正式和非正式企业在制造业中的分布则更为均

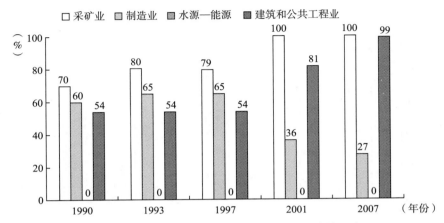

图 3.9　1990～2007 年非正式部门在布基纳法索第二产业

附加值中的占比情况

数据来源：布基纳法索国家人口数据统计局（INSD），2009。

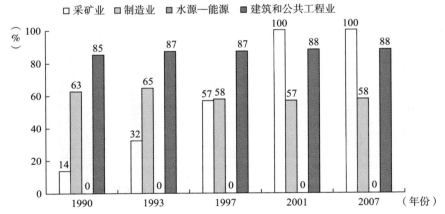

图 3.10　1990～2007 年非正式部门在贝宁第二产业附加值中的占比情况

数据来源：贝宁国家经济分析与统计局（INSAE），2009。

衡，但自 2001 年来非正式企业比例有所下降。

　　国营企业往往垄断着水和能源分配，这也解释了为什么正式企业在这些行业中的附加值接近 100%。在运输业中，国营和私营企业平分秋色，但电信业和金融服务业却是正式企业的天下。例如塞内加尔的官方运输企

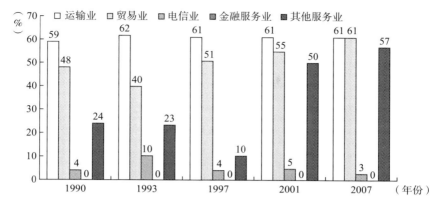

图 3.11　1990～2007 年非正式部门在塞内加尔第三产业附加值中的占比情况

数据来源：塞内加尔国家人口数据统计局（ANSD），2009。

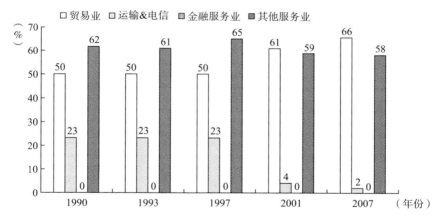

图 3.12　1990～2007 年非正式部门在布基纳法索第三产业附加值中的占比情况

数据来源：布基纳法索国家人口数据统计局（INSD），2009。

业 Dakar Dem Dikk 就与其他非正式城市内部企业和城际运输企业同台竞争，这些非正式企业的所有者可能是个人，也可能是某些从属于经济利益集团（GIE）的专业团体或者更零散的非正式团体。而电信业则恰恰相反，由某家或几家大型正式企业主导，外资企业也持有该行业的部分股权，如塞内加尔国家电信公司 SONATEL、布基纳法索国家电信公司 ONATEL 以及贝宁电信。贝宁电信至今仍垄断着国内固网电信业务，而在移动电信市场

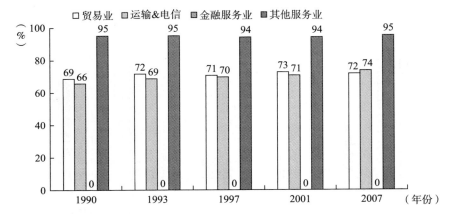

图 3.13　1990～2007 年非正式部门在贝宁第三产业附加值中的占比情况

数据来源：贝宁国家经济分析与统计局（INSAE），2009。

其地位则受到另外几家企业的冲击。目前大多数国家都计划逐步落实开放固网电信市场竞争，而西非主要的固网和移动电信服务供应商都是正式企业。非正式运营商往往在边缘市场小本经营，如一些非正式街头摊贩在城区内部兜售 SIM 卡和充值卡等通信产品，另外经营固话业务的营业厅和网吧一般也属于非正式性质。

　　地区中央银行和西非国家中央银行会严格监管西非经济货币联盟各成员国内的银行金融服务，监管条款和准入细则都十分严苛。姆拜耶、迪亚利索和迪奥普（Mbaye，Diarisso et Diop，2011）在 2011 年发布的研究表明尽管企业获得银行服务机会渺茫，只有不到 5% 的经济主体拥有独立的银行账户，但银行和金融机构包括微型金融机构的数量都在持续增长。这些机构几乎都属于正式性质，但一些非正式的养老储金会和其他传统信贷机制依然活跃于市场中。很多非正式经济主体受正式银行信贷机构排斥转而青睐非正式网络和各类家族关系网。这些数据似乎都没有纳入国民账户，而其产生的附加值也错算在了正式经济中。

　　我们研究发现，非正式经济在国内生产总值中占比巨大，而非正式就业在就业总人数的比重则更大，接近百分之百，这个现象体现出这些经济体往往生产率较为低下，详见第 7 章。在非洲经济中，政府和私企容纳的正式就业数量非常少，我们选取的这三个国家很有代表性。如表 3.4 所示，正式就业人数占贝宁和布基纳法索国内就业总人数的约 5%，占塞内加尔的约 8%。在贝宁和布基纳法索，正式私企的就业岗位比公共部门还要少，而塞内加尔情况稍稍好一些。2003 年，塞内加尔国内大约有 6% 的劳动人口在正式私企工作。但总体而言，在三个国家中，非正式就业人数仍占就业总人数九成以上。

表 3.4　2003～2005 年正式与非正式部门就业情况

部门	贝宁（2005 年）		布基纳法索（2005 年）		塞内加尔（2003 年）	
	员工人数（人）	劳动力占比（%）	员工人数（人）	劳动力占比（%）	员工人数（人）	劳动力占比（%）
劳动力	2811753	100.0	5077926	100.0	3513104	100.0
公共部门，包括公共企业	73106	2.6	218351	4.3	62885	1.8
正式私营部门	59047	2.1	50779	1.0	214651	6.1
非正式部门	2668354	94.9	4808796	94.7	3235217	92.1

数据来源：塞内加尔数据来自预测统计局（DPS），2003；贝宁数据来自国家经济分析与统计局（INSAE），2005；布基纳法索数据来自国家人口数据统计局（INSD），2003。

正式与非正式部门的税负压力

三个国家的税收数据都表明非正式经济在国民收入中的巨大占比与其对国民税收的贡献水平极不相称。第 6 章将详细研究三个国家中负责征税的机构。而在本节中，将对非正式经济税收贡献低这一问题展开探讨。

三个国家的征税概况

有分析指出，不同类型企业缴税比例极其不均，大型企业缴税比例更高，而非正式企业则偏低。在这三个国家中，大型企业对国家税收贡献比例超 95%，而非正式企业税收贡献率却低于 3%，这与其占附加值半数以上的地位极不相称。在这三个国家中，非正式经济占国内税收（不含关税）的比重相当低。2004~2007年，塞内加尔非正式经济在国内税收中的占比为2.4%~3.5%，而在贝宁和布基纳法索，这一比重则更低[2]。而由于三个国家的海关制度无法提供划分正式和非正式经济进口的依据，这就导致研究人员无法获取非正式经济对关税贡献的数据。在布基纳法索，研究人员获得了一些可用于区分这两类进口的数据，表明非正式经济对关税几乎没有贡献。然而由于非正式企业往往会以正式企业性质在海关部门申报并以间接的方式缴税，这些数据可能低估了非正式经济的纳税金额。

在这三个国家中，国家税收在国内生产总值中的占比有所增长但仍处于较低水平，见表3.5。2000~2005年，三国中只有塞内加尔勉强达到西非经济货币联盟设定的税收至少为国内生产总值17%的统一化标准。表3.6至表3.8根据不同税种分解各国税收情况。在这三个国家中，间接纳税在税收中的占比非常高（约70%），这使得税收体系实际上具有累退性。非正式经济对直接纳税的贡献不高是这一问题的主因。20世纪90年代末，西非经济货币联盟各成员国间协调了税收法规，实施了共同对外关税（TEC）和增值税（TVA），这些举措对各国税收和关税产生了重大影响。2001~2005年，三国由于落实共同对外关税政策，国内商品与服务税收比例相较1990~1995年未实施前有所增加，但同时对外贸易税（关税）数额明显较低。

表3.5 1980~2005年三国税收占国内生产总值比重

单位：%

	1980~1985年	1985~1990年	1990~1995年	1995~2000年	2000~2005年
塞内加尔	14.8	13.4	14.3	14.8	17.0
贝宁	—	8.4	9.6	12.5	14.4
布基纳法索	—	—	9.1	10.5	11.1

数据来源：塞内加尔数据来自国家人口数据统计局（ANSD），2006；贝宁数据来自国家经济分析与统计局（INSAE），2006；布基纳法索数据来自国家人口数据统计局（INSD），2006。

塞内加尔

在西非经济货币联盟中，尽管塞内加尔的税收收入占国内生产总值比重最高——2000～2005 年占比为 17%，但是，由于严重依赖间接税，它的财政体系具有相当的累退性。实际上，间接税在 21 世纪头十年中期占总税额的 72%，自 20 世纪 80 年代末期以来增加了 2 个百分点（见表 3.6）。

表 3.6　1996～2005 年塞内加尔各税收入情况（占总额百分比）

单位：%

	1986～1990 年	1991～1995 年	1996～2000 年	2001～2005 年
直接税	24.6	23.4	21.8	22.7
间接税	69.9	69.6	73.1	72.2
·国内	29.1	24.9	31.8	33.4
·国外	40.8	44.7	41.3	38.7
其他税	5.5	7.0	5.1	5.1

数据来源：塞内加尔税务总局（DGID），2008。

2004～2007 年，非正式部门占塞内加尔直接税收收入的比例不足 3%（见表 3.7）。针对营业收入征收的总税额中，非正式部门的税收收入因行业而异：在第二产业中占比 1.1%（工业中占 0.9%，建筑业中占 3.2%），在服务业整体中占 3.2%。非正式部门对总税额的贡献在零售贸易中更为明显，其中，在直接税总额中的占比高达 16.4%。然而，即使在零售贸易中，与非正式部门在附加值中的占比相比，比如 2002 年的估计值为 60%，非正式部门对直接税的贡献也非常低。

表 3.7　2004～2007 年塞内加尔非正式部门在国家税收中所占比重

单位：%

	2004 年	2005 年	2006 年	2007 年	2004～2007 年平均值
第二产业	0.9	1.0	1.5	1.0	1.1
·工业	0.7	0.8	1.3	0.9	0.9
·建筑和公共工程业	3.0	3.0	4.1	2.7	3.2

	2004 年	2005 年	2006 年	2007 年	2004～2007 年平均值
服务业	3.0	3.0	4.1	2.7	3.2
·零售业	17.0	15.1	19.9	13.6	16.4
·服务业	1.1	1.0	1.4	1.1	1.2
合计	2.4	2.5	3.5	2.4	2.7

数据来源：塞内加尔国家人口数据统计局（ANSD），2009。

塞内加尔政府已采取若干措施，希望提高非正式部门对税收收入的贡献。20 世纪 90 年代为辅助非正式部门而设立的机构几乎没有产生令人信服的效果。2004 年实施单一普通税（CGU），是为提高非正式部门税收水平的重要尝试。这是一项单一的整体税，替代了符合条件的企业的所有其他直接税。如表 3.8 所示，单一普通税对税收的影响非常有限。极少数非正式企业（数十万现存企业中的几千家）受到它的制约。此外，对于极少数非正式企业的征税从未达到总销售额的 5%，征收率约为 2004～2006 年应缴金额的 50%。尽管征收率在 2007 年激增至 75.46%，但应税企业的平均征税水平下降至每家企业约 40 万西非法郎，这一数字在 2005 年超过 60 万西非法郎。因此，2007 年征收的总金额低于 15 亿西非法郎——仅占同年直接税总额的 0.6%，占同年营业税总额的 1.9%。

表 3.8　2004～2007 年与实施单一普通税相关的逃税估算

	2004 年	2005 年	2006 年	2007 年
应税单位数量	2663	3498	5166	4970
总销售额（十亿西非法郎）	21.6	31.4	42.4	51.2
应税额（十亿西非法郎）	1.5	2.2	2.9	1.9
平均 CGU（每单位税额）	572702	631890	567442	390329
征收额（十亿西非法郎）	0.8	1.3	1.5	1.5
征收率（%）	51.99	59.71	51.34	75.46
税收收入损失（理论税额减去征收额，十亿西非法郎）	0.7	0.9	1.4	0.5
税收收入损失率（%）	48.01	40.29	48.66	24.54

数据来源：塞内加尔税务总局（DGID），2008，作者估算。

贝 宁

贝宁虽已大幅提高了征收水平，但其税负压力水平依然低下，税收收入在国内生产总值中所占的比例，从 1985～1990 年的 8.4% 增加为 2000～2005 年的 14.4%，仍然远低于西非经济货币联盟趋同标准所设定的 17% 这一阈值（见表 3.5）。直接税的贡献减少了 5 个百分点，在收入中的占比从 1990～1995 年的 30.9% 降至 2000～2005 年的 25.9%（见表 3.9）。国内商品与服务税在税收收入总额中的比例，从 20 世纪 90 年代初期的 33.9% 增至 1995～2000 年的 51.7%，随后，在 2000～2005 年降至 46.5%。对外贸易税却相反，它在同一时期内有所下降，在税收收入总额中的占比从 1990～1995 年的 34.5% 骤降至 1995～2000 年的 14.3%，随后，在 21 世纪头十年初期，部分回升至 19.1%。其他税收大幅增长，占收入总额的比例从 1990～1995 年的 0.6%，增至 2000～2005 年的 8.4%。

表 3.9　1990～2005 年贝宁各税种收入占比情况

单位：%

	1990～1995 年	1995～2000 年	2000～2005 年
直接税	30.9	28.2	25.9
间接税	68.5	66.1	65.6
·国内	33.9	51.7	46.5
·国外	34.5	14.3	19.1
其他税	0.6	5.7	8.4

数据来源：贝宁国家经济分析与统计局（INSAE），2006，以及作者估算。

布 基 纳 法 索

与贝宁相比，布基纳法索的税收收入在国内生产总值的占比增长更为缓和，1990～1995 年占比为 9.1%，2000～2005 年增至 11.1%，这使得布基纳法索成为次区域中这一比例最低的国家（见表 3.5）。多年来，直接税和间接税在总额中所占的比例保持稳定。直接税稳定在总收入 1/4 左右，而间接税维持在总收入的 71% 左右（见表 3.10）。和西非经济货币联盟其他经济体的情况一样，实施共同对外关税并且引入增值税，导致了间接税的结构重组，商品与服务国内销售税的增加以及对外贸易税的降低。国内商品与服务税在税收收入中所占比例，于 1990～1995 年不到 40%，2000～2005 年增至超过 50%。在同一时期内，对外贸易税从总收入的近 1/3 下降到占比不足 18%。因此，布基纳法索的税务体系有双重弱点：一方面，它受到相对低下的征税水平的影响；另一方面，它具有强烈的累退性。

表 3.10　1990～2005 年布基纳法索各税种收入情况（占总额百分比）

单位：%

	1990～1995 年	1995～2000 年	2000～2005 年
直接税	25.5	25.4	25.9
间接税	70.9	70.1	70.9
·国内	38.1	43.5	53.3
·国外	32.7	26.6	17.5
其他税	3.7	4.5	3.2

数据来源：布基纳法索国家人口数据统计局（INSD），2006，以及作者估算。

与非正式经济相关的收入损失估算

在本节中，将针对三个国家里非正式部门中与逃税相关的税收收入损失展开分析。为了衡量逃税水平，估算了非正式部门总税收的潜在税收收入水平。这些估算没有考虑非正式部门中与征税相关的成本，这些成本可能很大，特别对于小型企业而言尤为高昂。因此，对来自非正式部门税收的净收入有所高估。

使用三个国家的税务数据，以及非正式部门在国内生产总值中的占比，估算了 2000～2005 年非正式部门中与逃税相关的税收收入损失（见表 3.11）。我们假设，非正式部门的企业缴纳间接税的水平与正式部门的企业是相同的，但并不缴纳直接税。同时，在假设直接税在正式和非正式部门附加值中的比例相同的条件下，我们还估算了直接税征收水平的提高程度。这些假设并不切实，但是，它们粗略反映了实际情况，且可能的高估和低估大致上是平衡的。正如塞内加尔的情况，直接税的征收水平可以忽略不计。至于间接税，非正式部门的企业并不将对其销售所征收的增值税结转给国家，同时，它们也不能扣除针对投入所缴纳的增值税金额。非正式企业通常需要为进口货物缴纳增值税，但通过走私进入该国的货物则不必纳税。与大多数行业尤其是贸易的情况一样，如果销售总价值中包含的附加值很低，正式部门的企业所面临的国内销售实际税税率高于非正式企业，但仅仅是与销售总额中的附加值相对应的水平。因此，整体而言，非正式企业需要缴纳比直接税更多的间接税。然而，我们假设这些企业缴纳间接税的"公平"份额，这一假设很可能高估了实际情况。我们的方法可能是非正式部门直接税收收入潜在增长的上限，因为几乎不可能对非正式企业，尤其小型非正式企业征税到这种程度。使用这种方法，表 3.11 表明，对于贝宁而言，征收的潜在收益尤为大，相应增加了税收收入在国内生产总值中占比的 10.6 个百分点，即从 14.4% 增加到 25.0%。非正式经济课税对征收产生的巨大影响，反映出贝宁非正式部门在国内生产总值中占有很大比重（74.0%）。对于塞内加尔和布基纳法索而言，征收的潜在收益没有那么高，但仍然较大：分别占国内生产总值的 2.9% 和 4.7%。

表 3.11　2000～2005 年非正式经济税收潜在收益估算（占国内生产总值比重）

单位：%

行业	贝宁	布基纳法索	塞内加尔
直接税在总税收收入中的百分比（%）	25.9	25.9	22.7
国内生产总值占比（%）			
非正式部门	74.0	50.0	55.0
实际征税额	14.4	11.1	17.0
直接税收收入	3.7	2.9	3.9
非正式部门的假设直接税额	10.6	2.9	4.7
假设直接税总额	25.0	14.0	21.7

数据来源：基于表 3.4 至表 3.7 计算得出，以数量表示。

非正式部门、就业与家庭生活条件

在本节中，我们将着重剖析以往文献中有关非正式经济对减贫和改善人民生活水平的观点。在以往的研究中，有关非正式经济对社会福祉影响的观点和结果并不明确。一些学者将非正式经济视作就业安全阀，为那些难以为继的经济主体提供一条谋生的道路，而另外一些学者则认为，非正式经济完全可以创造出相对丰厚的利润。为更全面地展现这些观点，下文将比较正式和非正式经济从业者的生活水平。

学者马洛尼坚信非正式经济能够提高国民生活水平，他是这一观点的主要捍卫者。他（Maloney，2004）指出，当劳动者离开正式企业而在非正式经济中开展业务时，其生活水平往往会因多种原因而有所改善。学界普遍认为，非正式经济是社会中最弱者的集聚地，而马洛尼却认为在同等条件下，非正式经济企业主更具冒险精神，也往往更博学、能干、勤勉，况且这些人在从事非正式经济中能享有更大的自由度和更高的灵活性。但马洛尼与勒文森（Maloney et Levenson，1998）也曾认为，非正式经济主体往往会被某些公共服务排除在外，如这些企业不受法律保护，企业所有权法律效力低，与正式企业相比它们的信誉很低，因此获得信贷的可能性也大打折扣，从而削减了它们的收入。非正式经济从业者相比正式经济劳动者往往要面临更高的贫困发生率。

学界普遍认为，非正式经济集合了所有难以在正式经济中就业而不得已投身其中的劳动者。非正式经济的商品与服务市场以及劳动力市场具有最大的灵活性，使非正式企业能够吸收由衰退期间正式经济收缩造成的过剩工作需求，大部分开展结构调整计划（PAS）的发展中国家情况都是如此。多位学者指出，在经济活动放缓的情况下，初创企业和非正式就业将会大幅增加。非洲大陆上的很多国家都推行了结构调整计划，希望提升贸易自由化水平，但很多行业却因此遭受冲击而萎缩，尤其在脆弱的行业中，正式就业数量大幅削减。维利克（Verick，2006）指出，贸易自由化助推了非洲非正式经济的发展。肯尼亚在实施结构调整计划后，贸易自由化程度提升，同时迎来了非正式就业高峰，从 1972 年的 4.2% 上升至 1994 年的 53.4%。盖尔伯等学者（Golub et al.，2009）指出，非正式经济的发展与国民经济中失业人数的增加密切相关，其作用相当于社会就业安全阀。卡尔维斯和舒马克（Calvès et Schoumaker，2004）指出，非正式经济往往会在最易遭受国际竞争冲击并受到结构调整计划影响的市场环境中发展。布基纳法索方面的调研数据库显示，在实施结构调整计划之后，非正式企业呈现空前增长态势。而非正式就业增长的现象，不仅发生在非技术劳动力人群中，同时也发生在接受过大学教育的群体里。根据塞内加尔方面的数据，格鲁伯与姆拜耶、林道尔和维兰什克（Golub et al.，2002）指出，正式经济在出口方面表现疲软，而非正式经济却正在蓬勃发展。塞内加尔国内生产总值增速长期维持在 5%，其中正式制造业裁员严重，大部分劳动者被迅速扩张的非正式经济吸收。据林道尔和维兰什克（Lindauer et Velenchik，2002）估计，1994~2001 年，塞内加尔工业部门的就业人数在就业总人数中的比例从 12.3% 下降至 8.6%。

　　本书的研究结果基本与此前学者提出的非正式经济从业者生活水平较低这一观点吻合。作者对从事正式与非正式活动的家庭中的货币性与非货币性贫困水平进行了比较，发现在非正式经济中工作的家庭的贫困程度相较之下要严重得多。

　　在发展中国家，贫困往往有两种类型，即货币性贫困与非货币性贫困。每个人情况有差异，如居住地、性别以及社会职业地位不同，承受贫困的能力也不同。而具体到人们社会职业地位差异时，正式与非正式经济从业者间之间确实存在明显不同。实际上，家庭调研数据表明，非正式经济中很大一部分从业者都是个体经营。例如，在贝宁和塞内加尔，分别有超过 85% 和 79% 的户主从事非正式的经营活动，他们主要为个人或家庭工作。而在布基纳法索，这一比例为 91%。

　　一项国民家庭在不同行业中的分布情况研究表明，贫困最为集中的行业往往是非正式经济最活跃的行业。贝宁非正式经济就业家庭集中分布在三个行业：农业、贸易业和服务业。塞内加尔非正式经济主要活跃于不需要大量资金流的行业，即农业/畜牧业和建筑业，尤其是贸易业（见表

3.12），而正式经济在上述行业中的占比分别为2.77%、4.31%和5.65%。布基纳法索绝大多数农业从业者都属于非正式从业性质，另外贸易业也是该国非正式经济非常活跃的行业。

表 3.12　各部门非正式就业占比情况

单位：%

行业	贝宁	布基纳法索	塞内加尔
农业	52.7	48.1	81.1
采矿业	0.3	0.6	0.6
制造业	6.7	6.0	2.8
建筑和公共工程业	2.8	5.3	1.8
运输业	4.6	3.4	1.1
贸易业	17.4	23.7	9.4
其他服务业	12.2	7.4	1.2
教育和卫生	0.5	0.8	0.5
政府	0.1	0.0	0.1
其他	2.6	4.5	1.3

数据来源：贝宁数据来自国家经济分析与统计局（INSAE），2005；塞内加尔数据来自预测统计局（DPS），2002；布基纳法索数据来自国家人口数据统计局（INSD），2003，以及作者计算。

非正式部门与货币性贫困

货币性贫困的衡量方法强调购买力对商品与服务消费造成的影响，学者拉瓦隆（Ravallion，1994）指出，这种衡量方法具有强烈的实用主义色彩。由于我们无法直接观测出购买力所造成的影响，所以使用了财源（收入和支出）作为代理变量来估算民众生活水平。

非正式经济从业者的劳动报酬往往很低。帕彭萨科恩（Poapongsakorn，1991）指出，由于非正式经济中劳动力市场缺少监管，企业支付给劳动者的报酬要比正常金额低13%~22%。与正式经济相比，非正式经济的显著特点在于其纳税水平低下且劳动力成本低廉。西非法语区正式经济从业者的薪资级别和社会福利通常受法国影响。在公共部门和大型私企中，国家与工会和雇主签署集体协议，约定按欧洲体系确定劳动者的报酬。在非正式企业中，工资由雇主和雇员直接约定，导致雇员的薪酬要低得多，所能享受的福利十分有限。

我们的调研证实，正式经济与非正式经济的待遇存在巨大差异（表3.13）。在达喀尔，仅有 2% 的正式经济雇员薪酬低于或等于 3.5 万西非法郎（约合 70 美元）这一最低工资标准（SMIG），而在小型非正式企业中，这一比例达到 41%。在瓦加杜古和科托努，这两个比例分别为 40% 和 66%、24% 和 66%。大型非正式企业的情况则介于正式企业和小型非正式企业之间：雇员月薪超过 20 万西非法郎（顶级月薪）的大型非正式企业，在达喀尔占 77%，在瓦加杜古占 22%，在科托努占 7%，而正式经济中达到这一月薪水平的企业占比分别为：达喀尔 91%，瓦加杜古 27%，科托努 29%。

表 3.13　正式与非正式经济部门的人均月收入

单位：%

城市和地位	3.5 万西非法郎	3.5 万 ~ 20 万西非法郎	20 万西非法郎以上	合计
科托努				
正式	24	47	29	100
大型非正式	44	48	7	100
小型非正式	66	25	9	100
小计	51	35	14	100
达喀尔				
正式	2	7	91	100
大型非正式	6	16	77	100
小型非正式	41	41	18	100
小计	21	25	54	100
瓦加杜古				
正式	40	33	27	100
大型非正式	28	50	22	100
小型非正式	66	24	10	100
小计	53	31	16	100

数据来源：作者基于调研数据的计算。

通常而言在达喀尔工作的劳动者工资水平较科托努和瓦加杜古稍高。这是由于达喀尔在殖民时代曾长期是法属西非的首府，因此市内有很多殖民时代的行政机构和工业单位，其劳动者工资和社会福利基本不会随社会形势而发生太大改变。

表 3.14 显示，在这三个国家里，非正式部门主体的实际人均支出远远低于正式经济主体。例如，在贝宁，两个部门的平均值分别为 17.2 万西非法郎和 28.9 万西非法郎。两个平均值之间存在明显的统计差异。在布基纳法索，这一差距更大，正式部门劳动者的支出几乎是非正式部门劳动者的 4 倍。利于正式部门劳动者的差异，在塞内加尔超过 100%，在贝宁达到 60%。因此，货币性贫困发生率在非正式经济经营者中更高。在贝宁，货币性贫困发生率在非正式经济中为 26.0%，在正式经济中为 16.0%，全国水平为 24.5%。在布基纳法索，在非正式经济中为 39.5%，而在正式经济中为 3.1%。在塞内加尔，正式部门的家庭人均支出为 492142 西非法郎，是非正式部门家庭人均支出的 2 倍有余，后者为 232956 西非法郎。

表 3.14　正式或非正式经济部门就业户主的年均实际支出情况与贫困发生率

变量	正式部门	非正式部门	整体
贝宁			
生活水平指标（FCFA）	289443	172126	194045
贫困人口比例（%）	16.0	26.0	24.5
塞内加尔			
生活水平指标（FCFA）	492142	232956	286543
贫困人口比例（%）	—		48.5
布基纳法索			
生活水平指标（FCFA）	580935	155913	192778
贫困人口比例（%）	3.1	39.5	36.3

数据来源：贝宁数据来自国家经济分析与统计局（INSAE），2005；塞内加尔数据来自预测统计局（DPS），2002；布基纳法索数据来自国家人口数据统计局（INSD），2003，以及作者计算。

非正式经济分布在不同行业中，但当从货币性贫困角度分析时，无论在哪个行业中似乎都是正式经济从业者生活情况更好。诚然，不同行业中的正式与非正式从业者生活水平差距程度也不同，例如在贝宁，农业、生产/加工业与运输业内二者差距较小（见表 3.15），而在建筑业和贸易业中，二者生活水平差距相对明显，这两个行业中的正式从业者收入几乎是非正式从业者的 2 倍。

塞内加尔的行业分析数据表明，正式经济从业家庭人均支出总体高于非正式经济从业家庭。在正式部门中，各行业的支出分别为：农业 251822 西非法郎、制造业 356498 西非法郎、运输业 499677 西非法郎、零售 593752 西非法郎、服务业 531313 西非法郎；非正式部门中与之对应的金额分别为 145855 西非法郎（农业）、261770 西非法郎（制造业）、295728 西非法郎（运输业）、316356 西非法郎（零售业）、420604 西非法郎（服务业）（见表 3.15）。正式经济从业家庭的支出几乎是非正式经济从业家庭的 2 倍，这也证实了后者较前者生活水平低这一观点。

表 3.15　正式或非正式经济部门就业户主的年均实际支出情况

（以西非法郎为计量单位）

行业	贝宁		塞内加尔		布基纳法索	
	正式	非正式	正式	非正式	正式	非正式
农业	194200	144648	251822	145855	377844	123712
制造业	239778	195664	356498	261770	347462	273136
建筑和公共工程业	296835	155262	562881	237131	528733	298686
运输业	26432	187753	499677	295728	766189	315015
零售业	379364	220542	593752	316356	455534	289326
服务业	308068	197326	531313	420604	664489	422388

数据来源：贝宁数据来自国家经济分析与统计局（INSAE），2005；塞内加尔数据来自预测统计局（DPS），2002；布基纳法索数据来自国家人口数据统计局（INSD），2003，以及作者计算。

布基纳法索与另外两国情况相似，无论在哪个行业中，非正式经济从业家庭人均支出总是低于正式经济从业家庭，在农业和运输业中这一差异尤为显著。

非正式部门与非货币性贫困

货币性贫困评估方法更多从家庭实际收支入手分析家庭生活水平，而非货币性贫困的衡量方法则更注重于个人生活自由和幸福感。非货币性贫困衡量方法有助于使决策部门制定的政策更注重民众幸福感。比起民众收入，这种方法更倾向于从某些基本生活指标来评估民众生活状况，如人们是否能吃得饱穿得暖等。这种将个人财产剥离在外的生活水平衡量方法可同时适用于发达国家和发展中国家，其中包括"财产绝对剥夺"（即只关注人们饮食及其他"基本需求"）和"财产相对剥夺"。

这种衡量方法少了很多实用主义色彩，也更为灵活，通常学界会将其再分为两个分支，即学者森（Sen，1985）提出的个人能力角度和生活基本需求角度。森认为每个人都具有某些可以达到某一生活水平所必需的基本能力，人们凭借这些能力可以获得更大的生活自由以及社会权力。在他看来，一个生活体面的人应该衣食无忧，接受过教育，身体健康且拥有稳定居所，时常参与社区活动，公开场合得体大方等。

而基本需求角度则注重评估个人达到某种生活质量所必需的基本需求，包括教育、健康、个人卫生、环境状况、饮用水、住房、能否享受到各种基本基础设施等。

此处使用水源及其他能源如照明和烹饪燃料等几个生活水平指标来评估非货币性贫困。

照明

表3.16显示，在塞内加尔，一般而言，很大一部分正式部门就业者家庭可以用上电，比例为76.9%，而非正式部门就业者家庭中这一比例为26.52%。非正式部门就业者家庭通常使用传统的照明方式，其中36.34%使用马灯，而马灯在正式经济就业者家庭中作为照明来源的使用率为12.53%。工艺油灯和木油灯的情况也类似，它们在非正式部门就业者家庭中的使用率分别为25.66%和2.73%，而在正式部门就业者家庭中，油灯的使用率仅为15.5%。贝宁的情况大同小异。与正式经济经营者相比，非正式经济经营者较少使用电，用电比例约为21.0%，而前者则达63.6%。

在布基纳法索，只有 7.8% 在非正式部门就业者家庭可以用上电，而正式部门就业者家庭中这一比例为 69.6%。非正式部门中，近 3/4 的家庭使用油灯，而在正式部门中，这一比例为 1/4。

表 3.16　正式或非正式经济部门就业户主的非货币性贫困指标

指标	贝宁		塞内加尔		布基纳法索	
	正式	非正式	正式	非正式	正式	非正式
烹饪燃料						
木材	42.7	84.6	13.45	61.65	54.5	93.1
煤炭	41.4	11.1	8.73	9.9	15.5	3.7
石油	8.7	3.2	—	—	0.1	0.2
燃气	6.0	0.6	76.9	26.52	28.2	1.5
照明						
油灯	35.4	79.3	15.5	62.0	28.1	74.1
电灯	63.6	21.0	76.9	26.2	69.6	7.8
水源						
私有	24.5	6.2	66.1	24.0	37.6	2.5
公共	35.2	19.3	16.6	24.0	32.3	15.6
掘井	17.6	33.6	3.9	13.7	13.8	48.3
河流	16.5	28.4	7.9	30.4	3.8	32.1

数据来源：贝宁数据来自国家经济分析与统计局（INSAE），2005；塞内加尔数据来自预测统计局（DPS），2002；布基纳法索数据来自国家人口数据统计局（INSD），2003，以及作者计算。

水源

塞内加尔大部分正式部门就业者家中有自来水，比例达 66.1%，而非正式部门就业者家庭中这一比例为 24.0%。在贝宁，这一比例分别为 24.5% 和 6.2%。在塞内加尔和贝宁，非正式部门就业者家庭使用公共水龙头的比例分别为 24.0% 和 19.3%，使用河流的比例分别为 30.4% 和 28.4%，掘井取水的比例分别为 13.7% 和 33.6%。而在布基纳法索，2.5% 的非正式部门就业者家庭可以从安装在室内的水龙头获取饮用水，这一比例在正式部门就业者家庭中为 37.6%。非正式部门就业者家庭更多依靠诸如掘井（48.3%）和河流（32.1%）获得水源。

烹饪燃料

在塞内加尔，非正式经济从业者家庭往往使用传统燃料，使用木材和煤炭的家庭比例分别为61.65%和9.9%，而在正式经济从业者家庭中，使用这两种燃料的比例分别为13.45%和8.73%。大部分正式经济从业者家庭使用燃气，约占76.9%，而这一比例在非正式经济从业者家庭中仅为26.52%。在贝宁，超过4/5的非正式经济从业者家庭使用木材作为烹饪燃料，而这一比例在正式经济从业者家庭中为2/5。在布基纳法索两者区别更为明显，非正式经济中93.1%的家庭以木材作为烹饪燃料，而正式经济中只有略多于一半的家庭使用木材烹饪，详见表3.16。

结　　论

近年来，贝宁、布基纳法索和塞内加尔三国宏观经济总体稳定，经济增长较为可观。尽管三国社会指标有所改善，但民众依旧普遍贫困。从这点看，这三个国家的情况在整个西非乃至非洲大陆很有代表性。虽然正式经济取得了一定发展，但除电信业等部分行业外，正式经济依旧总体发展疲软，而非正式经济在国内生产总值和国内就业中都占比巨大。公共部门和正式私企的就业总数为几十万人，但非正式就业人数可达数百万人，而农业和其他第一产业活动更是几乎完全属于非正式性质。工业和服务业中，非正式经济的地位视行业不同而有一定差异，在批发和零售贸易业、建筑业及运输业中，非正式经济往往处于主导地位。

非正式经济虽然在国内生产总值和国内就业中十分重要，但目前其税收贡献在三国国内都不足3%。据估算，若非正式企业都如实纳税且不考虑落实举措的成本，各国税收可增加25%～75%。

非正式经济对社会贫困问题和民众生活水平的影响是很多人争论的焦点。一方面，越是国内社会经济困顿，非正式就业就越像是无业民众的安全阀；而另一方面，非正式就业劳动者的家庭生活水平又往往大幅低于正式就业劳动者。总之，非正式经济对于一小部分人来说不失为一种经济来源，但它不能成为国家长期可持续经济增长的来源。

注释

1. 非洲统计局将企业规模小和未经注册作为划分非正式企业的两条标准。
2. 贝宁和布基纳法索的税务机关提供的数据不够完整，故不在此处体现。

参考文献

Adams, Arvil V., *Skills Development in the Informal Sector of Sub-Saharan Africa*, Washington, DC：Banque mondiale, 2008.

ANSD（Agence Nationale de la Statistique et de la Démographie）, *Comptes nationaux du Sénégal*, Dakar：ANSD, 2006.

ANSD, *Comptes nationaux du Sénégal*, Dakar：ANSD, 2009.

Banque mondiale, *World Development Indicators*, Washington, DC, 2009.

Calvès, Anne-Emmanuelle et Bruno Schoumaker, «Deteriorating Economic Context and Changing Patterns of Youth Employment in Urban Burkina Faso：1980 – 2000», *World Development*, 2004, 32（8）, p. 1341 – 54.

Canagarajah, Suddharshan et DipakMazumdar, «Employment, Labor Market et Poverty in Ghana：A Study of Changes during Economic Decline and Recovery», *Policy Research Working Paper 1845*, Washington, DC：Banque mondiale, 1999.

Charmes, Jacques, «Estimation and Survey Methods for the Informal Sector», Centre d'Économie et d'éthique pour l'environnement et le développement, université de Versailles Saint-Quentin-en-Yvelines, document préparé pour un séminaire international de l'OIT, 1993.

Chen, Martha Alter, «Women in the Informal Sector：A Global Picture, the Global Movement», *SAIS Review*, hiver-printemps 2001, 21（1）, p. 71 – 82.

CSO（Bureau central de la statistique）, *2007 Informal Sector Survey Preliminary Results*, Gaborone：CSO, 2008.

DGID（Direction Générale des Impôts et Domaines）, *Statistiques des recettes fiscales et nonfiscales*, Dakar：DGID, 2008.

DPS（Direction de la Prévision et de la Statistique）, *Enquête sénégalaise auprès des ménages, 2002*, Dakar：ministère de l'Économie, des finances et du plan, 2002.

DPS, *Comptes nationaux du Sénégal*, Dakar: DPS, 2003.

DPS, «Le secteur informel dans l'agglomération de Dakar: performances, insertion, et perspectives: Résultats de la phase II de l'enquête 1 – 2 – 3 de 2003», Dakar: DPS, juin 2004.

Gelb, Alan, Taye Mengistae, Vijaya Ramachandran et Manju Kedia Shah, «To Formalize or Not to Formalize? Comparisons of Microenterprise Data from Southern and East Africa», *Working Paper 175*, Washington, DC: Center for Global Development, 2009.

Golub, Stephen S. et Ahmadou A. Mbaye, «Obstacles and Opportunities for Senegal's International Competitiveness: Case Studies of the Groundnut, Fishing et Textile/Clothing Sectors», *Africa Region Working Paper 36*, Washington, DC: Banque mondiale, 2002.

Haan, Hans Christian, «Training for Work in the Informal Micro-Enterprise Sector: Fresh Evidence from Sub-Sahara Africa», *Technical and Vocational Education and Training Series: Issues, Concerns et Prospects*, vol. 3. Dordrecht: Springer for Unesco-Unevoc, 2006.

INSAE (Institut National de la Statistique et de l'Analyse Économique), *Questionnaire unifié du bien-être de base (QUIBB) 2005*, Cotonou: INSAE, 2005.

INSAE, *Comptes nationaux*, Cotonou: INSAE, 2006.

INSAE, *Comptes nationaux*, Cotonou: INSAE, 2009.

INSD (Institut national de la statistique et de la démographie), *Questionnaire unifié du bien-être de base (QUIBB)*, Ouagadougou: INSD, 2003.

INSD, *Comptes nationaux*, Ouagadougou: INSD, 2006.

INSD, *Comptes nationaux*, Ouagadougou: INSD, 2009.

Levenson, Alec R. et William F. Maloney, «The Informal Sector, Firm Dynam ics et Institutional Participation, Volume 1», *Policy Research Working Paper 1988*, Washington, DC: Banque mondiale, 1998.

Lindauer, David L. et Ann Velenchik, «Growth, Poverty et the Labor Market: An Analytical Review of Senegal's 2002 PRSP», Washington, DC: Banque mondiale, août 2002.

Lund, Francie et Caroline Skinner, «Integrating the Informal Economy in Urban Planning and Governance: A Case Study of the Process of Policy Development in Durban, South Africa», *International Development Planning Review*, 2004, 26 (4): 431 – 56.

Maloney, William, «Informality Revisited», *World Development*, 2004, 32 (7), p. 1159 – 78.

Mbaye, Ahmadou Aly, «Sanitary and Phytosanitary Requirements and Developing-Country Agro-Food Exports: An Assessment of the Senegalese Groundnut Subsector», *Agriculture and Rural Development Discussion Paper*, Washington, DC: Banque mondiale, 2005.

Mbaye, Ahmadou Aly, Sogué Diarisso et Ibrahima Thione Diop, *Quel système bancaire pour le fi nancement des économies de l'UEMOA?*, Paris: L'armattan France, 2011.

OIT, *Gender*, *Poverty et Employment: Turning Capabilities into Entitlements*, Genéve: OIT, 1995.

OIT, *Decent Work and the Informal Economy: Sixth Item on the Agenda*, Report VI, 90ᵉ session de l'OIT, Genève: OIT, 2002.

Otsuka, Keijiro et Takashi Yamano, «The Role of Non-farm Income in Poverty Reduction: Evidence from Asia and East Africa», *Agricultural Economics*, 2006, 35（supplément 3）, p. 393 – 97.

Poapongsakorn, Nipon, «The Informal Sector in Thailand. », In *The Silent Revolution*, ed. A. Lawrence Chickering and Mohamed Salahdine, San Francisco: International Center for Economic Growth, 1991.

Ravallion, Martin, «Measuring Social Welfare with and without Poverty Lines», *American Economic Review*, 2 mai 1994, 84, p. 359 – 64.

Schneider, Friedrich, «The Increase of the Size of the Shadow Economy of 18 OECD Countries: Some Preliminary Explanation», *CESifo Working Paper Series 306*, Munich: CESifo Group, 2000.

Schneider, Friedrich et Dominik Enste, «Shadow Economies: Size, Causes et Consequences», *Journal of Economic Literature*, 2002, 38（1）, p. 77 – 114.

Sen, Amartya, «A Sociological Approach to the Measurement of Poverty: A Reply [Poor, Relatively Speaking]», *Oxford Economic Paper*, Oxford: Oxford University, 1985.

Steel, William F. et Don Snodgrass, «World Bank Region Analysis on the Informal Economy», In *Raising Productivity and Reducing Risk of Household Enterprises*, Annex 1, «Diagnostic Methodology Framework», Washington, DC: Banque mondiale, 2008.

Verick, Sher D. , «The Impact of Globalization on the Informal Sector in Africa», *Economic and Social Policy Division*, Berlin: United Nations Economic Commission for Africa and Institute for the Study of Labor, 2006.

Xaba, Jantjie, Pat Horn et Shirin Motala, «The Informal Sector in Sub-Saharan Africa», *Working Paper on the Informal Economy 2002/10*, Genève: OIT, 2002.

第4章

基于统计结果的西非大型非正式经济现状

本研究突出了西非大小型非正式经济从业者间的区别。西非大型非正式企业及其贸易网络往往与小型非正式经济从业者共存，而与这些主体及其经济活动相关的信息却非常匮乏。即便有关大型非正式经济的记录非常少，勉强通过现有数据可证明这类主体确实存在于西非经济，但它的存在在西非可谓众所周知，各国公职人员都心知肚明。

我们分别从不同角度探讨了大型非正式经济这一经济主体。首先，我们要尽力构思如何选取样本才能充分呈现大型非正式企业的特征；其次，我们采访了塞内加尔、贝宁和布基纳法索三个国家的相关官员及正式和非正式企业管理者或老板，从中收集了大量可供定性研究的信息；再次，我们交叉比对了相关企业向税务部门申报的营业额与在海关数据库中所追踪的企业进口额，这个过程完全揭示了某些企业大幅低报实际收入的情况。最后，我们通过新闻报道分析研究了一些大型非正式企业经营者间的冲突或有关他们的丑闻。

本章将着力分析大型非正式经济的特征、非正式企业的活动部门以及大小型非正式经济与正式经济之间的相互作用。将从一些最大型的非正式企业及其活动部门的案例入手展开分析，所提到的大部分企业涉足进出口、批发与零售贸易和其他服务业。研究结果主要来自第2章提到的利益相关者访谈及政府海关人员的机密数据和我们获取的税务数据。

西非大型非正式经济

几个独有的特征

通过分析各类调研数据和访谈记录，我们从中发现大小型非正式经济间具有某些相似之处，但二者也存在巨大差异。大型非正式企业就像一个泥足巨人，一方面企业的营业额很高，可以与正式企业分庭抗礼；而另一方面，任何风吹草动都有可能危及其经营活动，它们时常会与海关部门发生纠纷。与正式企业相比，这些企业更加脆弱，结构化程度也要低得多。

这些企业家尽管既有才能也很勤勉，但往往正式教育水平较低，缺少管理技能。与海关发生简单的分歧，便能够导致其活动终止。这些企业的存续与企业主紧密相关。一旦企业主去世或被剥夺资格，大部分企业会破产。企业资产和企业主财产并没有明确区分。通常情况下，企业的继承人无法就管理问题达成协议，企业最终清算收尾。有时候，一个戏剧性的丑闻会导致企业主入狱。有些情况下，与海关或供应商的纠纷便会毁掉企业。

尽管难以取证，但众所周知这些企业大多数从事走私活动。显然，某些国家高官也对它们的行为睁一只眼闭一只眼甚至与其同流合污，从中攫取利益。尽管大型非正式企业规模庞大并且往往与政界有密切联络，但由于其在政府和公众舆论中有一定知名度所以自身也具有脆弱性。一旦失去政界或宗教团体的支持，便会立刻陷入政治丑闻引起轰动。同样，当与海关发生不可调和的冲突时，企业的下场往往是老板入狱、企业解散。

海关法在这方面尤其具有约束力。如果与海关发生纠纷，被告别无选择，只能根据海关条款做出让步或入狱服刑。

大型非正式企业的另一个特点，是它们从不将自己归为非正式实体，甚至对于人们的归类颇有微词。诚然，如果只考虑非正式经济的习惯定义标准，它们很难算作非正式企业，在表面上它们符合所有企业正式性定义标准：据实纳税、通常具备归入大企业部（DGE，该部门对企业财会人员和财务文件要求更高，这一点在第 3 章中有过介绍）的资质、企业营业额很高、往往能够获得银行信贷等。但使它们失去正式性资格的，是所从事的活动。无论企业规模如何，其行政管理层管理能力都与营业额极不相称。同等规模的正式企业中，企业组织结构会更紧密协调，各职能部门有明确职责分工，各行其是。而相比之下，大型非正式企业则完全不存在类似架构。事实上，除了企业主和一些长期员工（很少超过 5 名）以外，其他人都是临时工。企业内部组织结构类似金字塔，由一个最高层的人管理企业的所有活动，企业其他员工都听命于他，除了老板外企业的其他员工都是可有可无的。毫不夸张地说，尽管大型非正式企业具有一定的规模效应，但其内部组织与小型非正式经济并没有不同，甚至企业账目也会委托给第三方会计师维护保管。而所有正式中大型企业至少会设有一个职责明确的会计部门。尽管大型非正式企业达到了一定的营业额标准，但它不具备现代企业常规机构如销售、供应链、财务、人力资源等的任何一个部门。另外，大型非正式企业的会计账目往往与实际情况有出入。事实上，这些账目只是名义上的账目，并不能反映企业的财务实情。而缺少真实会计账目是非正式经济的定义标准之一，也是大型非正式经济的一个显著特征。

从小型到大型非正式经济的转型

与其他调研结果一样，通过对访谈结果的分析得出，非正式经济在涉及企业主体社会人口学特征、企业主体与正式经济和主管部门间的相互作用、正式化程度、参与部门等方面具有显著多样性。

非正式经济主体具有相当多样化的社会人口学特征。小型非正式经济主体以年轻人和女性为主，他们的教育水平往往很低，甚至完全没有受过教育。而大型非正式经济情况则略有不同，即便从业者文盲数量比正式经济多，但也有不少人受过教育。事实上，大型非正式经济在很多方面都呈现出介于小型非正式经济和正式经济之间的特征。与正式经济相比，大型非正式经济从业者往往年龄更大，很多人从前都在小型非正式经济中工作过，然后逐渐将自己的经营活动多样化并发展至一定规模。大型非正式经济从业者中有人接受过很好的教育，具有较高的文化水平。我们的调研结果也表明了这一情况，即大型非正式经济从业者平均受教育年限与正式经济从业者相当接近。

小型非正式经济的一些主体通过不断发展有可能成功转型为正式经济或大型非正式经济，这些主体又可分为三类，一种是经营者完全没有受过教育、企业在转型后依然留在非正式经济中的；另一种是经营者能够带领企业尝试向正式企业转型但不能完全转变为正式经济的；最后一种是企业成功转型成为正式经济的。在第一类群体中，企业经营者受教育程度往往很低，他们始终保持个体经营模式，但企业注资却可达数十亿西非法郎，主要活跃于贸易、运输业或进出口业。他们往往会瞒报自身活动，或者只披露其中小部分履行了定额税的业务。摸清其真实经营状况往往非常困难，一有风吹草动他们就会果断宣布破产，然后以其他招牌名号重新开始。他们的工作场所往往难以体现真实业务性质，企业主支付低廉的租金，靠弄虚作假生存。他们几乎不会雇用长期员工，员工多是家庭成员；不同家庭成员名下往往拥有多个税务识别号，利用这些税号进行走私经营活动。

在第二类群体中，那些自称是正式经济的主体往往从事大量非正式活动。他们通常在建筑和公共工程业与某些服务业中工作。多数依赖于政府采购业务，并且清楚地知道如果采购流程不符合某些行政手续的标准就无法获得政府采购合同。他们通常会据实纳税，有时也会缴纳定额税。为了符合据实纳税的要求，他们往往会按照最低人数门槛雇用长期员工，同时也会雇用大量临时员工。在大多数情况下，企业雇用的长期员工也就是一名会计、一名司机，最多再加一名办事员。企业财会工作通常委托给外部会计人员完成，这些人负责为企业整理年终报告，然后根据任务完成情况获取报酬。正因如此，人们常常可以看到那些仅有着最低教育水平的独立会计人员同时要维护多家企业的账目。账目外包的情况如此严重，以至于西非多国会计师协会不得不要求有关税务主管部门拒绝签收那些未经注册会计师签字认可的、以税务原因向其呈报的财务报表。但这远远未能减少会计报表外包现象。相反，它导致了"非正式"会计人员与注册会计师之间越来越频繁地"合作"，前者实际完成工作，后者进行名义授权。

最后一类主体往往在正式经济的边缘打擦边球，而这也属于三种类型中最为罕见的情况。这一类主体的经营者通常在主管部门或者其他私营企业中具备一些从业经验。他们放弃原来的工作，转而创立自己的企业。但由于启动资金很少，只能从小规模企业起步，从事一些非正式经营活动。一旦企业经营稍有起色，他们就逐渐寻求改变企业性质并趋向转变为正式经济。

坦诚讲，在西非，人们很难找到一家完全没有涉足非正式活动、百分之百正式的企业。访问的许多正式经济企业主都表示，他们时不时会向非正式经济主体出售产品，但并未申报或结转增值税。其他情况下，他们完成了一些交易但却没有记入会计报表。他们当中的多数人表示，面对来自非正式经济的竞争，对于正式企业这样做是唯一的生存方式。在西非可能还有一些从事多种类型经济活动的经营者，其中有正式的活动，也有非正式的活动。他们会根据经营活动实际情况决定使用哪一种身份来保护自己。事实上，正式经济和大型非正式经济的本质区别是企业对于其经营活动的透明程度：正式经济企业几乎会如实公开全部经营活动，但也存在对于部分业务的隐瞒情况。相反，大型非正式经济企业则几乎会隐瞒所有经营活动，仅遵照行业规定的"正式经济"实体最低限制公布自己的经营状况以维持自己的正式企业地位。

基于统计结果的西非大型非正式经济现状

为使读者能更准确地了解大型非正式经济的量化现状，作者综合了塞内加尔海关和统计部门的数据库，调研了一些缴纳定额税并因此被归为小型企业的企业，根据该国现行标准这些企业也被视作非正式企业。为了交叉比对信息，仅将一些拥有企业和协会国家识别号的进口企业考虑在内。企业和协会国家识别号可以追踪企业向税务部门申报的营业额。由于大多数进口企业没有企业和协会国家识别号（矛盾的是，这个识别号并不是进口手续中所要求的必需条件），作者在税务和海关统计中能够同时收集的企业数量相对较少，只有132家，这在根据CGU（单一普通税，即定额税制）制度纳税的企业总数中仅占极小一部分。这个方法还有另一个固有局限，就是它仅仅强调了大型非正式经济中的小部分企业，而它们肯定不属于那些营业额最高的企业。大型非正式企业的企业和协会国家识别号通常不止一个而是多个，这些企业将进口业务分散开，于是很难将它们拼凑起来完整呈现同一实体的进口情况。因此，在能够对出口额和营业额进行比对的 132 家具有企业和协会国家识别号的企业中，大量企业隶属一个人的情况就不足为奇了。

尽管有上述局限，但这一方法仍强调了一个事实，即不少缴纳了定额税、规模较小的企业也应如实申报其营业额，据实纳税。由于海关和税务部门的工作基础不同，彼此不交换各自的数据库，因此很可能出现虚假申报现象。为了排除虚假申报营业额的企业，作者比较了样本中每一家企业向税务机构申报的营业额和在海关登记的年进口额。这项工作的结果表明，海关部门统计的进口额与税务部门统计的营业额之间存在巨大差异，有时在 1～10 倍。当然，企业可能出于投资目的而大量进口，在此情况下，进口额理所应当会超过营业额，这并不构成走私行为。但是，这两个变量间的差异程度以及相关活动的性质（大部分为商业性质，不包括非正式经济中的一些投资）使作者倾向于排除这一假设。

估计表明，在样本中，超过 41% 的所涉企业的营业额低于其进口额。在某些部门中，例如珠宝业和汽修业，这一比例有时远远高于 50%。在贸易部门，样本中 56% 的企业的进口额超过其营业额（见图 4.1 和图 4.2）！如果消除虚假申报的影响，重新调整企业的营业额，毫无疑问，大部分根据自行申报的营业额判定为非正式企业并因此缴纳定额税的企业已经达到应该据实纳税的规模。

接受访谈的行政当局证实了这一事实。调研结束时，由海关和税务人员组成的稽查队常常能够成功甄别相当多这样的企业。这时，他们让企业进行报税整顿，并将它重新纳入实际税制。此时，这些企业大多会宣布破产或者彻底消失。受访对象确信，这是为了以另一种形式重新开始，并且一定会重操旧业。

这些企业在察觉到自己有可能已经被税务部门盯上或者税务部门已经对它们采取措施的情况下就会卷铺盖消失，这一论断在很大程度上得到了

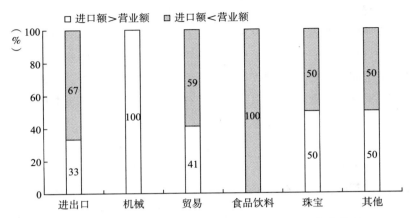

图 4.1 塞内加尔各行业进口额大于营业额的企业占比情况

数据来源：作者根据税务和海关数据计算所得。

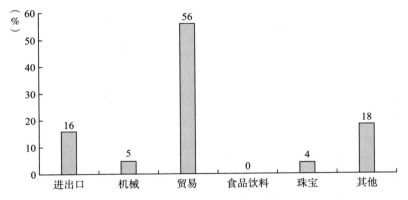

图 4.2 塞内加尔各行业进口额大于营业额的企业占比情况

数据来源：作者根据税务和海关数据计算所得。

第二轮调研数据的证实。事实上，2007 年在三座城市进行了一轮大型调研，涉及三个层面（正式、大型非正式、小型非正式），随后，第二轮调研于 2009 年启动。其内容包括对第一阶段调研的深化，目的是更好地界定大型非正式经济的活动。许多在第一阶段识别出的主体，在第二阶段消失了。例如，在瓦加杜古，仅 54% 的大型非正式企业在两个阶段之间存活下来，而在正式企业中，这一比例为 76%（见表 4.1）。这类企业短暂的存续时间应归咎于人为因素，但企业的倒闭是一种虚假的结束，企业还会以另一种形式重生。

表 4.1 瓦加杜古的企业存活率

单位：%

企业	存活	消失
正式企业	76	24
大型非正式企业	54	46
整体	64	36

数据来源：作者针对企业收集的调研数据。

正式和非正式经济间的相互关系

西非正式部门和非正式部门的共存关系十分复杂，它们有时是竞争对手，有时又是合作伙伴。

正式和非正式主体间的竞争与合作

如上文所述，在西非经济背景下，人们难以发现一家完全正式的企业。唯一符合所有正式性标准的企业通常是跨国公司、银行和金融机构的分支机构、一些自由职业机构（律师事务所、公证处等）以及几家规模罕见的大型企业。除此之外，其他所有企业或多或少都表现出了一些非正式性质。它们的非正式行为多种多样，例如，销售商品、提供服务但不申报，收取中间费用但并不结转增值税等。而在这些行为中，非正式企业常常会代替正式企业出面行事。

港口和机场的货物清关程序恰好表明了这种互动。海关专员全权负责这些程序，按法律其隶属于正式部门，应最大限度确保其操作透明度。但实际上，许多未经授权的专员与具备合法执业许可的专员合作，在这一部门中开展业务。这些非正式经济主体与客户联系，并向他们提供将货物清关出港所需的一切帮助，与通过正式专员清关的费用相比，这种方式的费用要低得多。由于他们在海关部门并没有权限，他们就使用授权专员的印章进行清关。作为交换，他们会支付报酬中的一部分给"出借"印章的授权专员。这些行为在有关国家的港口部门相当普遍，大家都心照不宣，就连海关主管部门往往也心知肚明。在访谈中，所采访的海关主管部门的领导实际上确认了他们对这些行为有所了解。接受采访的授权专员解释，他们之所以与非正式主体合作，是因为后者与客户的接触最为频繁，他们因此可以控制大部分清关业务，获取最大利润。

建筑和公共工程部门中正式经济和非正式经济之间互补的情况也很明显。只有正式企业能够获得大型公共工程合同，因此企业需要制作相当详尽的文件，表明企业遵守税务管理方面的规则，并且企业在国家付款之前能够为项目进行预融资，金额有时候相当大。一旦这些正式企业获得了合同，就会将不同任务分包给承包商执行，这些承包商通常是非正式企业。这种合作表现为多种形式，有时是分包合同的一部分，而更常见的是中标方要求承包商组建并负责一个施工队，完成施工后就能换取一笔定额报酬，承包商用这笔报酬支付工人工钱并留存一定利润。在这种情况下，除了支付自己雇用的工人外，承包商在合同履行过程中并不承担其他管理责任，采购或提供建筑材料以及完成工程的其他投入都由合同的中标企业负责。

正式和非正式经济在其他许多部门中存在着类似的互补行为。许多大型制造企业通过非正式渠道销售产品。很多水泥厂一直与拥有仓储能力的贸易商合作，后者负责将产品销售给零售商，然后销往终端消费者。在整个过程中，大多数主体是非正式企业。在酿酒厂、仓储以及家居用品生产企业中也存在同样的做法。在分销部门虽然可能看到正式主体，例如大型超市，但整个过程中的非正式主体的数量要远多于正式主体。

尽管上面提到两个部门间存在互补性，但如果就此认为正式经济和非正式经济主体之间的关系始终具有互补性就比较片面了。二者间往往存在激烈的竞争，甚至有时会发生冲突。药品销售部门就是一个例子。受过良好教育的药剂师组成了药剂师协会并垄断了这一部门。他们通常出售从明确分销渠道进口的药品，这一渠道仅允许正式主体参与。然而，客户认为药剂师销售的药物价格高昂，于是会从非正式的药品卖家处购买，后者以极具竞争力的价格向客户供货。当然，这一类产品的可靠性得不到保证，甚至可能危害消费者的健康。非正式供货商提供的商品确实有假冒产品、过期产品，更不要说仓储环境基本不适合存放药品了。不过，低廉的价格确实使它们成为正式药房的竞争对手。正式药房还认为，这些非正式供货商应对药房失窃事件负有责任。实际上，正式药房经常遭到破坏，药品也经常被盗。专业药剂师指责非正式卖家窝藏了这些赃物。

塞内加尔的 KSB（Keur Serigne Bi）[1] 就是一个非常好的案例。在达喀尔市中心，它是最出名的非正式药品销售场所，在穆里德教派的圣城图巴也有一家分店。KSB 是由穆里德派宗教修士建立的，这些修士慷慨地将 KSB 经营权交与门徒，让他们以非正式的方式销售药物。这里销售的药品来源各异，从假冒产品到从印度、中国和阿拉伯国家进口的产品不一而足，产品质量非常不稳定。2009 年下半年初，正式药房与 KSB 之间爆发了公开冲突。前者常为盗窃所累，盗窃事件往往伴有暴力行为甚至人员死亡，他们指责 KSB 是这些事件的始作俑者和接赃人。正式药房多次发起罢工，以迫使政府关闭 KSB。国家最终采纳了他们的意见，已经决定关闭位于达喀尔和图巴的 KSB。然而，这一决定几乎不可能生效，因为图巴的哈里发公开否决了这一决定，并且不加掩饰地表达反对政府关闭 KSB 的态度。这一例子说明了正式和非正式主体之间为何竞争多于合作。

对某些部门的详细分析

在本节中，将介绍从访谈和以往的研究中确定的一些大型非正式企业所在部门情况。这些部门包括运输业、零售业、港口中转业和建筑业。贸易是迄今为止非正式经济最重要的部门，本节及后文中的大部分例子都与这一部门有关。123 调研[2] 显示，对于这三个国家，约有 50% 的非正式企业从事批发和零售贸易，并在很大程度上开展进出口业务。贝宁情况则较为特殊，走私是大型非正式经济最为偏好的领域，虽然在其他国家走私也很盛行。第 6 章和第 9 章将对海关和走私问题进行详细研究。

访谈突出了前文提及的大型非正式经济特征。尽管大型非正式企业的营业额水平很高，但在很多情况下，大型非正式企业缴纳定额税。这些企业的长期员工非常少，并且严重依赖家庭资金。与正式企业相比，组织结构松散。

贝宁的二手汽车贸易

正如在第 9 章中提到的，二手汽车交易约占贝宁国内生产总值的 10%，在贝宁经济中发挥着重要作用。这种交易主要面向尼日利亚和北部内陆国家（乍得、尼日尔、马里和布基纳法索），向这些国家非正式再出口，很多人员都参与到了这条产业链中，包括押运方、海关专员、二手车经销商、停车场、司机等。

在贝宁首都，人们修建了一些露天停车场以满足二手车尤其是卡车的贸易需求。这些停车场完全由非正式主体控制，与正式经济相比其行政结构简单，反映了非正式经济特有的灵活性高这一特点。停车场的最高管理人是总经理，同时配备一名主管辅助开展工作，主管本人也是二手车掮客，主要负责检查出场凭证。除这两人之外，还有其他临时雇佣人员，负责辅助性的工作。他们都声称拥有来自正式和非正式经济的个体或企业客户。每家停车场都汇集了众多进口商。使用停车场的汽车经销商要支付租金，每公顷月租 25 万~30 万西非法郎（500~600 美元）不等。停车场占地总面积可达 11 公顷，科托努免税区公司负责管理园区。

停车场里的小企业平均每年进口 100~150 辆汽车，这些车辆的平均车龄在 15 年左右，而在发达国家，这些车辆几乎够得上折旧回收的标准了。要销售的车辆被装入约 6 米和 12 米的集装箱中，从原国家运到科托努，每个集装箱的费用分别为 175 万和 350 万西非法郎。每个 6 米的集装箱里最多可停放 3 辆车，12 米的集装箱里可停放 6 辆车。车辆进口企业组织结构往往很简单。除了总经理之外，所访问的企业中最多的有 4 名临时人员，负责车辆在港口的卸载工作，并负责将车辆运往停车场。这些企业声称，它们会亲自完成车辆在海关的申报工作，无须通过授权的海关专员辅助完成。

在停车场遇到的从业者几乎都是男性，没有女性，这与其他非正式经济的情况有所不同。从业者的受教育程度也非常多样化，从文盲到中等教育水平的人都有，甚至还有受过高等教育的人。此外，大多数人在加入停车场之前有过工作经验，要么在正式经济要么在非正式经济或者其他国家的正式企业工作过。例如，一位受访者称，他在高中辍学，在加入停车场之前，已在一家尼日利亚的正式企业工作了 15 年。停车场员工之间经常存在亲属关系。一位受访者坦言，他选择妻子担任秘书一职。而在其他企业中，同事如果不是近亲，也是表兄弟、姻亲或密友。其中有人说："我从早到晚都在工作。"他还补充道："我跟一个兄弟合伙创立了这家企业。他算是我的姐夫，曾在我们这行干过代理人，他带着我们起步。亲戚（父亲、婶婶等）为我们提供了 1000 万西非法郎的启动资金。我们大部分人是这样的情况。有时我们可以获得银行贷款，但是最多拿到 1200 万西非法郎。我们也向欧洲银行贷款。我的兄弟兼合伙人常驻欧洲，他在欧洲进行贷款谈判，并通过西联（Western Union）给我们汇款。由于银行手续复杂，我们尽量避免通过银行汇款。汇款每次最多 200 万西非法郎，可以操作多次。"另一名货运工作者说："我的一个叔叔帮我创业。以前，我有一辆出租车，启动资金达到 1200 万西非法郎，其中包括叔叔的 500 万西非法郎。我们从来没有从银行获得贷款。"

贝宁的公路运输与重型卡车

运输领域的企业特征大同小异，人们对于营商环境的看法也大体相同。受访者声称自己拥有一些卡车，并另外租用许多车辆用于经营活动。关于活动性质，其中一人说："我们购买旧卡车并自费维修。我不得不省吃俭用来购买这些卡车，甚至只能从当地供应商那里赊账购买。我想离开这个行当，这里已经让人喘不过气。最近购买的 3 辆车已经停放了很长时间，我买下它们并维修了部分零件，每辆车的花费大约 300 万西非法郎。"另一人说："过去，我每辆卡车的营业额可以达到 200 万西非法郎，但由于运输量下降，一段时间以来业务量锐减。现在，洛美港、科托努港与尼日利亚的相关业务竞争非常激烈。多哥没有采用共同对外关税（TEC），关税水平不高，延误时间也不长。这行不能干一辈子。我接受过法律研究生教育。我有两名已经申报过的长期员工，一名会计和一名司机，还有几名临时工。"他补充道："由于司机不维护卡车，我与他们的关系非常紧张。他们工作并不认真。随时有可能弃车而去。我申报的员工都有社会保险，但其他人没有。"

平均而言，这些司机每周执行两次运输任务，每次的收入为 15 万西非法郎。车辆的维护费用占总收入的 50% ~ 60%。企业主需要支付道路运输单一税（TUTR），每年税金约为 21 万西非法郎。当每年的营业额超过 1000 万西非法郎时，企业主还需要支付工商利润税（BIC）。而道路运输单一税又往往算作工商利润税的临时预提款。税务主管部门的受访者在很大程度上证实了这一信息。

贸易商与海关专员

在对贸易部门的访谈中也发现了与其他部门调研结果相似的结论。贝宁一位政府官员在尼日利亚边境从事走私活动，这是最为引人注目的案例之一。他从事冷冻产品的进口业务，当时在尼日利亚是被禁止的。他有时将这些产品再出口到尼日利亚，反过来也将从尼日利亚进口的产品走私进贝宁。他坦言，两国间的边境线超过 1000 公里，这使得当局难以对其进行监管。

像许多其他受访者一样，这名官员认为各国企业在实际经营中并没有落实西非经济货币联盟的指令。人们在贝宁出售来自多哥的产品却不纳税，因为他们声称这些产品只是过境产品，而这一切都离不开与海关的"合作"。正常情况下，过境产品会被送到边境，但由于海关无意或有意的疏忽，这些产品在过境国界上大量"丢失"。他认为，非正式经济是依托企业注册困难这一现实才发展起来的。据他估计，进口商许可证的费用约为 75 万西非法郎，细分如下：

- 公证费：30 万西非法郎；
- 企业正式化一站式服务：4 万西非法郎；
- 专利：12 万西非法郎；
- 工商会会费：5 万西非法郎；

- 商务部国际贸易司税费：3 万西非法郎；
- 贸易注册：5 万西非法郎；
- 财政部土地使用司：其余。

此外，经商许可证的费用至少为 14 万西非法郎。受访者认为，非正式经济经营者大都非常贫困，对于他们而言这些费用简直是天文数字。

另一名从事过境交易的贸易商也持有同样的看法。他自称自己的企业是正式企业，且据实纳税。他向贝宁市场及西非其他国家市场出售进口二手汽车和食品。他提到，在经营中遇到的主要问题是与海关的摩擦。他认为，海关既不肯合作还爱找麻烦，会搜查过境货物并打开集装箱。如果企业主不贿赂海关，自己的业务进展就会异常缓慢。很多人认为贝宁采用的税率是不合理的，受访者提出了以下看法："我们呆板地复制了法国的法律，然而法国人自己在这方面也遇到许多问题。"而我们采访的海关专员则表示，他为正式经济主体和非正式经济主体所做的工作是一样的。在他的日常管理以及与企业员工的接触中，他都尽力避免与在他看来腐败不堪的司法部门打交道。因此，劳动者相当抵触加入工会。然而，他也坦言，无论正式性属性存在多少争议，正式性肯定会为企业经营带来许多好处，特别是正式企业可以获得更多的政府采购的机会，减免增值税的概率也更高。他承认非正式清关代理更高效也更活跃，因为这种程序不必纳税，与海关也往往定有"君子协议"。因此，非正式清关代理可以接受正式报价 1/3 的报酬。但是，他们无法染指那些需要预融资的大买卖。

布基纳法索的建筑与公共工程

在访问布基纳法索建筑与公共工程企业时，有一家企业引起了我们的注意。企业管理者声称名下拥有两家企业，除雇用了很多合同工以外，第一家企业聘用了 3 名长期员工，第二家企业则聘用了 5 名。两家企业的营业额合计为 10 亿西非法郎。两家企业共用一个总部。他表示，每家企业都有一个唯一纳税人识别号，各自分别留存审计过的年报且均据实纳税。为了管理账目，他每年通过一家会计师事务所来出具资产负债表。这两家企业成立于 1994 年。受访者表示，他曾经经营过一家小型正式企业，并声称自己拥有法律硕士学位，所有员工也都接受过高等教育。他说："我们的企业自创始至今始终是一家个体企业，营业额达到 5000 万西非法郎。""我们申报的营业额与国家所要求的阈值相符，主动据实纳税。当企业属于非正式性质时，企业就不能享受增值税减免政策。我们在成立之初雇用了一些员工，自那时起，员工数量并没有变化。"此外，他还指出，许多企业甚至是组织结构相对严密的企业，都有双重账目，而税务和海关部门之间相互掣肘也助长了这一现象。如果企业按简易税制纳税，就无法获得政府合同。因此他认为，据实纳税制度对于他所在国家的企业来说是最为合适的。

受访者承认，有时会伪造发票，并不总会开具增值税发票，在这种情况下，实际交易就不会体现在会计核算中。据他所言，在他所在的国家里，公民的缴税责任感是一个相对乌托邦的想法，更多的人认为，即使国家声称本国经济情况比西非其他国家要好得多，但国家并没有善用公款。他认为，政府采购往往伴随着大量的腐败行为。政府采购的招标过程中存在大量贿赂舞弊行为。而腐败行为在海关部门是最为普遍的。货运企业往往要从上到下打点海关才能用唯一纳税人识别号完成正式进口流程。与正式清关代理相比，非正式清关代理效率更高，并且价格更低。这些人的海关内部同伙会协助他们压低货物估值，因此走私活动必须通过他们进行。

从非正式经济向正式经济变迁的成功案例：布基纳法索的精密设备与机械配件公司（SOPAM）

精密设备与机械配件公司是一家股份制企业，资本金为 2 亿西非法郎，它的发展历程是布基纳法索非正式经济转变为正式经济的一个有趣案例。这家企业主要涉足能源领域。其创始人名下还有另一家叫作 GEOFORFD 的企业，营业额达到 20 亿西非法郎，员工人数为 600 人。除能源以外，他还通过这两家企业开展挖井和供水业务。他首先创立了精密设备与机械配件公司。这家企业最初只雇用了 10 名员工，按简化的实际税制也就是非正式经济税制纳税。在创立企业以前，创始人是一家清关公司的供应部负责人。他持有财务和会计类大学技术文凭。他认为，自己的教育水平是使自己的企业成功实现从非正式经济到正式经济转型过程的关键。"我懂得几门外语，会使用信息技术，这些都使我在管理企业上更高效。"他认为，未受过教育的经营者总是偏好个体企业形式，即使企业壮大起来，仍然属于非正式经济。他并不认为成功是不可复制的。他说道："这里有很多人和我一样，都是白手起家，勤勉工作，认真做好各种事情。我们与国家、布基纳法索国家电力公司（SONABEL）、国家职业培训中心（ONFP）以及其他公共和半公共机构都有合作。我的初始资金为 1.5 万西非法郎，在与银行进行了 14 天的谈判后，我获得了第一笔贷款，金额为 20 万西非法郎，靠这笔钱为所就读的大学购置了一台空调。而向我贷款的银行家也一直与我保持合作。我从他那里可以获得 90 天内的短期贷款。"

塞内加尔部分大型非正式经营者史实

本小节将讲述塞内加尔四位大型非正式企业经营者的故事，介绍其企业规模、与政界和宗教界的关系以及企业局限性。这些企业的控制权通常掌握在一个人手中，组织结构相当脆弱。以下案例主要来自新闻报道，后文列举了一些重要的参考资料。

宗教修士卡蒂姆·布索（Khadim Bousso）的悲剧

2003 年 3 月，"卡蒂姆·布索案"[3] 成为塞内加尔社会生活的热点，这一案件将与非正式经济关联的商人圈、政客和宗教修士（特别是穆里德兄弟会）之间错综复杂的联系公之于众。卡蒂姆·布索曾是布索家族一名颇具影响力的穆里德宗教修士，他是穆里德兄弟会创始人阿马杜·邦巴·谢赫（Cheikh Amadou Bamba）母亲的后裔。与此同时，他还曾管理两家官方认可的正式企业，即新商贸企业（NOSOCOM）和塞内加尔—马格里布贸易发展国际协会（IDECOM），受官方认可意指他的企业具备正式企业所必需的文件。这两家企业都是贸易类企业。此外他还管理塞内加尔经商者联盟（ROES），这一组织在塞内加尔商界，尤其在非正式经济中非常知名。

1999 年，一场司法闹剧将这名宗教修士推向了塞内加尔国际工商银行（BICIS，法国巴黎银行的分支机构）的对立面。这个案子涉及一笔金额达 20 亿西非法郎（约 500 万美元）的贷款，银行授予了卡蒂姆·布索这笔信贷，而这名商人在获取信贷后却假装破产宣布自己丧失偿付能力。银行试图扣押卡蒂姆企业的资产作为偿付时，却发现这些企业资产只能抵偿一小部分债务，银行这才意识到，卡蒂姆名下企业里几乎没有任何资产可供扣押抵偿。银行将案件诉诸法律，由此上演了这出政治司法闹剧。案件使得政治权力和伊斯兰教派之间私相授受的现象大白于天下。法官毫不犹豫地判决布索先生应向银行偿还全部应付款项并最大程度限制了布索先生的人身自由。当局深思熟虑后决定将这名宗教修士监禁起来。媒体[①]很快开始猜测这些与穆里德派圣城图巴[4] 关系紧密的商人背后的影响力，而卡蒂姆·布索案成为这种隐形势力的最好例证。

实际上，图巴是一个相当特殊的城市，在这里，如果没有宗教修士的明确许可，国家机关很难行使权力。宗教修士和执政当局间有一条潜规则，即未经宗教修士授权，警察和海关不得进入这座城市。有时只要宗教修士一句话，政府官员就会被调出城外。宗教修士有时还会关闭公立学校，理由也很简单，他们认为公立学校提供的教学内容不符合伊斯兰教戒律。在该国其他地区被视为违法并会受到严厉惩罚的行为，这里的人们却习以为常。因此，只要卡蒂姆·布索留在图巴，除非宗教修士明确表示同意，否则他无须担心会受到强制措施，法国巴黎银行负责人也明白这一点，于是在法国政府的支持下，银行负责人对塞内加尔当局施加了巨大压力。塞内加尔当局夹在宗教修士与法国政府之间，只能通过派遣政客，努力劝说游说穆里德哈里发。最终，图巴的穆里德宗教修士们放弃了卡蒂姆·布索，布索也从那时被监禁起来了。然而，出乎所有人意料的是，布索于 2003 年 3 月 5 日被监禁，5 天之后就被转移到了达喀尔阿里斯蒂德·勒丹代克医院的患病囚犯特殊病房。一些人认为，这是穆里德哈里发同意逮捕他的条件。

---

① 见"青年非洲"，http://www.afrik.com/article626.html。

然而，几天之后，这名宗教修士在一名守卫的帮助下从"监狱"逃脱，后经证实，这名守卫是他的信徒。他返回图巴避难，在国家广播电台上表态，自己不打算再回到监狱，因为那里的生存环境糟糕透了。在法国巴黎银行的巨大压力下，当局重新请求哈里发允许逮捕这名宗教修士，并最终获得许可。在第二次逮捕过程中，其被一枚子弹击中头部而亡。据警方称，这一悲剧的原因迄今仍然未知，警方以自杀结案，而其家人则表示这是警察的过失。无论如何，这一悲剧标志着这场闹剧的终结，银行仍然没有收回本金。

穆斯塔法·塔勒（Moustapha Tall）

穆斯塔法·塔勒是塞内加尔最举足轻重的企业主之一[5]。据估计，他掌握着塞内加尔大米市场中 25% ~ 36% 的份额，在其他产品市场如糖业市场中也持有一定份额。塔勒的经商故事是典型的大型非正式企业发展范例。他白手起家，是商界为数不多的幸运者。他通过不懈的努力和敏锐的商业洞察力成功建立了自己的商业帝国。在采访中，他这样描述自己的经历："我是土生土长的考拉克人，在考拉克卡萨维尔学校上小学。我是家中长子，与父亲的兄弟同名。与我同名的这个叔叔在 1962 年为我办理了入学，并在 10 年后带我离开了学校。他经营着一家商店，但商店存在着管理问题。之前的经理不告而别。转天，叔叔就让我拿着商店的钥匙开门。我就是这样进入商业领域的。"

塔勒的经历也说明了正式部门和非正式部门之间的关系。他从糖业发家，给塞内加尔糖业公司做经销商，而这家企业的老板是祖籍法国的让·克劳德·敏兰（Jean-Claude Mimran）。敏兰家族长期垄断着塞内加尔制糖业，与塞内加尔政府也有长期合作关系。糖业是塞内加尔为数不多的受到严格保护的部门之一，其差额税制度使其抵御住了该国自结构调整计划以来所经历的自由化浪潮。因此，塞内加尔的糖价一直比邻国高得多，于是很多走私商人便在塞内加尔兜售走私来自冈比亚或毛里塔尼亚的糖类产品，如第 9 章所述。几乎所有顶风作案、涉足糖业的走私进口商都会遭受严重打击，重者甚至会被捕入狱。塔勒很快便证明了自己是天生的商人，他声称，在业务起步阶段，他每周就可挣得 20 万～30 万西非法郎。而在抵达达喀尔 3 年后，他于 1983 年开始经营自己的店铺。他说："在主的恩赐下，我达到了目前的成就。但我得说，是 1989 年自由化浪潮让我决意投身大米和大米加工产品的进口业务。1995 年，这个产业就完全自由化了。由于我和银行已经建立了非常良好的合作关系，我便抓住机会发展了自己的主营业务。"

和许多大型非正式企业主一样，他也经历过很多挫折，严重时甚至几乎毁掉了他的企业。他曾被指控走私进口食糖而入狱，走私金额估计为 10 亿西非法郎（约 400 万美元），于是他不得不向海关支付一笔金额为 35 万西非法郎的罚款。对于曾经被捕的经历，他说："当时，为了重获自由，我向海关支付了 10 亿西非法郎。我最终选择妥协是因为我认为他们真的要加害于我。我必须尽快离开那里，恢复经营。在坐牢期间，我的财产被洗劫一空。我的员工和客户带着我的钱跑路了，损失无法估量。据我估计，这次不公正的监禁使我损失了超过 30 亿西非法郎。但是今天，感谢主，我仍然坚持经营着自己的企业，因为我白手起家，深知经商的不易。即使有一天我再一次一无所有也会感谢主之前对我的恩赐和照拂。尽管这些飞来横祸在财务上对我有一定影响，但我绝不会怨天尤人。我正在一步一步重生。我将继续战斗，重新回到自己的巅峰。"

塔勒与政府的关系尤其是与海关的关系很复杂。大型非正式商人总是从事这样或那样的走私或者逃税活动。执政当局有时对他们的行为睁一只眼闭一只眼，有时明目张胆地与他们串通勾结，当局的庇佑也成为这些企业家发家致富的重要条件。然而，出于一些原因，企业家也有可能失去当局的支持，比如政府面临着较大的财政压力时就必须采取行动增加税收。理论上讲，海关法对逃税和走私行为都规定了严苛的惩戒措施。相关企业主一旦被控涉嫌或确实参与了违反海关法的行为就必须认罪服法、入狱服刑。塔勒说："只要有两名海关人员同时指证举报一名经营者，这名经营者就会被送交法庭。如果法官与海关人员勾结串通，即使涉案证据不充分，他也会迫于压力或者利益相关判处监禁。"

塔勒·迪乌姆·谢赫（Cheikh Tall Dioum）

塔勒·迪乌姆·谢赫曾经是一位事业有成的商人，而他在与海关发生一次冲突后被关进了监狱，这次冲突也与食糖走私活动[6]有关。

塞内加尔独立后，国内大部分珠宝行都属欧洲人所有。Vendome、Pierres Précieuses、Taj Mahal、Comptoir Franco-Suisse 等欧洲珠宝企业在达喀尔市中心开了店铺。塞内加尔传统珠宝品牌被迫转移到郊区，在那里制作珠宝然后出售给百货公司，百货公司再以高价转售，获取高额利润。

迪乌姆最初本是一名传统珠宝商人，他用自己的积蓄在达喀尔市中心开了一家现代珠宝行。第一家珠宝行开业后大获成功，随后他不断收购一些欧洲企业的店铺，把这些收购来的店铺开在 Hyper Sahm、Score Sarraut、Ngor Méridien 酒店、Almadies 地中海俱乐部等欧洲人聚集的地方，成为达喀尔市内的一道道亮丽风景。

很快，他便扩展自己的经营业务，涉足其他行业，如冰激凌销售业等。此前，两家法国企业米科（Miko）和热尔韦（Gervais）垄断着塞内加尔的冰激凌市场。迪乌姆冰激凌生产公司的巨大成功使得这两家法国企业不得不退出塞内加尔市场。同时，迪乌姆还创办了一家新闻企业，并与世界级明星音乐家约索·恩杜尔（Youssou Ndour）合伙开了一家夜总会。而他从商以来最大笔的投资则是创立了新非洲酿造（Nouvelle Brasseries Africaines），这是一家糖饮料生产厂，正是这项投资让他几近破产。此前他经常与可口可乐许可证持有人西非酿造公司（SOBOA）发生冲突，而他总能获胜。但当他与海关交锋时，麻烦就开始了。海关指控他滥用饮料生产食糖免税进口许可证在当地市场进行食糖销售。和穆斯塔法·塔勒一样，他也被关进了监狱。虽然在支付了一笔巨额罚金之后终于获释，但他几乎损失了全部财产。

波卡尔·桑巴·迪耶（Bocar Samba Dièye）

波卡尔·桑巴·迪耶的从商经历则从另一个角度说明了大型非正式经济的脆弱性[7]。他曾是塞内加尔最大的大米进口商之一，此外还从事小麦和牲畜饲料的进口。他比前文提到的穆斯塔法·塔勒还要自立自强。他不会读写法文，却控制着横跨亚洲、欧洲和非洲的庞大贸易网络。

和穆斯塔法一样，迪耶在一场司法冲突后几乎破产，然而在他的案件中，与他发生冲突的对立方是他的外国合作伙伴而不是政府。2008 年，他被瑞士合作伙伴阿斯科特（Ascot）指控欠债 170 亿西非法郎，阿斯科特是一家主营大米贸易的跨国公司。迪耶与阿斯科特之间的冲突发生在国际粮食价格特别是大米价格普遍上涨的时期。大米是塞内加尔人的重要主食，非常依赖进口。据迪耶称，政府担心大米价格上涨引发社会动荡便希望他协助稳定市场。他此前曾与阿斯科特保持了 15 年的合作，这次事件中他以 460 亿西非法郎的价格从阿斯科特进口了 16 万吨大米。虽然迪耶已经向阿斯科特支付了 290 亿西非法郎，但仍欠对方 170 亿西非法郎的尾款。他说，由于国际大米价格出乎意料地大幅下跌，他被迫只能亏本出售大米。他还抱怨阿斯科特要求他在双方签署的合同规定时限之前付清尾款。而负责审理这一案件的主管司法机构是巴黎法院而不是达喀尔法院，因此法官作出了有利于阿斯科特的判决，并下令冻结迪耶的全部资产，特别是他的米仓。

结　论

尽管现有文献中对大型非正式经济的记载较为少见，但这种经济现象却是西非非正式部门中最为重要的特征之一。尽管在所研究的国家里，人们对这类企业的存在心照不宣，但这些企业的真实销售额与收入远超人们所想，相关的统计数据也非常少。人们使用了多种方法来识别记录大型非正式经济发展现状。研究结果表明，尽管大型非正式经济与小型非正式经济、正式经济在某些方面看起来非常相似，但它们本质上有很大的区别。大型非正式经济所经营的主要部门包括进出口、批发和零售贸易、运输、建筑和公共工程。大型非正式经济的企业主创业初期往往都从小规模企业起步，几乎都没有受过教育，但是由于这些精明的商人具备超出平均水平的创业能力和工作毅力，加上有社会族裔和宗教网络的支持，便可以迅速获得一定财富和社会影响力。这些大型非正式企业在营业额和其他经营状况衡量指标方面基本与同行业的正式企业无异。在组织结构方面，它们往往以家庭关系为基础，这一点与小型正式企业十分相似。一般情况下，在这些企业中会有一个大老板控制着企业主要管理职能，如人力资源、会计、财务、市场营销等，而正式企业则不同，企业内会有专门负责这些业务的职能部门，这些部门各自独立、分工明确。此外，由于大型非正式企业通常仅由一个大老板实际控制，这个人只要一与税务或海关当局发生冲突便会导致整个企业解散，有时即使没有发生冲突企业主也会因为自身这样或那样的原因解散企业。这样看来，大型非正式企业仍具有一定的脆弱性。

注释

1. 宗教修士的住所。

2. 由 DIAL（"发展、制度与长期调整"）发起的 123 调研覆盖了小型非正式经济。访谈调研第二阶段重点关注正式经济和大型非正式经济。调研结果表明，大型非正式经济中很多企业都从事着与贸易行业密切相关的业务，这一点与小型非正式经济情况类似。

3. Voir Marsaud，2003；Guèye，n. d. ；http：//www. socialisme-republiquesn. org/social/société/288-oci-khadim-bousso-les-signes-annonciateurs-dun-chec，22 février 2008；《Sénégal：Khadim Bousso；la lettre du continent n°423》，AfricaInterlicence. com，15 mai 2003，who-is-who-/2003/05/15/Khadim-bousso，7360581 – ART.

4. Voir Marsaud，2003.

5. Voir «Moustapha Tall，l'importateur de riz»，*Sud Quotidien*，17 mai 2008，wwwr. nettalir. net/Moustapha-Tall-importateur-1-Etat. htm；http：//www. rewmi. com/Moustapha-tal-importateur-de produits-alimentaires-le prix-duriz-ne baissera-pas_ a9702. html.

6. Voir http：//www. houblon. net/spip. php？article559；«La chute d'un empereur，Cheikh Tall Dioum»，Afric. com，2 décembre 2001；http：//www. xibar. net/ENTRETIEN-EXCLUSIF-AVEC-CHEIKH-TALL-DIOUM-Le-golden-boy-ouvre-une fenêtre-sur-lui _ a6801. htlm，«Entretien exclusif avec Cheikh Tall Dioum：le golden boy ouvre une fenêtre sur lui»，*Lissa Mag-*

azine，22 janvier 2008，http：//www. xibar. net.

7. www. nettali. net/Bocar-Samba-Dièye-fait-bloquer-une. html；《Bocar Samba Dièye》，*Walfadjri*，26 mai 2009；http：//fr/allafrica. com，*Walfadjri*，26 mai 2009；http：//fr. allafric-ar. com/stories/200807250746htlml.

参考文献

Gueye，El Modou，《Affaire Khadim Bousso：la famille du marabout dément Me wade》，*Walfadjri*，http：//www. walf. sn/politique/suite. php？rub＝2&id_art＝28133.

Marsaud，Olivia，《La Mort du marabout》，*afrik. com*，25 mai 2003，http：//www. afrik. com/article6126. html.

第5章

基于调研的西非非正式经济显著特征

前面的章节强调了西非非正式部门的异质性，特别是大小型非正式经济之间的显著区别。本章将使用三座城市的调研结果，详细分析这两类企业以及正式企业的特征。

如第1章所述，以往文献倾向于将非正式部门看作一个二元变量，其中非正式和正式经济的取值分别为0和1，但这种方法不太便于读者理解非正式经济。本书将非正式经济视为一个六项标准定义的连续体，将它们结合起来分析非正式经济，这样读者可以更好地理解非正式经济。值得注意的是，大小型非正式经济中都有一些或多或少具有一定正式性的企业。本章中的正式企业是指符合第1章阐述的所有六项标准的企业。由此作者认为，但凡有任何一条正式性标准没有符合的企业都属于非正式经济，尽管非正式企业的非正式程度不尽相同。随后，将这些非正式企业分为两大类：小型和大型非正式企业。小型非正式企业包括所有缴纳定额税或者完全没有纳税的企业，这些企业的营业额往往低于5000万西非法郎。这些企业中有一部分虽然已经办理了注册手续，也有固定的工作场所，但它们几乎无法获得银行信贷。而大型非正式企业是指那些低报营业额而通常缴纳定额税的企业，即使这些企业的营业额远远高于据实纳税的条件阈值[1]。它们几乎都办理了企业注册，并且有固定的工作场所；在某些情况下，它们也可以获得银行信贷。本章的论述将建立在一个理想状态下，即所有据实纳税的企业向税务局申报的经营情况都是真实的，但要认识到，现实中存在某些据实纳税的企业向税务当局大幅低报其营业额的情况，这些企业往往是非正式企业，在第4章中已经对此做过详细介绍。

企业规模与其他特征

表 5.1 列出了三座城市中正式、小型非正式和大型非正式经济样本的一些描述性统计数据。除科托努外，在另外两座城市中，正式部门的营业额和员工人数都高于非正式部门。而在科托努，大型非正式经济的平均员工人数几乎与正式经济相同，贝宁国内盛行非正式跨境贸易，数据显示这类企业在其中发挥着重要作用，第 9 章将对这一情况进行介绍。

表 5.1　正式与非正式企业的描述性统计数据

城市与企业属性	在国家样本中的比例（%）	平均销售额（亿西非法郎）	平均员工人数（含临时员工）（人）
正式企业			
达喀尔	24	8.33	9.6
瓦加杜古	13	6.15	21.2
科托努	23	7.25	22.1
大型非正式企业			
达喀尔	16	1.17	4.5
瓦加杜古	11	1.55	6.1
科托努	15	3.19	22.6
小型非正式企业			
达喀尔	60	0.13	4.2
瓦加杜古	76	0.11	5.4
科托努	62	0.13	5.8

数据来源：基于调研数据。

这些数据揭示了一个有趣的现象，即除了正式部门外，按营业额衡量的企业规模与按员工人数衡量的企业规模之间的相关性较低，正式部门的这两项数据均高于非正式部门，无论是大型还是小型非正式经济。举个例子，在瓦加杜古，大型非正式企业的员工人数可能与小型非正式企业相同，但营业额却高出 20 倍之多。自雇也是非正式经济的一个特征，在不同营业额水平的非正式企业中都有体现。例如，在塞内加尔，如果不考虑临时工的人数，仅雇用一名员工的企业数量在营业额低于 500 万西非法郎的企业中占 75%，在营业额为 6 亿~10 亿西非法郎的企业中占 67%。这一情况再次反映了大型非正式企业的庞大体量，如第 4 章所述，大部分非正式企业的实际资产其实属于个人资产。

在样本中，不同规模的企业分布相当不对称，大型企业少之又少：在达喀尔，有 11% 的正式企业和 2% 的大型非正式企业营业额超过了 10 亿西非法郎，有 34% 的正式企业和 20% 的大型非正式企业营业额超过 3 亿西非法郎。在另外两个城市里也观察到同样的不对称分布现象。很多人普遍认为小规模企业可以与非正式企业画等号，但事实上也有许多小规模企业是正式企业。尽管正式部门的平均员工人数高于非正式部门，但仍存在规模较小的正式企业。例如，在达喀尔，正式企业中员工人数少于 5 人的企业占 50%，而在整个非正式部门中，这一比例为 76%。员工人数超过 10 人的企业数量，在正式部门中仅占 18%，在大型非正式经济和小型非正式经济中的企业占比分别为 14% 和 6%。表 5.1 列出三个城市中每个城市里不同类型企业的平均营业额和平均员工人数。

如第 1 章所述，非正式部门的各个特征之间具有相当密切的关联性。营业额低于 500 万西非法郎的小型企业中，仅有 30% 的企业会留存长期账目，而营业额超过 6 亿西非法郎的所有企业都会这样做。营业额超过 5000 万西非法郎、符合据实纳税条件的企业中，只有 5%~17% 的企业没有留存长期账目。此外，没有留存长期账目的企业数量，在营业额低于 3 亿西非法郎的企业中占 60%，在营业额超过 3 亿西非法郎的企业中占 97%。据作者观察，企业注册情况也存在类似的趋势。营业额在 500 万西非法郎以下的企业中，仅有 62% 的企业办理了注册手续，而营业额超过或等于 1 亿西非法郎的企业全部完成了企业注册。但如果仅仅使用没有注册这一标准来定义非正式经济的话，那么样本企业中 88% 的企业是正式企业，这显然是不合理的。实际上，正如在第 1 章中的分析，很多非正式企业只在一个行政机关办理了注册手续，并没有在其他地方注册。习惯上认为企业在税务部门办理注册是最正式的注册途径。然而，在纳税企业中，尽管缴纳定额税的企业能够被税务机关明确识别，但由于这些企业没有正式的会计系统，税务局无从追踪其财务活动。

非正式经济、市场结构与出口

在本节中，将关注非正式部门在国内和国际市场中的活动状况。此前已经有很多学者发表了对这一课题的研究成果。有些学者认为，非正式经济在某几类行业的市场中发展尤其蓬勃，特别是涉及国际贸易的产业。诚然，非正式经济发展最壮大的部门似乎也是受国际竞争影响最大的部门。许多关于拉美和非洲国家的研究表明，非正式经济的主要活跃产业是贸易业、服务业以及制造业。列多尔姆（Liedholm，2001）认为，在发展中国家，纺织/服装、食品（包括饮料）与木材占城区小型企业制造活动的75%，占农村小型企业制造活动的90%。他还估计，这些企业的分销渠道相当简单，大多数产品生产出来后被直接销售给终端消费者。

第3章中列出的国民账户数据以及调研数据，证实了非正式部门确实在某些行业中具有主导优势。经调研，三个国家中从事工业生产的企业平均占全国企业总数的38%，其中包括48%的小型非正式企业、38%的大型非正式企业和18%的正式企业。这个数据似乎令人感到惊讶，然而，它既反映出正式部门制造业日渐衰落，也反映出非正式主体在建筑、木制手工艺品和成衣制造部门占据主导地位。在样本中，共有15%的企业提供不可流通服务，而这一比例在小型非正式企业中为17%。大型非正式经济和正式经济在零售贸易中最为常见，员工人数分别为这类贸易总就业人数的59%和52%。相比之下，金融服务和保险公司基本都分布于正式部门中。这个现象应与西非国家中央银行等地区机构的限制性规定有关，在这些部门活动的企业必须遵守相关规定。表5.2列出了不同行业中的样本企业分布。

与非正式部门相比，正式部门服务的客户群更为多样化。正式企业最重要的客户是公共部门与私营企业（大、小型，商业与非商业）。非正式企业的主要客户是家庭和微型企业。这些情况表明，非正式企业基本被排除在公共采购之外。公共部门的采购委员会通常要求投标企业提供证明材料，尤其是税务方面的材料，以证明企业运作合规。而非正式企业往往难以甚至无法提供这些文件。然而，这并不表示正式企业和非正式企业之间不存在商业关系，仅仅意味着非正式企业的大部分客户是家庭和其他非正式企业，而正式企业的客户则更加多样化。

表 5.2   各行业中的样本分布情况

	贝宁		布基纳法索		塞内加尔	
	样本数量（个）	占比（%）	样本数量（个）	占比（%）	样本数量（个）	占比（%）
工业	67	22.7	61	20.3	120	38.9
贸易业	104	35.3	155	51.7	122	39.6
服务业	124	42.0	84	28.0	66	21.5
合计	295	100	300	100	308	100

数据来源：基于调研数据。

　　许多非洲国家经济情况比较类似，出口往往仅占企业销售额的一小部分（图 5.1）。正式部门中出口占营业额的百分比最高，大型非正式企业紧随其后，小型非正式企业排在末位；然而，这些企业的出口量都相当小。对于瓦加杜古和达喀尔的企业，出口额往往不超过总销售额的 10%。科托努的企业出口额略高，占正式部门企业总销售额的 18%。在非正式部门中，出口额平均仅占营业额的 6%～16%。

　　正式部门和非正式部门的供应链模式与商品服务市场中的实际情况存在差异。与正式企业相比，非正式企业的供货来源更为多样。产生这一现象的原因有可能是正式部门对产品质量的要求更加严格，因此正式企业对大型生产商更具依赖性。

　　作者在调研中尝试以更确切的方式确定正式部门和非正式部门之间的关系。考虑到"非正式"一词似乎带有贬义色彩，访谈中会尽量避免使用这一词语。对受访者会采用类似小型商业和非商业企业的表达，以此来暗示这些企业与非正式经济的相关性。

　　企业往往对自身所遭遇的市场竞争十分敏感，尤其是在正式企业中。

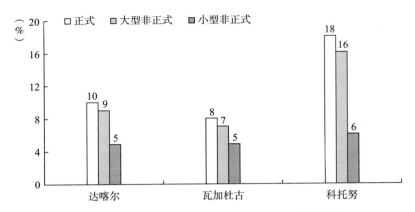

图 5.1 正式与非正式经济的出口在总销售中的占比情况

数据来源：基于调研数据。

这些正式企业认为大型企业是它们最主要的竞争对手，而非正式企业则更多提到的是小型企业。进口领域的市场竞争也很激烈，特别是对于正式企业而言。在这三个城市中，许多产品都很依赖进口，进口商品占正式市场总量的一半以上。尽管如此，除瓦加杜古以外，人们一般认为非正式部门在国内遭遇的竞争比来自国外的更具威胁性。

正式企业和非正式企业似乎对其质量持有不同看法。超过 40% 的正式经济主体认为，本国生产的商品质量比进口商品质量好，而只有不到 20% 的非正式经济主体持有这一观点。这种分歧似乎可以验证非正式部门提供的商品和服务质量较差这一假设，也说明了产品质量是正式活动和非正式活动的重要差异（Gautier，2006）。

作者分析了非正式企业与正式企业各自的客户订购的产品和这两类企业的营业额的内在关系，尝试以此评估比较非正式企业与正式企业的生产效率和企业活力。这项工作得出的结论事实上并不显著。在科托努，30% 的正式主体表示库存周转很快，而只有 5% 的非正式主体声称它们的产品能够很快售出，这一情况表明，正式部门在出售商品方面的效率更高。而在达喀尔和瓦加杜古，非正式主体表示产品很快就能售出，而正式主体却抱怨库存周转情况欠佳。

融资与投资

我们在第 1 章中已经提到，难以获得银行信贷是非正式部门的一个独特标准。与大多数小型企业一样，对非正式经济而言，银行信贷似乎可望而不可即。这种局面使得它们只能求助于非正式贷款渠道，这些渠道基本仅限于朋友或亲戚的借款，或向养老储金会借款，同时往往要承担相对较高的利率（Johnson，2004；Akoten et al.，2006）。

研究结果充分验证了，非正式企业几乎无法获得银行信贷，然而对于正式企业而言，它们往往也同样很难获取信贷（见表 5.3）。

表 5.3　企业的融资来源

单位：%

城市与企业属性	内部资金或留存收益	银行融资	亲友贷款	储蓄、捐赠、遗产
达喀尔				
正式企业	64	20	4	12
大型非正式企业	62	16	8	14
小型非正式企业	64	8	2	26
整体	64	13	4	20
科托努				
正式企业	76	15	7	2
大型非正式企业	64	8	14	14
小型非正式企业	68	15	0	16
整体	70	14	4	12
瓦加杜古				
正式企业	67	19	14	0
大型非正式企业	55	14	23	9
小型非正式企业	56	8	20	16
整体	59	10	19	12

数据来源：基于调研数据。

数据也证实了这一结论。不过值得关注的是，4%～8%的小型非正式经济、4%～12%的大型非正式经济，近几年已经能够获得银行信贷。如第1章所述，在西非，正式企业在获取信贷方面同样受到严重制约；就近期获得过银行贷款的正式企业比例而言，科托努仅有10%，而在达喀尔和瓦加杜古分别有14%和18%。此外，很多企业都依靠内部资金（经营者个人储蓄或资金收益）为投资活动提供经费。研究结果表明，三个国家中的大部分企业都是靠个人资金运转的。例如，在科托努，靠个人资金运作的土地收购活动在正式经济中超过70%，而在非正式经济中超过80%。在达喀尔，这两个比例稍稍下降，靠个人资金运作的土地收购活动在正式经济中占65%，在非正式经济中占72%。而在瓦加杜古，几乎所有正式经济土地收购都依赖个人资金运转，使用个人资金收购土地在非正式经济中仅占40%。其他筹资渠道主要是捐赠、家庭成员借款或继承遗产。仅有极少数正式和非正式企业的投资活动是依靠银行贷款提供资金的。

贷款利息对于所有人来说都是不小的负担，但非正式企业的贷款利率尤其高（见表5.4）。达喀尔和科托努的正式企业贷款利率通常在15%左右，而瓦加杜古的正式企业贷款利率则相对较低，约为12%。在达喀尔和科托努，非正式企业的贷款利率约为20%，而在瓦加杜古，非正式企业的贷款利率可达36%。

表 5.4　银行贷款利率

城市与企业属性	银行贷款利率（%）
达喀尔	
正式企业	15.3
大型非正式企业	20.7
小型非正式企业	23.2
科托努	
正式企业	15.2
大型非正式企业	22.0
小型非正式企业	24.0

城市与企业属性	银行贷款利率（%）
瓦加杜古	
正式企业	12.0
大型非正式企业	35.0
小型非正式企业	36.1

数据来源：基于调研数据。

由于这些贷款风险级别较高，况且微型金融机构经营成本相对较高，非正式企业贷款利率偏高是合理的。

在科托努所有接受访谈的企业中，70% 的企业承认偿还贷款有困难，而达喀尔和瓦加杜古的企业在这一方面的问题似乎较少，分别有 57% 和 45% 的企业表示还贷困难。大部分正式企业负责人表示，自家企业的还款困难要小于非正式企业尤其是小型非正式企业（见表 5.5）。在科托努，92% 的小型非正式企业声称还贷困难，这一比例在达喀尔和瓦加杜古分别为 70% 和 57%。

表 5.5　难以偿还贷款的企业比例

城市与企业属性	难以偿还贷款的企业比例（%）
达喀尔	
正式企业	36
大型非正式企业	69
小型非正式企业	70
全部	57
科托努	
正式企业	35
大型非正式企业	64
小型非正式企业	92
全部	70
瓦加杜古	
正式企业	13

续表

城市与企业属性	难以偿还贷款的企业比例（%）
大型非正式企业	58
小型非正式企业	57
全部	45

数据来源：基于调研数据。

基础设施

在接下来的第 6 章和第 8 章中将会介绍，人们往往将投资环境中的不利因素视为非正式经济的主要发展诱因，这些不利因素增加了经营成本，也削弱了企业的正式地位优势。调研证实，无论对正式企业还是非正式企业而言，营商环境中的不利因素都会大幅增加运营成本，正如第 1 章所述，这种现象在非正式部门中更为显著。基础设施薄弱是不利因素中的一个主要方面（图 5.2）。三个城市中的供水服务都不甚发达。

在科托努，85% 的正式企业、67% 的小型非正式企业可以用上自来水，这里的企业获取用水的情况在三个城市中是最好的。在达喀尔这两个比例分别为 80% 和 55%，在瓦加杜古分别为 60% 和 28%。电和电话线路的使用情况也是如此。在科托努，90% 的正式企业和 89% 的小型非正式企

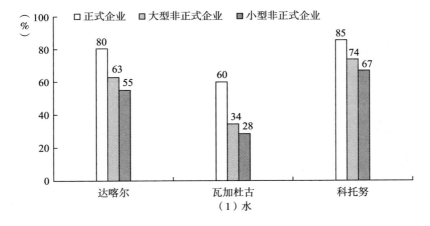

（1）水

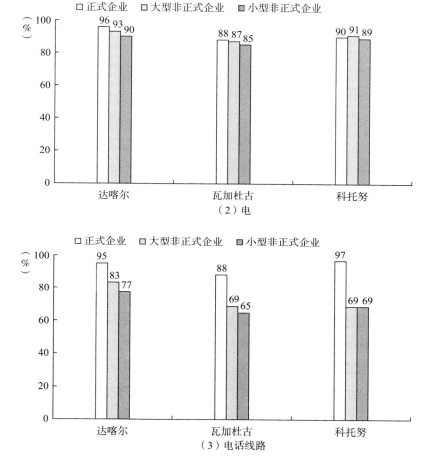

图 5.2　正式企业与非正式企业获得基础公共服务的比例

数据来源：基于调研数据。

业可以用上电。在达喀尔，96%的正式部门企业和90%的小型非正式企业可以用上电，而在瓦加杜古，这两个比例分别为88%和85%。电话线路开通情况大同小异，虽然正式企业比非正式企业享有更多的硬件使用机会，但对这两类企业而言，通信服务设施都明显不足。

在开通公共服务的过程中，企业往往要等待较长时间，公共部门在为企业开通服务时有较为严重的滞后延迟现象。与非正式企业相比，正式企业经历的延迟时间往往更长。例如，在科托努，46% 的正式部门企业、36% 的大型非正式企业和29% 的小型非正式企业声称，需要等待一个月以上才能通水（见表 5.6）。与非正式企业相比，正式企业在通电（见表5.7）和开通电话线路（见表 5.8）的过程中，往往也需要等待更长的时间：非正式企业在一周或更短的时间内开通这些服务的可能性相比更大。这些结论都证实，不同企业获取公共服务机会不均，非正式部门往往会使用自己的方法来相对快速地获得所需服务。

表 5.6　开通用水的等待时间（占企业总数的比重）

单位：%

城市与企业属性	一周	一周至一个月	一个月以上
达喀尔			
正式企业	29	38	33
大型非正式企业	63	13	25
小型非正式企业	50	19	31
整体	46	23	30
瓦加杜古			
正式企业	53	40	8
大型非正式企业	73	18	9
小型非正式企业	78	17	5
整体	74	20	6
科托努			
正式企业	40	15	46
大型非正式企业	32	32	36
小型非正式企业	43	28	29
整体	41	24	35

数据来源：基于调研数据。

表 5.7　开通用电的等待时间（占企业总数的比重）

单位：%

城市与企业属性	一周	一周至一个月	一个月以上
达喀尔			
正式企业	28	46	26
大型非正式企业	53	24	22
小型非正式企业	32	39	29
整体	35	38	27
瓦加杜古			
正式企业	30	63	8
大型非正式企业	48	45	6
小型非正式企业	42	44	14
整体	41	47	12
科托努			
正式企业	38	17	46
大型非正式企业	30	19	52
小型非正式企业	29	28	42
整体	31	24	45

数据来源：基于调研数据。

表 5.8　开通电话的等待时间（占企业总数的比重）

单位：%

城市与企业属性	一周	一周至一个月	一个月以上
达喀尔			
正式企业	55	34	11
大型非正式企业	79	7	14
小型非正式企业	64	30	6
整体	64	27	9
瓦加杜古			
正式企业	48	45	8
大型非正式企业	58	36	6

续表

城市与企业属性	一周	一周至一个月	一个月以上
小型非正式企业	60	29	11
整体	58	32	10
科托努			
正式企业	40	25	35
大型非正式企业	39	26	35
小型非正式企业	48	24	28
整体	44	24	31

数据来源：基于调研数据。

在电话服务开通方面，瓦加杜古的情况似乎最好。然而，在电话服务质量方面，达喀尔则优于瓦加杜古。

停水、停电和电话线路中断都是营商环境欠佳的标志，这些现象在西非十分普遍（见表 5.9 到表 5.11）。正式和非正式主体在回答有关服务中断累计时长的问题时，答复基本一致，这说明了所调研城市的基础设施服务整体水平都不高。在达喀尔和瓦加杜古，90% 甚至更多的企业表示，停水和电话线路中断状况可能会持续一周之久。科托努有时会停电一周，达喀尔在停电情况方面稍好一些，约 60% 的企业声称停电状况会持续一周。瓦加杜古提到服务中断情况的企业是最少的。

表 5.9 停水年度时长（占企业总数的比重）

单位：%

城市与企业属性	一周	一周至一个月	一个月以上
达喀尔			
正式企业	92	6	2
大型非正式企业	95	3	3
小型非正式企业	92	5	2
整体	93	5	2
瓦加杜古			
正式企业	100	0	0

续表

城市与企业属性	一周	一周至一个月	一个月以上
大型非正式企业	100	0	0
小型非正式企业	98	1	1
整体	100	0	0
科托努			
正式企业	77	13	11
大型非正式企业	71	13	17
小型非正式企业	60	27	13
整体	66	21	13

数据来源：基于调研数据。

表 5.10　停电年度时长（占企业总数的比重）

单位：%

城市与企业属性	一周	一周至一个月	一个月以上
达喀尔			
正式企业	59	2	39
大型非正式企业	60	5	35
小型非正式企业	64	7	29
整体	62	5	33
瓦加杜古			
正式企业	97	3	0
大型非正式企业	96	4	0
小型非正式企业	89	6	4
整体	91	6	3
科托努			
正式企业	60	8	32
大型非正式企业	45	3	52
小型非正式企业	34	22	44
整体	42	16	42

数据来源：基于调研数据。

表 5.11　电话线路中断年度时长（占企业总数的比重）

单位：%

城市与企业属性	一周	一周至一个月	一个月以上
达喀尔			
正式企业	94	2	4
大型非正式企业	95	2	2
小型非正式企业	96	2	2
整体	96	2	2
瓦加杜古			
正式企业	100	0	0
大型非正式企业	92	4	4
小型非正式企业	98	1	2
整体	97	1	2
科托努			
正式企业	87	4	9
大型非正式企业	85	8	8
小型非正式企业	75	11	14
整体	80	9	11

数据来源：基于调研数据。

为了应对供电不稳定的情况，正式企业和非正式企业都只得自行重金购买发电机（见图 5.3）。在达喀尔和瓦加杜古，55% 的正式企业拥有自己的发电机，而在大型非正式企业中，这一比例约为 27.5%。拥有发电机的小型非正式企业占比较少：科托努为 31%，达喀尔为 20%，瓦加杜古为 20%。

税　赋

本节所述的结果来自调研的第二阶段，这一阶段的调研对象主要集中于正式经济和大型非正式经济。调研问卷中的问题主要与企业赋税有关。

近年来学界普遍认为，"赋税道德感"是决定各类经济主体逃税规模

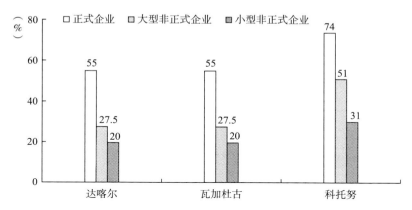

图 5.3 正式企业与非正式企业自有发电机的比例

数据来源：基于调研数据。

的主要因素，特别是对于非正式经济（Perry et al. ，2007）。"赋税道德感"这一概念反映了人们非常关注国家税收制度的公平性、诚实性以及政府是否合理使用税收。拉丁美洲有些国家中的纳税人确信政府会合理使用所缴纳的税款，这些国家的纳税人自然表现出更强烈的遵守纳税义务的自觉性。

关于西非的研究结果同样印证了这一结论。在科托努，86% ~100%的企业管理者对政府支配税收方式表示不满。这一比例在达喀尔为 51% ~88%，在瓦加杜古为 63% ~78%（见图 5.4）。

同时，还关注了三个国家中税务局的征税效率。很多受访者强调存在税务骚扰现象，还有受访者认为税务局往往过于针对正式企业。在贝宁，17% ~60%的受访企业管理者抱怨，一旦税务当局认定其为重要纳税人，税务局就会反复审查经营状况，不停地勒令进行税务整顿。在塞内加尔，41% ~55%的企业声称有相同的遭遇，与之相比，这一比例在布基纳法索的企业中为 17% ~50%（见图 5.5）。

受访的税务人员承认自己往往会以正式企业为靶子，对此将在第 6 章中进行详细说明。在腐败大行其道的环境下，非正式企业似乎在与国家职能部门打交道时显得更游刃有余。

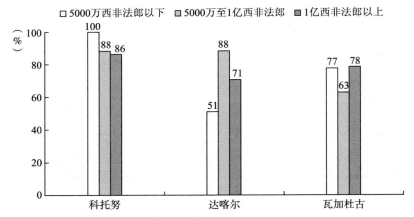

图 5.4　不同级别营业额企业管理者中对政府支配税收方式

表示不满的比例

数据来源：基于调研数据。

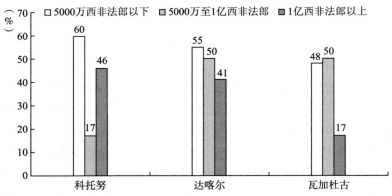

图 5.5　不同级别营业额企业管理者中认为遵守税务法规

反而会产生烦扰的比例

数据来源：基于调研数据。

　　西非国家一般会采取人工收缴税款的方式，这也意味着缴税需要长时间排队。在这三个国家中，正式企业和非正式企业的企业管理者一致认为这种方式非常不方便。例如，在科托努，75%的正式企业和76%的非正式企业表示这种情况不好，甚至很糟糕（见图5.6）。

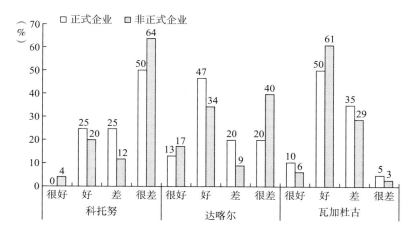

图 5.6　正式或非正式企业管理者对纳税排队等待时间的看法

数据来源：基于调研数据。

同时，政府显著缺乏执法能力这一事实也影响着纳税人缴纳税款的态度。围绕政府执法能力，对企业管理者询问了有关社会保险缴纳情况、账目真实程度以及收入申报真实性的问题（见图 5.7）。例如，在塞内加尔，根据不同的企业规模，6 成以上的管理者声称，企业低报自身收入的情况几乎无处不在，但政府对此并未采取惩戒措施。

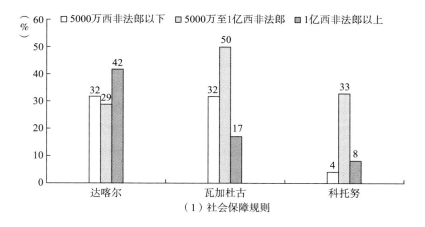

（1）社会保障规则

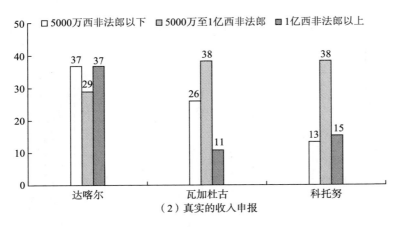

（2）真实的收入申报

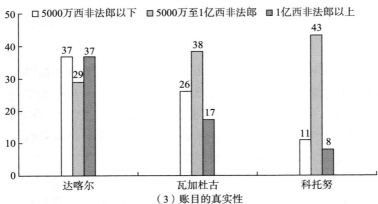

（3）账目的真实性

图 5.7　认为政府有效执行了相关法规的企业管理者比例

数据来源：基于调研数据。

制度环境的其他方面

在本节中，我们将关注前文没有提及的社会经济制度中的其他因素。

信息与通信技术

少数企业，特别是小型非正式企业，会在企业经营管理中使用邮件和互联网等信息与通信技术（见图 5.8）。正式企业使用信息与通信技术的企业比例，在科托努为 43%，在达喀尔为 46%，在瓦加杜古为 35%；在小型非正式企业中，分别有 14%、20% 和 19% 的企业使用信息与通信技术。大型非正式企业的情况则介于正式企业和小型非正式企业之间。

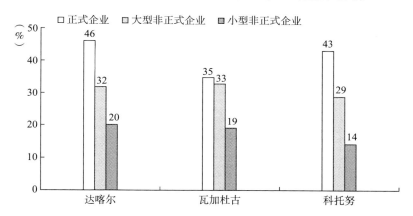

图 5.8　采用信息与通信技术的企业比例

数据来源：基于调研数据。

职业协会

与非正式企业相比，正式企业加入行业组织的机会更大：在科托努，正式部门企业和小型非正式企业成为行业组织会员的企业比例为 35% 和 13%；在达喀尔，分别为 30% 和 19%；在瓦加杜古，分别为 18% 和 7%（见图 5.9）。企业成为行业组织会员后可以享受一些便利，但这些便利对于正式企业和非正式企业的适用性却有差异。

●*解决冲突*。与正式企业相比，非正式企业从冲突解决服务中获益更多；在科托努，40% 的非正式企业声明曾经受益于行业协会的介入而解决了冲突，相比之下，正式部门企业的这一比例为 12%。这些数值在瓦加杜古分别为 20% 和 10%，在达喀尔为 60% 和 40%。

●*商品与投入品市场的信息渠道*。在达喀尔和瓦加杜古，非正式企业在信息服务中比正式企业获益更大，而在科托努则是正式企业获益更大。

● *质量标准认证*。在达喀尔，非正式部门在质量标准认证方面比正式部门收益大，而瓦加杜古则是正式部门获益更大。

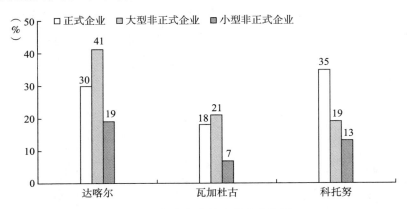

图 5.9 加入行业协会的企业比例

数据来源：基于调研数据。

● *现行规章相关信息*。在达喀尔和瓦加杜古，与正式企业相比，非正式企业从行业协会获取的有关现行规章制度的信息更多。

● *对未来的乐观预期*。正式企业和非正式企业都认为未来商业前景良好。在科托努，92%的非正式企业受访者表示，他们对自己企业的未来持乐观预期。达喀尔非正式企业的预期水平最低，仅有82%的受访者表示对其企业的未来充满信心。同样，大多数正式和非正式企业受访者回应称，他们希望自己的子女从事一样的职业。在科托努，82%的正式企业受访者在回答是否希望其后代从事与他们相同的职业这一问题时表示肯定；而对于非正式企业受访者，这一比例为72%。在达喀尔，62%的正式企业和60%的非正式企业受访者对这些问题做出了积极回应。最后，在瓦加杜古，回应积极的比例分别为65%和72%。这一乐观情绪也反映出，有转行意愿的劳动者占比很低（30%）。

● *企业策略*。企业为促进短期增长而往往会制定类似促进企业多元化经营的策略。作者提出了若干项有利于企业短期增长的选项，包括（1）开发新客户，（2）更换供应商以降低成本，（3）迁入便宜的营业场所，（4）调整员工薪资，以及（5）其他。大多数受访者倾向于开发新客户，也有人表示自己并无特殊策略。

● 与国家之间的关系。称近期曾与政府人员发生过冲突的正式企业比非正式企业多。在科托努，正式企业中有 34% 表示曾有过这类冲突，相较而言，这一比例在大型非正式企业中为 21%，在小型非正式企业中为 20%（见图 5.10）。企业与工会人员发生冲突的情况较为少见，尤其在瓦加杜古，几乎没有发现类似问题存在。

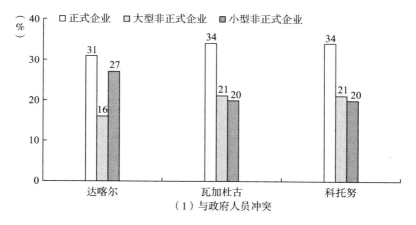

（1）与政府人员冲突

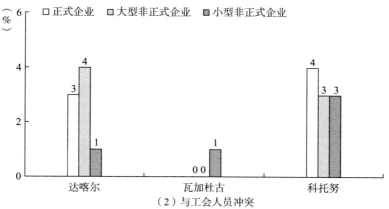

（2）与工会人员冲突

图 5.10　与政府或工会人员间存在矛盾的企业比例

资料来源：基于调研数据。

非正式部门的劳动力

  大部分有关非正式经济的研究成果都表明，非正式经济与正式经济在劳动力结构上存在明显差异。自雇是非正式部门的一个显著特征，在北非，自雇在非正式就业中所占比例为 62%，在撒哈拉以南非洲，这一比例为 70%。如果将南非排除在外，这一比例则高达 81%（Becker，2004）。此外在大部分发展中国家，家庭劳动者和流动商贩约占非农业就业的 10%~25%（OIT，2002）。而一项在博茨瓦纳、肯尼亚、马拉维和津巴布韦开展的调研结果表明，这些国家中将近 2/3 的非正式企业主在自己的企业里是光杆司令（Hann，2006）。博茨瓦纳中央统计局估计，大部分（84.2%）非正式企业只有一名员工，12.7% 的企业为家庭企业（CSO，2008）。在拉丁美洲，以非正式自雇形式就业的劳动力占就业总人口的 40%（Maloney，2004）。而劳动者中的女性比例很高则是非正式部门的另一个重要特征：在发展中国家里，60% 的女性劳动者是非正式经济从业者；在撒哈拉以南非洲，这一比例为 84%。斯蒂尔和斯诺德格拉斯（Steel et Snodgrass，2008）认为，非正式经济中的大多数劳动者（59%~83%）都是女性。这一数字证实了博茨瓦纳中央统计局（CSO，2008）的结论，即 2007 年，博茨瓦纳 67.6% 的非正式企业是由女性经营的。

  非正式经济中的另一项特殊标准是管理者的受教育程度。拉波塔和谢菲尔（La Porta et Shleifer，2008）选取了部分非洲和亚洲国家样本数据库并分析研究，得出了一些结论。他们认为，在非正式经济中，企业管理者受教育程度达到大学水平的可能性约为 6.1%，与之相比，这一可能性在正式经济中为 15.9%。在一项针对五个非洲国家的研究中，韩恩（Haan，2006）得出结论，非正式部门里约有半数员工要么完全没有受过教育，要么仅仅具备小学文化水平，此外，只有不到 5% 的员工达到了中学文化水平。布劳德（Braude，2005）从对南非的调研中得出结论，正式经济和非正式经济劳动者的受教育程度存在巨大差距。据他的调研数据，南非 37% 的非正式经济员工没有完成中学学业，而在正式经济中，这一比例仅为

16%。这两类劳动者的收入差距也很明显。同样，盖尔伯等（Gelb et al.，2009）根据一项对南部和东部非洲国家的调研数据的研究推断，在这些国家中，非正式经济企业主的文化水平基本都低于正式经济企业主，但坦桑尼亚和乌干达除外，在这两个国家里，二者几乎没有差异。

正式经济和非正式经济从业者之间还存在明显的收入差距。据厄尔马赫迪和阿梅尔（El Mahdi et Amer，2005）估计，在埃及，非正式经济劳动者的平均收入为正式经济劳动者收入水平的 84%。此外，与正式就业相比，非正式经济中就业几乎无法享受社会保障，具有极大的不稳定性。劳动者很少会加入工会组织，劳动工时也往往过长，因此这类工作被人们认为不太体面。

在西非，正如调研情况那样，非正式经济主体的特征与以往文献中的记载基本一致，但也存在一些细微差别。与非正式经济从业者相比，正式经济从业者普遍受教育水平更高。尽管如此，非正式经济从业者的实际文化水平依然值得研究（见图 5.11）。瓦加杜古 17% 的小型非正式经济从业者具备小学文化水平，这一比例在科托努和达喀尔分别为 21% 和 30%。而在瓦加杜古达到中学教育程度的小型非正式经济从业者比例达到 58%，在科托努和达喀尔，这一比例均为 42%。对于大型非正式企业而言，上述比例分别为 50%、38% 和 56%；对于正式经济而言，这些比例分别为 55%、35% 和 45%。而若谈到高等教育，瓦加杜古 8% 的小型非正式经济劳动者

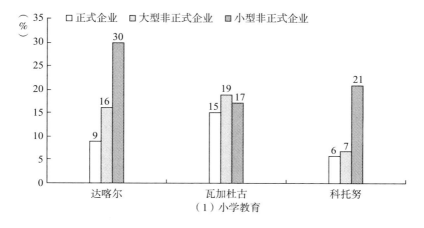

（1）小学教育

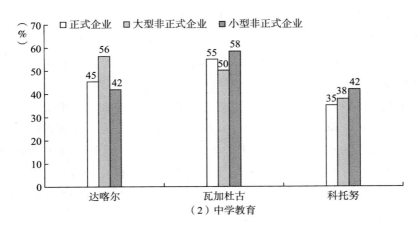

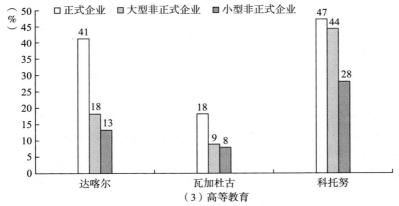

图 5.11 正式和非正式企业中不同文化水平劳动者的比例

数据来源：基于调研数据。

具备高等教育水平，在达喀尔和科托努，这一比例分别为13%和28%。综合看来，非正式经济从业者中既有仅具备初等文化水平的，也有受过高等教育的，这种差异让人印象深刻。大型非正式经济从业者中具有小学和中学文化水平的人更多，这一现象很值得深思。实际上，这种结果表明，正式经济对社会中文化水平最高的群体吸引力并不是那么大，相对而言，这些人往往对非正式经济，特别是大型非正式经济，更感兴趣。盖尔伯等（Gelb et al.，2009）得出了类似的结论，在营商环境相当恶劣、当局执法能力薄弱的国家中，熟练掌握生产技能、生产效率很高的高素质劳动者往往会进入非正式经济打拼。西非其他国家与本书选取的样本国家情况类似，正是由于国家监管框架不够完善、政府执法能力差才导致国内非正式经济大行其道。

通过调研所得的西非国家经济数据发现，自雇是非正式经济的一项显著特征，然而相比其他城市，科托努的非正式经济从业者自雇性质更为明显。在科托努，51% 的小型非正式经济从业者工作性质属于自雇，这一比例在当地的大型非正式经济和正式经济中分别是 39% 和 25%。反观达喀尔，正式经济和非正式经济间的差别则相对较小；自雇仅占小型非正式经济从业者的 28%，大型非正式经济从业者的 27%，正式经济从业者的 20%（见表 5.12）。

表 5.12　达喀尔和科托努的自雇情况（占企业总数的比重）

单位：%

	他人	公司	自己
达喀尔			
正式企业	55	25	20
大型非正式企业	54	19	27
小型非正式企业	65	6	28
合计	61	13	26
科托努			
正式企业	44	30	25
大型非正式企业	43	18	39
小型非正式企业	44	5	51
合计	44	13	43

数据来源：基于调研数据。

西非非正式经济的另一个显著特征是女性往往会参与到劳动工作中来，女性在员工总数中的占比对于正式经济和非正式经济来说差异并不显著。有时，相比于非正式经济，正式经济中这一比例甚至更高（见表 5.13）。总体而言，根据调研，女性在正式和非正式经济员工中的占比都很低，这一结果与上文提到的某些文献的结论有一定差异。在调研的所有案例中，80%～90%的企业管理者是男性，但瓦加杜古情况有所不同，38%的小型非正式企业管理者是女性（见表5.14）。

表5.13 女性员工的比例（占企业总数的比重）

单位：%

	女性比例低于25%	女性比例为25%～50%	女性比例为50%～75%	女性比例为75%
达喀尔				
正式企业	58	20	17	6
大型非正式企业	74	16	6	4
小型非正式企业	80	12	3	5
整体	74	15	7	5
瓦加杜古				
正式企业	60	18	8	15
大型非正式企业	58	9	3	30
小型非正式企业	64	13	8	15
整体	63	13	8	16
科托努				
正式企业	46	30	17	6
大型非正式企业	59	19	19	3
小型非正式企业	31	16	17	36
整体	39	20	17	24

数据来源：基于调研数据。

表5.14 企业管理者的性别（占企业总数的比重）

单位：%

	男性	女性
达喀尔		
正式企业	82	18
大型非正式企业	94	6

续表

	男性	女性
小型非正式企业	91	9
整体	89	11
瓦加杜古		
正式企业	81	19
大型非正式企业	87	13
小型非正式企业	62	38
整体	70	30
科托努		
正式企业	88	12
大型非正式企业	91	9
小型非正式企业	84	16
整体	85	15

数据来源：基于调研数据。

尽管某些非正式企业也会为员工提供社会保障，但总体而言还是正式企业员工享受社保的比例更大：在正式企业中，享有社会保障的比例，在科托努为 87%，在达喀尔为 81%，在瓦加杜古为 79%；小型非正式企业中，这一比例在科托努、达喀尔和瓦加杜古分别为 24%、14% 和 14%。那些不向员工提供社会福利的企业则辩解道，没有向员工提供社保因为劳动者加入社保的手续过于繁杂。大多数受访者赞成小型企业加入一项社会保障计划。然而，非正式企业只愿意参保每月 2000 西非法郎的额度，而正式企业则准备缴纳更高的金额（见图 5.12）。

结　论

在本章中，作者比较了正式企业、大型非正式企业和小型非正式企业各自的特征。对于小型非正式企业而言，调研结果充分证实了现有文献的结论。小型非正式企业的活跃行业和大型非正式企业基本一致，即贸易、

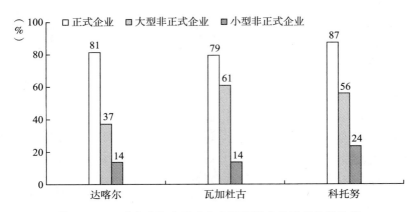

图 5.12　正式企业和非正式企业履行社会保障义务的比例

数据来源：基于调研数据。

手工艺品、运输和服装（全新和二手）等。这些企业在激烈的市场竞争中靠着向微型企业和低收入家庭销售劣质产品为生。这类企业的经营规模往往很小，自雇现象尤为普遍。企业经营者文化水平普遍偏低，女性劳动者的参与度相对较高。由于这些企业没有会计，也没有财务文件，它们几乎无法获得银行信贷，只能求助于非正式高利贷。这些企业很少使用信息与通信技术，出口额也很低。此外，小型非正式企业劳动力市场竞争激烈，监管体系又不完善，导致从业者很难享受任何社会保障。

正式企业与非正式企业在上述所有特征中都有差异。大型非正式经济的情况通常介于正式经济和小型非正式经济之间。在组织结构方面，大型非正式企业和小型非正式企业的区别不大。销量数据表明，论经营规模，即以营业额衡量，大型非正式企业往往可以和正式企业相提并论，然而除科托努以外，达喀尔和瓦加杜古的大型非正式企业长期员工人数都很少。在应对基础设施不足方面，正式企业的应对能力要弱于非正式企业。在某些情况下，正式企业等待公共服务开通的时间比小型非正式企业还要长。此外，正式企业和非正式企业对营商环境质量看法均较为负面。

总体而言，所有私营企业，无论是正式企业还是非正式企业，无论其企业规模大小，都面临某些共同的问题，特别是融资机会不足、营商环境恶劣、竞争力低下以及从业人员性别比例失衡等。这些问题的严重程度对于不同企业不尽相同。在某些方面，不同企业应对风险的承受能力存在显著差异。因此，由投资环境评估（ICA）调研得出的有关投资环境的经济政策是非常合理的。但需要注意的是，私营部门中的三个分支，即正式经济、大型非正式经济和小型非正式经济，各自情况不尽相同，应当补充制定更有针对性的措施。

注释

1. 某些大型非正式企业虽然声称自己已如实纳税，但实际大幅低报了实际收入，其账目可靠性也不高，因此应将它们视为非正式企业。

参考文献

Akoten，John E.，Yasuyuki Sawada et Keijiro Otsuka，«The Determinants of Credit Access and Its Impacts on Micro and Small Enterprises：The Case of Garment Producers in Kenya»，*Economic Development and Cultural Change*，2006，54（4），p. 927 – 44.

Becker，Kristina F.，*The Informal Economy*，Stockholm：SIDA Publications，2004.

Braude，Wolfe，«South Africa：Bringing Informal Workers into the Regulated Sphere；Overcoming Apartheid's Legacy»，In *Good Jobs*，*Bad Jobs*，*and No Jobs*：*Labour Markets and Informal Work in Egypt*，*El Salvador*，*India*，*Russia et South Africa*，ed. Tony Avirgan，L. Josh Bivens et Sarah Gammage，Washington，DC：Global Policy Network，Economic Policy Institute，2005.

CSO（Central StatisticsOffi ce），*2007 Informal Sector Survey Preliminary Results*，Gaborone：CSO，2008.

El Mahdi，Alia et MonaAmer，«Egypt：Growing Informality，1990 – 2003»，In *Good Jobs*，*Bad Jobs*，*and No Jobs*：*Labour Markets and Informal Work in Egypt*，*El Salvador*，*India*，*Russia and South Africa*，ed. Tony Avirgan，L. Josh Bivens et Sarah Gammage，Washington，DC：Global Policy Network，Economic Policy Institute，2005.

Gautier，Jean-François，«Taxationoptimale de la consommation et biens informels»，*Revue économique*，3 mai 2006，53，p. 599 – 610.

Gelb，Alan，Taye Mengistae，Vijaya Ramachandran et Manju Kedia Shah，《To Formal-ize or Not to Formalize？Comparisons of Microenterprise Data from Southern and East Africa》，*Working Paper 175*，Washington，DC：Center for Global Development，2009.

Haan，Hans Christiaan，《Training for Work in the Informal Micro-enterprise Sec tor：Fresh Evidence from Sub-Sahara Africa》，*Technical and Vocational Education and Training*，Dordrecht：Springer，2006.

Johnson，Susan，《Gender Norms in Financial Markets：Evidence from Kenya》，*World Development*，2004，32（8），p. 1355 – 74.

La Porta，Rafael et Andrei Shleifer，《The Unoffi cial Economy and Economic Develop-ment》，*Brookings Papers on Economic Activity*，2008，2，p. 275 – 364.

Liedholm，Carl，《Small Firm Dynamics：Evidence from Africa and Latin America》，*Small Business Economics*，hiver 2001，18，p. 227 – 42.

Maloney，William，《Informality Revisited》，*World Development*，2004，32（7），p. 1159 – 78.

OIT，*Decent Work and the Informal Econ omy：Sixth Item on the Agenda*，Report VI，Genève：90e session de la conférence de l' OIT，20 juin 2002.

Perry，Guillermo E. ，William F. Maloney，Omar S. Arias，PabloFajnzylber，Andrew Mason et Jaime Saavedra-Chanduvi，*Informality：Exit and Exclusion*，Wash ington，DC：Banque mondiale，2007.

Steel，William F. et Don Snodgrass，《World Bank Region Analysis on theInfor mal Economy》，In *Raising Productivity and Reducing Risk of Household Enterprises*，Annex 1，《Diagnostic Methodology Framework》，Washington，DC：Banque mondiale，2008.

第 6 章

西非非正式经济的制度环境

阿马杜·阿里·姆拜耶，伊布拉易姆·迪奥普，比拉希姆·尼昂

　　本章将重点关注所研究国家中非正式经济的制度环境。首先介绍各国治理非正式经济的机构与法规，这些机构在管理中往往存在相互掣肘、监管力度不够、执法能力低下等问题，此类因素刺激了非正式部门发展。此外，一些颇具影响力的政界人士和宗教修士往往也会公开或者暗中支持一些非正式企业，由此加剧了非正式经济的畸形发展。

国家失灵与非正式经济：假设与文献综述

　　近年来学界往往认为，国家失灵是发展中国家非正式经济扩张的主要决定因素。很多学者将正式经济看作经营者在衡量企业正式地位与非正式地位各自所需要耗费的成本和取得的收益后作出的理性选择（Perry et al.，2007；Kanbur，2009；Djankov et al.，2002；Loayza，Oviedo et Serven，2005；Ishengoma et Kappel，2006；Aterido，Hallward-Driemeier et Pages，2007；Marcouiller et Young，1995；Johnson et al.，2000）。社会经济制度环境对企业主的选择有很大影响。对于企业而言，正式地位意味着有更多机会获得公共服务，但同时需要遵守现行的法规，并且缴纳税款。国家对法规的落实程度、对违规行为的处罚力度也至关重要。许多研究已经证实了这些因素的重要性。以下三个要素影响企业对于正式或非正式地位的选择：

　　• 与正式性有关的优势，包括公共服务的质量，以及在正式企业和非正式企业之间存在的获得这些服务的机会差异；

　　• 正式性的成本，表现为遵守法规所必须付出的成本以及更高额的税款；

● 非正式企业由于未履行纳税义务、未遵守法规而受到处罚的力度。

本节我们将综述有关非正式经济制度环境影响因素的文献。

公共服务的获取

斯蒂尔和斯诺德格拉斯（Steel et Snodgrass，2008）和维利克（Verick，2006）主张，企业选择非正式地位的一项决定因素是企业认为社会中所有企业都普遍缺乏获得公共服务的机会，这里所涉及的服务包括基础设施、资金、教育、健康以及社会保障。列多尔姆（Liedholm，2001）认为，许多政府计划中都存在歧视小型企业的现象，这种歧视尤其针对小型非正式企业。他还注意到，大多数税务减免计划仅适用于大型企业，许多小型企业不具税务减免资格。政府只要消除这些不公现象，就能大力促进小型企业的发展。这些学者主张，国家应寻求改善公共服务供给分配，而不是一味将非正式经济正式化。

人们往往会将教育培训视作推动非正式企业发展并使企业逐步正式化的主要途径。许多学者（Atchoarena et Delluc，2001；Brewer，2004；Haan，2006；NISER，2007）都认为，正式教育在非正式经济发展中的作用并不大。实际上，学校提供的正式教育培训更多是为国家培养公职人员，而并不适合传授非正式经济经营者所需的实用技能，例如这些学校无法培养学生的创业规划意识。亚当姆斯（Adams，2002）认为，非洲大多数向非正式企业提供培训的学校本身并没有办理注册手续，是非正式培训机构。这些机构虽然对非正式企业开放，但其提供的培训服务质量相当不可靠（Johanson et Adams，2004）。与此同时，教会和一些非政府组织也寻求开设培训班弥合非正式经济市场中的旺盛培训需求，然而它们经常会遇到各种困难（Haan，2006）。同样地，大型企业在员工培训方面投入巨大，而小型企业，尤其是小型非正式企业则恰恰相反。尼尔森、罗斯霍尔姆和达巴伦（Nielson，Rosholm et Dabalen，2007）认为，在肯尼亚、津巴布韦和赞比亚，在员工人数低于（含）10人的企业中，仅有4.6%的企业为员工提供培训计划；相比之下，在员工人数高于（含）151人的企业中，这一比例为 81%。非正式企业忽视培训导致企业受制于较低的生产率而无法创造更大的价值。面对这些制约因素，传统的学徒制是非洲最常见的非正式企业培训模式，但这种培训模式的质量有待商榷（Adams，2009）。因此，为了帮助非正式企业走出低生产率—低收入水平的陷阱，应充分调动国家和企业合力针对这一群体制定合适的培训计划。

与正式企业相比，非正式企业还会遭遇其他困难。如很少有机会参加某些培训，获得银行信贷和保险的机会也更小。1985 年，秘鲁银行对非正式企业设置的利率为 22%，而对正式企业的利率则固定为 4.9%（De Soto，1989）。这一现象便可以解释为什么非正式企业往往规模更小、效率更低、生产经验更匮乏、破产率更高。

税务与监管环境

罗伊扎（Loayza，1997）认为，正式企业监管体系过于严苛、赋税过高是导致非正式经济发展的主要决定因素。在关于拉丁美洲的经验模型中，他指出，赋税过高和劳动力市场扭曲极大助推了非正式经济的发展：这些变量的标准差变动一个点就将导致非正式变量标准差分别增加 0.33 和 0.49。德索托（De Soto，1989）也强调了监管体系不合理对非正式经济发展有推动作用。与此同时，罗伊扎、奥维多和塞尔万特（Loayza，Oviedo et Servent，2005）指出，不合理的市场监管体系会阻碍经济增长并刺激非正式经济发展。

布兰施泰特等人（Branstetter et al.，2010）和布鲁恩（Bruhn，2011）指出，虽然放宽市场准入监管会对工薪阶层创业型企业以及市场边缘小企业冲击很大，但这个措施确实可以推动企业主动注册申报。

同样，阿里亚斯等人（Arias et al.，2005）指出，畸形的劳动力市场会扼制生产率提高，阻碍新技术应用，对经济增长也会产生负面影响。诺里斯等（Dabla-Norris，Gradstein et Inchauste，2008）认为，刺激非正式经济发展最关键的决定因素是社会经济监管体系是否完善，其次是企业获得某些服务的难度，尤其是小型企业获得金融服务的难度。盖尔伯等（Gelb et al.，2009）学者也证实了这一观点并对此加以完善发展。他们认为，国家对私营企业的执法能力和监管力度是决定企业主选择是否在非正式经济范畴内创办企业的关键因素。这些学者认为，一定要区分以下两种情况：（a）非正式企业管理人教育水平较高，企业增长潜力较大，在这种情况下，只要政府改善监管框架并使这些企业能够更容易地获取公共服务，就可以引导它们自行正式化；（b）当社会经济中已经具有较为合理的监管体系时，非正式企业仅限于那些迫于生存压力的边缘企业。在后一种情况下，应帮助企业获得社会服务，能够让它们在市场中生存下去。英格拉姆等（Ingram，Ramachandran et Desai，2007）测试了一种概率模型，在这个模型中，对营商环境中制约条件的感知会决定企业是选择在正式经济还是在非正式经济中发展。结果表明，正式性与营商环境的某些属性之间存在高度相关性，与获得电力、融资和土地的难度尤为相关。然而，这些学者也承认，没有充分的调研数据支撑，无法真正证实这些特征与企业正式性间的关系。

弗里德曼等学者（Friedman et al.，2000）基于69个国家的数据指出，贪腐和官僚主义使得企业正式经营成本颇高，不利的营商环境把企业推向非正式部门。同样，阿祖马和格罗斯曼（Azuma et Grossman，2002）用"掠夺性国家"这一概念解释非正式经济的发展，掠夺性国家会挪用纳税人钱款，将这些资金转化为某些精英阶层的私人收益。这些精英自己也有逃税行为，他们将自己的税收负担转嫁给正式企业，导致这些企业只能在非正式部门中寻求庇护。

拉波塔和谢菲尔（La Porta et Shleifer，2008）区分了三个概念，即企业正式化的成本、企业维持正式性的成本以及企业正式化的收益。为了估算企业正式化的成本，他们记录了合法创办一家企业所需办理手续的数量。划分了三类代理变量，并用这三个变量来衡量企业维持正式性的成本：与纳税相关的成本、与遵守劳动法相关的成本、与行政手续相关的成本。关于企业正式化的收益，他们将企业正式性与获得公共产品服务难易程度以及在自身权益受到侵犯时诉诸司法机构的难易程度联系在一起。通过综合分析多国数据，他们断定，这三类变量与非正式经济高度相关。除了这些变量之外，人均国内生产总值也与非正式经济的发展呈强负相关。

佩里等（Perry et al.，2007）学者经过分析提出了一个重要观点，即在企业比较非正式经济与正式经济各自的经营成本和收益后，如果企业决意投身非正式经济，那么这一选择将会非常坚决。这些学者还认为，各类企业对执政当局的看法以及其与当局之间的关系，在很大程度上也会影响这一决定。其对当局执政清廉度和社会治理效率的看法将会强烈影响企业遵纪守法和如实纳税的主动性。

非正式企业也特别容易受到国家行为的影响，这些国家行为包括警方、海关人员和其他公共机构勒索没收企业资产等。德索托（De Soto，1989）认为，非正式企业往往将其收入的10%～15%用于防范无良公职人员对企业的敲诈勒索；相比之下，正式企业这一部分资金投入比例仅为1%。此外，非正式企业为了保持低调往往被迫维持小规模经营状态，从而制约了自身的发展，对国民经济发展也有不利影响。

执行私营部门治理法规的能力

坎布尔（Kanbur，2009）认为，企业会理性权衡正式化经营的成本与收益来做出是维持正式性还是非正式性经营的决定。在做出这一决定的过程中，企业会仔细考量当局的执法能力。他认为，解决问题的关键在于要弄清政府为什么在实施自定法规时会遇到问题。

盖尔伯等（Gelb et al.，2009）学者认为，当企业认为获取公共服务和信贷比较方便且纳税法规和企业注册规定落实情况良好时，就会选择成为正式企业。通过比较若干非洲东部和南部国家的情况后，他们评估了一个概率模型，这与卢卡斯（Lucas，1978）的研究有异曲同工之妙。在这个模型中，市场会自发将最具才能的企业领导者和生产率最高的企业挑选出来并将其纳入正式部门。他们指出，该模型更适用于营商环境和执法能力良好的国家。在营商环境不太友善的国家里，他们的结论是，除企业注册问题外，正式企业和非正式企业在各方面的机会和优势几乎是平等的。他们注意到："当执法机关无力落实各项法律法规或者社会各相关部门无法提供稳定高质的公共服务时，非正式经济的隐蔽特性就不那么明显了。在这种情况下，对于某家企业而言，在某国保持非正式经营或许对企业更有利，但另一家同类型企业在另一国则可能通过正式方式经营获利更大。如果国家金融部门或其他部门没能履行职责、提供高质量的服务，那么无论是正式企业还是非正式企业都会遭遇很多相似的问题，例如，由于供电不稳定，任何企业可能都无法获得官方注册后本应获得的好处。"

卢卡斯（Lucas，1978）开发了一个一般均衡模型，重点关注国家的执法能力。根据这一模型，达布拉-诺里斯、格拉德施泰因和因超斯特（Dabla-Norris，Gradstein et Inchauste，2008）分析了非洲以外的 40 个中高收入国家正式企业的非正式销售额数据，从中得出结论：相比公共服务质量，国家执法能力对非正式经济发展的影响更大 ［以考夫曼、克拉伊和佐伊多-洛巴顿（Kaufmann，Kraay et Zoido-Lobaton，1999）制定的法治国家指数衡量］。他们认为，企业往往会因为想要逃避正式经济的监管成本而选择融入非正式经济，尽管这样做会面临罚款甚至入狱的风险。

在一些发展中国家，监管框架的漏洞使得市场中的违法行为得不到应有的惩戒。因此，在这些国家里，非正式经济大肆扩张。同样，加蒂和奥诺拉蒂（Gatti et Honorati，2008）通过分析非洲 40 个国家的数据指出企业纳税主动性与其获取信贷的难易程度间有密切关系。他们的论据是，当企业想要逃税时，其资产负债表中的信息就会很模糊，企业因此很难获得信贷。最后他们指出："从经济政策的角度来看，这一现象凸显了一个事实，即任何有悖资本市场运行规则的政策都不会成功，除非这些政策有可降低非正式层级并增加市场透明度的配套政策作为补充，例如精简税负和提高国家执法能力等。"

有时企业并不是因为明知故犯而违法乱纪，而是确实缺乏常识，知识水平不高，这种情况下，处罚它们其实并不合理，教育才是正确的解决方法。例如，塞内加尔的 123 调研结果表明，很多小型企业未办理注册手续往往并不是因为国家监管失灵或者法规严苛导致它们想要逃避正式经济，至少有 60% 的小型企业明确表示，其并不了解运营企业的一些规定，要么根本不知道企业经营必须完成注册，要么不清楚应该去哪家机构办理这项手续（Brilleau et al.，2004）。塞内加尔全国工商联（UNACOIS）（Ndiaye，2004）是塞内加尔非正式经济的代表性商会，其中有成员表示有些非正式企业并不是故意违反法规，而是确实没有接受过相关的行业法规培训，这些企业的运营者中的大部分是文盲。当然，人们也应谨慎看待这种观点，但考虑到非正式企业大多数企业主教育水平普遍偏低，没有接受过正规行业培训，这一观点还是具有一定说服力的。

西非的制度框架

在本节中，我们将介绍分析西非各类官方经济管理机构以及负责管理西非非正式部门并时常提供帮助的半官方机构。

区域性机构

西非经济货币联盟委员会

西非经济货币联盟各成员国均已将国内货币政策、财政政策与贸易政策的制定权限移交至西非经济货币联盟委员会，委员会也因此要负责制定适用于所有成员国的法规。近年来，委员会的政策制定权限范围已扩展至农业、工业和教育等其他领域。

贝宁、布基纳法索和塞内加尔都是西非经济货币联盟成员国，因此这三个国家使用的货币相同，均为西非法郎。此外，各成员国国内的税收制度都已实现了大规模标准化。

理论上讲，成员国实行共同对外关税，在区域贸易自由化和协调措施上有一些约定，这些措施应该有助于减少走私；此外各国海关基本实现了信息化管理，对打击走私也有一定帮助。但事实上，区域内走私活动仍然十分猖獗，将在第 9 章中介绍相关情况。

非洲商法协调组织

非洲商法协调组织是西非和中非法语国家通用的一个商法系统，它旨在向所有成员国提供统一的监管框架。这个组织成立的目的是希望通过彼此协调促进各国经济增长。该组织按照企业规模对包括微型企业在内的各类企业提出了财务报表编制和纳税义务履行方面的要求。尽管各国在监管体系与税收制度中基本都会遵循非洲商法协调组织提出的总体原则，但在现实中，大多数国家还是会根据国内需要机动处理。如第 1 章所述，非洲商法协调组织针对不同规模的企业特别制定了差异化征税原则，各国基本遵循了这项原则，但在不同的国家里，原则的落实情况存在明显差异。此外，西非还有很多其他负责管理税务的机构采取定额税税制，这有悖于非洲商法协调组织特别针对非正式企业提出的灵活税制（Ndjanyou，2008）。

税收与海关制度

国内税

正式企业需要缴税纳税，而非正式企业往往会用各种方式偷税漏税。正式企业必须依法纳税，包括企业所得税、企业定额税、工资税、不动产价值税、土地税、针对未开发或部分开发土地的附加税、注册税、印花税、某些产品的消费税、机动车税、公务车特别税、许可费等。

这些税赋大多数可以叠加，企业收入中的很大部分要用来交税。然而，非正式企业虽然有时可以用某种方式逃税，但它们却永远无法享受税收豁免政策。这些豁免政策或多或少能降低正式企业的一些纳税负担，如只有正式企业才能享受增值税减免政策。

西非经济货币联盟各成员国国内的税收体系大致相似，但并不完全相同。各国主要依靠相关机构来征收税款，以下是三个主要机构：

- 大企业部（DGE），对有关国家的大型企业征税；
- 二级征收中心，对属于实际税制范畴但不符合大型企业税制的企业征税；
- 非正式企业征税中心，负责管理实施定额税制的企业。一些地方税务局征收的地方税也归这个中心管理。

西非法语区各国在实际税收制度中会根据规模对企业分类。然而，这种分类方法与非洲商法协调组织规定的方式有一定出入。下面介绍西非经济货币联盟规定的两种主要税制：实际税制与定额税制。

实际税制

对于被划入实际税制的企业而言，应税基数来自其申报的营业额。这种操作是建立在企业都会留存经营账目的基础上的。实际税制有资格阈值，但这一阈值随国家规定和企业经营情况不同会发生很大的变化。此外，几乎在所有国家里，实际税制都包含了多个细分类别[1]。在所有西非国家的税收体系中都存在大企业部，这个机构专门负责大型企业的申报纳税处理工作。企业的营业额须达到 5 亿西非法郎这一阈值，才有资格被纳入这一部门。在这三个国家中，这一部门的所有企业贡献了各国税收的 90% 甚至更多。符合大企业部条件的企业往往会面临更加严格的申报流程，除了其他满足实际税制企业所提交的会计文件之外，这些企业还必须提供收入与雇工财务表（TAFIRE），这份报表需要显示指定时期企业投融资流量、其他支出、资金流和现金流的变动情况。

除了大企业部之外，布基纳法索和贝宁还划分了常规实际税制与简易实际税制。在贝宁，营业额在 8000 万西非法郎以上的企业实施常规实际税制；在布基纳法索，这一营业额阈值为 5000 万西非法郎。根据企业从事的活动类型，适用的阈值也存在一些差异。在贝宁，营业额在 4000 万 ~ 8000 万西非法郎的企业才有资格实施简易实际税制；而在布基纳法索，这一阈值为 3000 万 ~ 5000 万西非法郎。而塞内加尔却没有常规与简易实际税制之分，国内只有一种实际税制。

定额税制

在贝宁，营业额在 4000 万西非法郎以下的企业即可采用定额税制，在布基纳法索和塞内加尔，这一阈值分别为 3000 万西非法郎和 5000 万西非法郎。按定额税制纳税的企业，账目管理必须达到有关部门规定的最低标准。税务主管部门往往会通过估算来决定企业应缴的税额，而由于这些企业的业务情况难以监察，税务机关通常对它们实行单一税率，包括所得税、营业税和实际税制企业需要缴纳的其他税种。在塞内加尔，这一税种被称为单一普通税（CGU）；在贝宁，它被称为单一营业税；在布基纳法索，被称为非正式部门税（CSI）。

然而也有一些企业难以用营业额来划定税种，也很难判定是否属于非正式企业。符合这种情况的有外国企业的分支机构以及某些特殊职业从业者，例如律师和海关专员等。

需要指出的是，在有关国家中，税收制度界定阈值差异很大，税法的其他规定也不尽相同。例如，贝宁与布基纳法索的阈值相当接近，然而，为了与后者拉开距离，贝宁最近对这一阈值做出了调整，由此看来贝宁今后也很有可能以这样或那样的方式调整阈值。

国家对正式经济和非正式经济分别实施不同的征税政策，有时还会做出其他复杂安排防止非正式企业逃税，其中就包括预提税。这是一种专门为防止非正式企业逃税的普遍做法，其原理很简单：税务机关在逃税严重的部门对可识别的纳税人施加压力从而对其牵涉的多笔交易征收部分税款。因此，在贝宁税法中，海关会对所有注册企业即据实纳税或缴纳定额税的企业的进口货物征收预提税，这个预提税的收取办法是货物自身报关价值加上除货物增值税外的各项税额总和的1%。对于已经被税务机关识别的非正式企业，预提税率是相同的。如果交易涉及未经税务机构识别的非正式企业，无论这些交易遵循的是海关相关法规还是国内相关制度，预提税率均为5%。预提税的征收办法也很值得分析：当作为征税对象的实体依照定额税制纳税或该实体未被税务机构识别时，预提税就是企业该笔交易的最终税额。反之，如果是据实纳税的实体，那么企业在交易完成报税时缴纳的税额先扣去这笔税务部门已经征收过的预提税，再缴纳剩下的部分。在贝宁，这种预提税制度也适用于道路运输业。所有交通承运人每年都要缴纳一次道路运输单一税，这是一种定额税。而到了年底，对于所有营业额未超过1000万西非法郎的纳税人而言，道路运输单一税就是最终应缴税款，否则这笔税款就仅是应从最终税款中扣除的临时预付款。

尽管政府制定了上述政策规范企业纳税，但逃税现象仍然非常普遍。税务机关代表认为，企业登记制度不统一是税务机关无法核实非正式企业收入并对其征税的主要原因。而企业登记制度不统一的原因则是不同登记机构的税务标识各异，彼此间几乎没有沟通，这便导致任何一个税务机关都无法全面了解非正式企业经营状况并对其征税。以科托努的当托帕露天市场为例，作为贝宁国内最大的非正式经济据点之一，这个市场中拥有固定摊位的经营者达2.3万人，还不算市场中的其他闲杂人等，在这种鱼龙混杂的环境中想要完全弄清某个非正式企业的经营情况难于登天。

近年来，贝宁税务主管部门制定了大量法规并实施了很多行政手段来管控非正式经济，除设立税务审计与登记国家管理委员会、快速干预大队、自治港口和边界征税中心外，还专门设立了当托帕税务中心来负责当托帕市场征税工作。此外贝宁还实施了前文所述的预提税制度。然而，尽管贝宁已经做出了很大努力，人们依旧普遍认为，大部分非常富有、身家动辄数十亿的企业家并没有缴纳任何营业税。据访谈对象估计，许多政客在当托帕市场有利益关系，他们的兄弟和配偶在那里从事经营活动，市场里存在着众多大型非正式承运商，许多正式企业也从事非正式活动。

上述三类税制的纳税人都有唯一纳税人识别号。在 2006 年以前，只有实际税制的纳税人才有唯一纳税人识别号。2006 年以后，所有纳税人都有唯一纳税人识别号了。许多主体的进口额高于所申报的营业额，许多纳税人为他人从事进口业务。访谈对象认为，海关工作信息化程度不高导致其工作缺乏连贯性，没有实现互联，工作人员需要进行人工核对。非正式部门和正式部门的预提税率分别为 5% 和 1%。自 2009 年以来，属于大企业部的企业不再缴纳预提税。税务当局认为，这些企业提供的财务报表时真时假。许多实际税制企业申报税务也时有拖延。非正式部门的税收主要纳入地方政府财政预算。访谈对象认为，这些账户随便一看就知道存在问题。一些企业虽然将财务报表送交了相关部门，但企业自身却根本没有财会部门。如今，贝宁当局已经要求对送交账目进行查证以避免账目重叠或虚假账目的现象。

最后，为了更好地识别非正式活动，一些税务主管部门会结合使用营业额和其他标准。在布基纳法索，这些标准除营业额外还包括工作场所是否固定以及使用的生产资料是否具有资本特性等。因此，税务主管部门往往会根据经营活动所在地、行业、所用的交通工具以及所用设备类型来判定企业活动类别。在定额税制中对不同企业实行的税率也不尽相同。然而，根据与一些税务官员的讨论，这种识别方法是行不通的，因为其实施成本高于征收的税款金额。

总体而言，尽管主管部门做出上述很多努力，非正式活动逃税行为仍然很普遍。布基纳法索的税务人员声称，在 2008 年，税务机关所征税款达

2260 亿西非法郎，其中非正式部门的税收仅有不到 20 亿西非法郎。因此，对于这些主管部门而言，将人、财、物等资源用于正式企业比用于非正式企业要"有利可图"得多。

非正式企业在国民经济中所占的比例很大，但为什么它们贡献的税收如此之少？税收人员指出，非正式企业的应税收入水平很难确定。实际上，人们没有确切证据证明企业低报销售额，也无从判定其低报的程度。调研非正式活动的逃税行为需要投入大量人力物力，在大多数情况下，这些成本要高于所征收的税额。因此，我们遇到的许多税务人员断定，将征税重心放在已被数据库识别的正式企业上会更加划算。相反，我们访谈的大量正式企业对这一做法表示谴责，他们认为，正是这种做法导致了非正式经济的泛滥。这些正式企业尤其抱怨税务人员以此为由对其实行税务骚扰，这些骚扰让人无法忍受，在他们看来，这有可能使非正式企业打消向正式经济转型的念头。

非正式企业往往认为避税是非常容易的事情，即使是超大型的非正式企业也持这一观点。非正式企业通常持有若干版本的账目，无良"会计师"协助其认证虚假文件，从而达到欺瞒税务机关的目的。非正式企业以临时进口代理的身份过境，这样，就可以不必出示身份编码（唯一纳税人识别号或企业与协会识别号）。

访谈对象认为，房地产业是逃税情况很严重的行业。据他们称，税务当局对本国已完成的土地与房地产交易的了解程度很欠缺。除此之外，在所研究的国家中，土地与房地产行业中一种非常普遍的做法是在进行公证时低报交易房屋的价值。通常情况下，公证人是宣过誓的，其文书在法庭上具有效力，或者说至少在被证明为伪造之前是有效力的。他们是唯一被授权依法进行土地与房地产交易的代理人。由于税费高昂（在塞内加尔，对于买方和卖方而言，税额分别为交易总价值的 21% 和 5%），许多卖方与买方会低报交易房屋的实际价值，以最大限度减少应付税款。为了尽量减少双方需支付的金额，通常是由文员（公证人的助手）向当事人提出这种违法的解决方案。

海关

严格来说，海关方面并未确立有关非正式活动的具体监管制度。一般而言，人们认为，通过走私手段过境的货物都属于非正式经济。实际上，进口这些货物并不需要营业执照。对于价值在 50 万 ~ 200 万西非法郎的货物，海关不会进行运前检查。许多经商者的货物虽然超出这个范围，但他们会将进口货物进行拆分，以便通过走私的方式引进货物。此外，为了购买进口商品，正式企业往往让非正式企业通过走私的手段进口商品。为了配合跨境贸易，法律规定自然人携带的货物价值不超过 50 万西非法郎时仅需在边境申报货物，然而有很多人钻了这项法规的空子。

由于海关目前没有能力对所有交易进行监管，港口内外时常会发生走私。海关仅能管控所有申报货物的 10%，其余部分均需接受风险分析。许多走私物品就利用这种漏洞混入国内。访谈对象认为，走私往往与某些被定义为敏感产品的高关税产品有关。这些产品包括碳氢化合物、烟草（须取得事前进口许可）、食糖（同前）以及食用油。他们认为，走私主要发生在非正式部门。在贝宁、布基纳法索与多哥之间的摩托车贸易常常被引为例证。非正式企业从业人员驾驶摩托车从多哥出发，以亡命冲刺的速度驶向布基纳法索，然后用摩托车运载货物走私过境，再出售这些货物以及摩托车。

与作者会面的海关主管部门人员认为，所有企业，包括正式企业，或多或少都涉足了非正式经济。不管是批发商、准批发商还是零售商，都涉足了非正式经营活动。有时通过合法的途径，有时则通过走私的手段进口各种物品。商品过境时常常出现正式企业将业务分包给非正式企业的情况。前者将签章出售给非正式企业便不再过问清关的后续操作。这样一来，正式清关代理只参与清关业务中小部分的活动。由于非正式清关代理拥有更多客户，正式清关代理倒也乐见其成。某些清关代理同时也是进口商，许多正式企业通过非正式进口商以更低的成本进口货物。大部分在走私过程中被发现的人只是代理人。对于本国走私行为严重的情况，一些接受访谈的海关人员表现出听天由命的态度。他们认为，非正式经济这一现象在西非经济与社会实践中已经根深蒂固。他们援引了民族间的历史联系，这些联系通过族裔群体得以延续；通过贸易，它们总能使西非各个地方的关系更加紧密。第8章和第9章将对这一观点进行更为详细的论述。

我们的访谈对象推测，在非正式企业相关家庭中，几乎每个成员都有一个身份识别码。为了躲避海关，这些人会改名换姓。海关人员称，在稽查过程中，他们每次逮捕某个人时都会意识到这一情况。在对当事人进行处罚的时候，他们很快注意到，当事人无法做出让步并缴纳违法行为相应的罚金，因为他们根本不具备偿付能力。通常，为了摆脱这一困境，涉案人员的一名亲属会出面声称自己与有关案件并无干系，同时提出帮其支付部分罚款，但支付的金额远远低于海关所规定的水平。我们的访谈对象认为，这个诡计很好理解，因为伸出援手的"撒马利亚好心人"，实际上往往是走私者的老板。然而，在没有证据的情况下，为了收取部分罚金以免一无所获，工作人员常常不得不接受这些条件。据他们估计，比起将违法分子绳之以法，这是一种更加积极的态度。他们认为，由于腐败大行其道，即使警方没有提前释放这些违法分子，这些人也常常在简短的判决之后就会被释放。海关的首要目标是征税，工作人员声称，在这些案例中，更符合海关人员利益的做法是把案件控制在海关层面。访谈对象还提到向进口商出售身份识别码的个人案例，这与税务人员的说法一致。同时，访谈对象也报告了一些企业案例，这些企业向税务机关申请破产，却被发现仍在从事进口业务。

海关访谈对象认为，大型非正式企业是走私涉案主力。因此，他们认为，处理大型非正式企业的案件比处理小型非正式企业的案件获得的收益更多。前者的确比后者偿付能力更高。此外，大型非正式企业往往为海关所熟知，并且有需要保护的资产。因此，与小型非正式企业相比，当大型非正式企业涉嫌违法走私时，海关人员可以更容易地向企业提议和解并收取罚款。

税务部门与海关主管部门之间的协调

在西非国家里，有三个财政管理部门负责征收税款：税务部门、海关与财政部。税务部门与海关负责收取直接税或进口税，财政部征收税赋并在预算执行框架内落实支出。然而，在某些国家，如贝宁，自 1990 年以来，税务部门会在自己征收税款时中饱私囊而后才结转给财政部。而进口增值税由海关收取，税务部门无权插手。同样，许多其他主管部门也会代表税务部门征税，例如航空公司征收的机场税或在一些国家里由通信监管部门征收的手机租金，都属于这一情况。

当局表明，税务主管部门、海关主管部门与财政部之间协调合作，关系良好，但他们同时也认识到，这些部门间还可以进一步密切合作。为了更好确保海关与税务之间的干预措施协调，当局往往设立唯一身份标识（唯一纳税人识别号），贝宁和布基纳法索的标识是通用的，塞内加尔也正在考虑加入这个计划。

为了提高海关与税务部门的合作效率，当局组建了联合调查大队，队内包括这两个部门的工作人员。依据不同标准，调查大队选取一定数量的案件开展事后调查。这些标准是：

- 来自线人的信息；
- 随机抽取某些产品调查；
- 相关产品是否具有敏感性。

一旦完成样本选取，税务部门和海关就会共享纳税人的税务信息与海关进出口信息以便更好地侦察走私案件。然而工作中一直没有实现网络互联，尽管两部门付出了努力但走私活动始终猖獗。例如，在布基纳法索，2008 年有 3409 起违法案件发生，涉案金额达 36 亿西非法郎。

税务机关与海关之间的合作仍存有局限性。国家的海关系统几乎实现了信息化全覆盖。尽管如此，人们承认，由于双方仍互有保留，海关与税务之间的信息交换效率并不高。西非经济货币联盟的访谈对象进一步指出，有时在同一部门的各个分部之间甚至存在各自为政的情况。例如，在税务部门内部，负责增值税的分部与负责土地的分部使用不同的记录模式。在对国家税务部门不同分部的访问过程中，我们意识到：不同的税务分部使用单独的文档，彼此之间并不进行交流。我们在整合来自不同分部的企业名录并将它们与主管所有这些分部的部门给出的名录进行对比时，发现了许多不一致的地方。这一现象证明，不同国家部门间存在各自为政的传统，这一传统也体现在海关与税务之间。在对西非经济货币联盟官员的访谈中，我们还注意到，海关与税务部门的网络缺少互联。除此之外，各国海关主管部门间的竞争成为合作的主要障碍。例如，贝宁与多哥，在成为内陆国家（如布基纳法索、马里与尼日尔）门户方面展开竞争，在对尼日利亚的走私活动方面展开竞争，第9章将对此进行详细介绍。

非正式企业的支持机构

除税务与海关部门之外，许多其他主管部门也参与了企业注册（商务部）、融资、支持、培训或其他层面的管理工作。

西非国家在金融与会计管理方面对中小企业，尤其是非正式中小企业的援助主要通过获得批准的管理中心来落实。这一援助有多种形式，包括：

● 协助准备信贷申请，并提供可靠融资来源的相关信息；

● 开展会计与财务管理培训、商业与经营管理培训、关于本国现行的以及与私营企业有关的税务条例、社会法制以及法律法规的培训；

● 代为维护企业账目；

● 协助税务申报与社保申报；

● 协助办理注册手续；

● 协助加入社会保障机构；

● 提供组织性协助，为人事管理制定明确的组织结构图，并编制行政与会计流程手册；

● 帮助企业实现销售增长。

为了吸引中小企业加入这项计划，国家以税收减免的形式向它们提供优惠，当然，这项优惠设有上限。例如，在塞内加尔，针对商业企业的营业额上限为3000万西非法郎，针对手工艺和其他经营活动的营业额上限分别为2000万西非法郎和1000万西非法郎。此外，受益人需要提供真实的账目，才能享受这些不同的优惠。会计制度集中托管化本意是提高账目的真实性，但对这一制度以及相关激励措施实施效果的评估并不多。然而，人们普遍认为，在实际经营活动中，加入这一制度的企业非常少，例如从事非正式经营活动的单位总数大约为 20 万家，而加入的实体数量远低于200 家。

在大部分国家里，财政部、中小企业部或其他机构都备有专项资金，用于资助非正式经济。布基纳法索的非正式部门支助基金（FASI）提供了很好的例证。实际上，这是一家小额信贷机构，它提供的最低信贷额度为2.5 万西非法郎，最高信贷额度为 150 万西非法郎。面对基金受益人众多的情况，这类机构面临的主要挑战之一是如何收回贷款。原则上，机构可以使用法律手段对违约者提起诉讼，然而，时间证明，这些违约者经常还没偿还债务就被警方或法庭释放，所以这种方法并无甚成效。

所有这些援助形式的终极目标都是推动非正式企业向正式企业转型。然而，如果通过从定额税制转为实际税制的企业数量来衡量正式化，迄今为止，记录在案的成果少之又少。

这些计划面临的首要问题是缺乏连贯性。事实上，许多组织负责对非正式经济提供支援，但它们的干预措施连最基本的连贯性都没有。这些组织的任务与调研范围存在许多重复内容，这一情况导致在没有进行任何活动协调的情况下，它们为了获得相同的公共资源而展开激烈的竞争。例如，在塞内加尔，许多机构负责对中小企业提供支持：中小企业发展局（ADEPME）、中小企业局、中小企业部、工业局、国家青年就业促进局、国家青年促进基金会等。这些机构中的大多数分设在不同的国家职能部门，它们实行自治或仍受到共和国总统的管辖。这些机构的任务常常相互重叠，而它们之间几乎从不进行协作。

企业注册流程

有许多机构负责非正式经济的注册与管理，商务部在非正式经济的管理中发挥着决定性作用。事实上，正是由商务部下属部门发放营业执照、商业登记证、进口商许可证等。所有这些证件齐备之后，企业才能获得税务识别码。除商务部之外，国家统计部门在企业注册与企业数据汇编过程中也发挥着重要作用。通常情况下，所有注册企业应将一部分会计与财务文件提交至税务部门和国家统计部门。除了协助甄别非正式活动外，这些部门还负责汇编非正式部门的数据。此外，企业还应向工商会支付会费、提供所得税纳税证明和社保缴纳证明等。

获得营业执照的等待时间往往很长。经商者首先必须在商业登记处办理注册，然后在一些国家里，需要等待两年才能取得执照。这种拖延损耗并不单单是某一个部门未能履行职责而造成的，每个部门都倾向于指责是别的部门失职。接受访谈的私营企业则认为，所有部门都应对此负责。

国家失灵与西非非正式经济

在非洲国家里，制度与国家因素显然对非正式经济有很重要的影响，这体现在以下几个方面：企业注册流程冗长复杂、司法体制失灵、负责对小型企业（特别是小型非正式企业）征税并提供支持服务的机构行政能力薄弱、有影响力的大型企业钻法律空子（往往与当局一些官员合谋）等。关于这些影响企业正式性的因素，我们将在本节中对其中的一些情况进行研究。

营商环境

成为正式企业的好处之一是能有更多渠道获取公共服务，如基础设施、司法、金融等，因此，这些服务的质量会影响企业的选择。当这些服务质量很糟糕时，对于企业而言，成为正式企业便没有意义。同理，如果正式企业在没有补偿的情况下必须承担全部征税负担，那么对于企业而言，非正式的地位更具有吸引力。大部分关于投资环境的研究证实，与其他发展中国家相比，西非国家的营商环境更为不利（见世界经济论坛报告和世界银行《全球营商环境报告》的排名）。西非国家的排名一般远远低于其他发展中国家。此外，斯蒂尔和斯诺德格拉斯（Steel et Snodgrass，2008）认为，在非洲国家，注册成为正式企业对于企业而言并没有好处。根据调研的三个国家的数据，尽管仍存在一些重要的细微差异，但此前研究的一些结论和假设都已得到充分证实。在企业尚未注册这一问题上，几乎没有企业将其视为不利条件。在第二轮仅针对正式企业和大型非正式企业的调研中，所涉企业总数中仅有 12% 表示在办理注册时遇到困难。

访谈在很大程度上证实了第 4 章中提出的假设，其中谈到对制度环境的感知的调研结果。作者得到的反馈并不因为企业的地位是正式还是非正式（无论是大型还是小型非正式企业）而存在差异。所有反馈都强调法律缺少可靠性。生产要素的成本高昂，水、电、通信的服务质量低下，这些情况也遭到正式和非正式企业的一致指责。同时，他们还强调了行政部门的腐败与低效，这种情形在税务、海关和贸易机构中尤为突出。在取得这些服务的等待时间问题上，得到的反馈五花八门：有些企业认为等待时间过于漫长，并且仅在同意支付费用的情况下才能缩短这一时间；有些人则认为这方面的状况已经得到较大改善，并肯定地表示没有为获取这些服务而支付任何费用。然而，这些反馈并没有体现正式经济与非正式经济间的显著差异。

在正式零售贸易方面，正式企业和非正式企业对非正式经济情况的判断似乎并没有太大分歧。有名访谈对象是一家大型超市的所有者，他认为，国家未能妥善管理其与正式和非正式私营部门的关系。在他看来，人们应在国家层面寻找非正式经济泛滥的原因，这样才最合理。这名受访者以自己的情况为例。他的超市所在的楼宇即将被拆除，国家无意补偿他的损失，而楼宇业主则获得了丰厚的赔偿。他承认，他的本地供应商大多数是非正式的。与这些供货商交易的最大问题在于他们不接受支票付款，而根据法律规定，交易额超过某一金额时，必须使用支票这一付款方式。但若要把问题诉诸法律并不会有什么效果。

这名访谈对象认为，国家职能部门不仅效率低下，还肆意搜刮，使用任何广告牌以及停车位都要交税，他认为这些税的税率并不合理。此外，他认为主管部门效率低下并且腐败多发。停电频繁发生，因此他不得不购买发电机，而机器的维护成本非常高。同时，他还认为昂贵的信贷成本恶化了营商环境。最后，他坦言，如果自己在非正式经济中经营的话，他确信收入会高得多并且遇到的麻烦要少得多。然而，这名受访者声称自己原则上拒绝进入非正式经济。

就国家在征税问题上的作用，我们在询问企业管理者的看法时发现，在落实促进私营部门发展的可信政策的过程中，国家并没有履行其职能。许多管理者认为，国家对企业进行无法容忍的税务骚扰，这促发了逃税行为。在私营经营者中广为流传的一个看法是，越往正式化方向发展，企业越容易遭受税务骚扰。在塞内加尔所有接受调研的对象中，52%的人认为越是遵守纳税规则，企业受到的税务骚扰就越严重，在大型企业中，被骚扰的比例甚至达到59%。此外，这些信息还证实了税务工作人员在访谈中透露的秘密："为了对非正式企业征税，我们在信息采集上得投入巨大物力。"更何况我们访谈的三个国家的税务主管部门也持同样观点，在非正式企业中开展税务信息搜集这一活动的成本，似乎往往高于与获得这些信息有关的收益。这便是当局坦言为什么要将大部分时间用于盯着已经识别的企业，当局拥有这些信息，便能够对其进行高额征税，这些企业往往是正式企业。很明显，如果这种态度在主管部门中越来越广地泛滥，工作人员越来越针对征税收益高的企业，那么国民经济会遭到严重扭曲。事实上，一方面，大多数有能力并有意愿实现正式化的企业，仍然希望躲在非正式经济中；另一方面，为了免遭税务骚扰，正式企业会试图转变为非正式企业。

受访对象一般对税负水平与征税部门的管理质量持有相当负面的看法。大部分受访对象（平均比例为60%，大型非正式企业中的比例为67%）认为税负非常高。此外，46%的调研对象指出，缴纳税金并不方便，需要排长队；20%的人认为纳税申报工作难以完成；42%的人表示征税部门的服务质量糟糕。

当针对适用于非正式经济的一些规则提出具体问题时，反馈中还出现了国家执法不力这一看法。例如，在塞内加尔，样本中68%的企业认为，国家未能完全落实与劳动者社会保障相关的规则。在与诚信纳税申报和账目真实性相关的规则问题上，得到了相同比例的反馈。

不完善的公共服务

在西非各国，人们很少认为公共服务部门在提供服务时会歧视非正式经济。如果不考虑金融等某些服务，那么正式企业和非正式企业面临的制约因素几乎是相同的，这些因素与营商环境恶劣、公共服务部门失灵有关。在下文中将举例介绍一些服务，对正式和非正式经济获得这些服务的机会进行比较。

企业员工的教育培训

在西非，国家拨出大量预算经费用于资助教育培训。例如，在塞内加尔，国家专门拨出财政预算的40%以上，这也是预算分配中最主要的项目。然而，这些资源大部分用于传统教育，很少用于面向企业的职业培训。事实上，正式企业和非正式企业都缺乏为员工提供职业培训的系统体系。职业培训通常在工地现场甚至企业内部完成。对于非正式实体而言，职业培训通过学徒制来实现。那些被学校拒之门外的年轻人通常会在父母的引导下以学徒身份参与非正式经济经营活动。这些年轻人通常会在企业干一些零星杂活，在这里几乎是免费劳动力，没有报酬或报酬很少。在正式企业中，人们也安排了相同的"在职"培训活动。培训机构应该满足企业的实践培训需求，但无论在纺织业/服装业、渔业还是加工业中，所有正式和非正式企业均认为，这种机构的缺失是政府失灵的表现（Golub et Mbaye，2002）。

融资渠道

正如前文所述，获得信贷机会有限是非正式经济的一个明显特征。对于非正式经济和大部分小型企业而言，银行信贷几乎可望而不可即。这种境况使它们只能依赖非正式借贷渠道，这些渠道往往局限于向亲朋好友或养老储金会借款。然而，如第5章所述，这些贷款的利率往往相对较高（Johnson，2004；Akoten et al.，2006）。

在西非，非正式企业获得信贷的机会明显低于正式企业。非正式企业难以向银行提供申请信贷所需的担保证明。此外，他们中很大一部分无法提供满足银行最低要求的会计财务文件，这些文件能够使企业潜在的金融合作伙伴了解其活动性质与体量。因此，非正式活动的融资主要来自亲朋好友的帮助，或者养老储金会和小额信贷机构等非正式金融的资助。然而，企业以这种方式筹集到的资金相当有限，并且需要承担相当高的利率。不过，人们对这一观点持保留态度。事实上，虽然不可否认非正式经济在获取银行信贷时会遇到许多困难，但是，许多正式企业也面临着同样的制约。此外，一些非正式企业，特别是体量大的企业，它们则能够顺利获得信贷。一般而言，大型非正式企业持有获取银行贷款所需的全部文件。当然这些文件中的大部分是伪造的，但这并不妨碍企业取得银行信贷。然而，一方面，这类信贷的成本很高；另一方面，这一操作让税务机关能够掌握更多的企业信息，因此，申请银行信贷一般不是这些企业的首选融资渠道。在访谈中，一名大型非正式企业的领导者抱怨信贷成本高昂，他指出，信贷利率为 13% ~17% 。

税收激励

另一方面，在某些税费豁免与补贴形式的问题上，针对非正式企业的歧视现象则更为突出。非正式实体因其自身性质往往无法享受这些政策便利，例如增值税是一种由企业收取并结转给国家的税种，而非正式企业就无法享受增值税（TVA）减免。在实践中，企业在购买投入物时需要预付增值税，然后通过税务主管部门进行报销。只是这一流程中，企业需要提供可靠的会计文件，而大多数非正式企业无法做到这一点。因此，非正式企业不得不自行承担已经支付的增值税，机器与设备等其他投入物的采购活动情况也一样，而根据投资法、出口免税企业制度等豁免制度，这些采购通常可以被免除大量税费。很明显，非正式企业通常很少有机会获得这些豁免。在此应指出，许多符合条件的正式企业在享受这些减免优惠时也会遇到一些问题。此外，大型非正式经济与小型非正式经济不同，前者往往能够顺利从政策中获益。

与此同时，投资法制度对小型非正式经济也很不友好，根据法规设定的投资阈值，几乎只有大型企业才有机会享受这些政策便利。在免税区、免税店或免税企业的优惠制度方面，人们可以得出同样的结论，这些制度向获准企业给予了许多优惠待遇。同样，小型非正式经济被完全排除在外，而大型非正式经济往往能够轻松呈交所需文件，社会人脉关系也更强大。

腐败与对有影响力的大型企业执法的困难

前文中已经提到过，西非非正式经济的一项明显特征就是存在大量大型非正式企业，这些大型企业满足正式经济的所有条件，然而它们却藏身于非正式经济中。它们通常与政界保持着联系，这种联系能够在某种程度上赋予它们一些优惠便利。除此之外，贪腐在社会各阶层中广泛蔓延，这恰恰成为非正式经济萌发的温床。国家司法裁决往往饱受质疑，媒体频繁报道在司法系统中发生的重大贪腐丑闻。在这样的背景下，大型非正式经济得以持续肆意发展，显然并不令人感到惊讶。实际上，有关企业一直依赖与海关、一般主管部门或司法主管部门的一系列裙带关系为己谋私。所走访国家的一名海关负责人沉重地表示："在逮捕到走私者时，我们往往会迅速向他提出交钱了事的提议并极力避免将这一事件移交法庭或警务部门，因为我们不确定在那里将会出现什么情况。"

在访谈中，一名受访对象说："法院审理案件进度迟缓，腐败横行；根据非洲商法协调组织的指令，我们建立了仲裁中心。在这个中心里，只有获得授权的人员才可以担任仲裁员、协调员或调解员，这些人可能是律师、企业管理者或其他人员。然而，仲裁的裁决经常会遭到质疑。"

一些大型非正式企业间还会依靠兄弟会的力量，将在第 8 章中介绍相关内容。很多企业在塞内加尔与冈比亚之间的跨境贸易就是一个很好的例证（见第 9 章，以及 Golub et Mbaye，2009）。一直以来，这一贸易都由社会宗教团体主导，比如"宝勒宝勒"（baol baol），"宝勒宝勒"是一群毛里塔尼亚人，他们分布在国境两侧。到目前为止，已经有很多媒体披露了塞内加尔执政当局与穆里德权贵之间的合谋行为。1986 年，在进口大米贸易部分自由化期间，国家将市场份额的 25% 分配给了私营经营者；而享受国家这一指定客户政策的大型承运人之一不是别人，正是穆里德大哈里发的私人秘书（Lambert，1994）。

结　论

在本章中，我们分析了制度与政治环境对企业是否选择在非正式经济中发展的影响。我们的结论与此前大量以发展为主题的相关文献一致，营商环境中出现的调控失灵问题在很大程度上助推了西非非正式部门的扩张。正式企业往往为苛捐杂税所累。对于有纳税意愿的企业而言，重复征税问题严重，企业缴税成本高昂。

另一个严重的问题在于，国家职能部门间缺乏协调，尤其是海关与税务部门之间。此外，我们还发现大量向非正式部门提供支持的公共机构存在资金不足、效率低下、定位模糊、功能重叠等问题。

人们往往可以透过腐败的程度和寻租行为的泛滥程度察觉到政府调控失灵。社会各个阶级都存在贪腐，这一现象助推了非正式部门的扩张。在征税方面，国家失灵问题也是有目共睹的。税务当局过度针对正式企业。此外，许多企业领导者认为，国家并没有对低报收入或偷税漏税的企业进行严惩。由于存在上述问题，有关国家的营商环境指标非常糟糕。在这一问题上，调研访谈的大部分结果都符合有关国家营商环境的实际排名与标准指标。

注释

1. 另外，产品或服务类型不同，适用的阈值和利率也不同。

参考文献

Adams, Arvil V., *Skills Development in the Informal Sector of Sub-Saharan Africa*, Washington, DC: Banque mondiale, 2008.

Akoten, John E., Yasuyuki Sawada et Keijiro Otsuka, «The Determinants of Credit Access and Its Impacts on Micro and Small Enterprises: The Case of Garment Producers in Ken-

ya», *Economic Development and Cultural Change*, 2006, 54 (4), p. 927 – 44.

Arias, OmarBlom, Mariano Bosch, Wendy Cunningham, Ariel Fiszbein, Gladys Lopez Acevedo, William Maloney, Jaime Saavedra, Carolina Sanchez-Paramo, Mauricio Santamaria et Lucas Siga, «Pending Issues in Protection, Produc tivity Growth et Poverty Reduction», *Policy Research Working Paper 3799*, Washington, DC : Banque mondiale, décembre 2005.

Atchoarena, David et A. M. Delluc, *Revisiting Technical and Vocational Educa tion in Sub-Saharan Africa: An Update on Trends, Innovations et Challenges*, IIEP/Prg. DA/1, 320, Paris : Institut international de planifi cation de l' éducation, 2001.

Aterido, Reyes, Mary Hallward-Driemeier et Carmen Pages, «Investment Cli mate and Employment Growth: The Impact of Access to Finance, Corruption et Regulations across Firms», *IZA Discussion Paper* 3138, Bonn : Institute for the Study of Labor, novembre 2007.

Azuma, Yoshiaki et Herschel I. Grossman, «A Theory of the Informal Sector», *NBER Working Paper* 8823, Cambridge, MA : National Bureau for Economic Research, 2002.

Branstetter, Lee G., Francisco Lima, Lowell J. Taylor et Ana Venancio, «Do Entry Regulations Deter Entrepreneurship and Job Creation? Evidence from Recent Reforms in Portugal», *NBER Working Paper 16473*, Cambridge, MA: National Bureau for Economic Research, octobre 2010.

Brewer, Laura, «Youth at Risk: The Role of Skills Development in Facilitating the Transition to Work», *Skills Working Paper 19*, Genève : OIT, 2004.

Brilleau, Alain, Siriki Coulibaly, Flore Gubert, Ousman Koriko, Mathias Kuepie et Eloi Ouedraogo, «Le secteur informel dans l'agglomération de Dakar. Performances , insertion, perspectives; Enquête 123, phase 2», *Stateco 99*, Dakar : Direction de la Prévision et de la Statistique, 2005, p. 65 – 88.

Bruhn, Miriam, «License to Sell: The Effect of Business Registration Reform on Entrepreneurial Activity in Mexico», *Review of Economics and Statistics*, février 2011, 93, p. 382 – 86.

Dabla-Norris, Era, Mark Gradstein et Gabriela Inchauste, «What Causes Firms to Hide Output? The Determinant of Informality», *Journal of Development Economics*, 2008, 85 (1 – 2), p. 1 – 27.

De Soto, Hernando, *The Other Path: The Invisible Revolution in the Third World*, New York : Harper and Row, 1989.

Djankov, Simeon, Ira Lieberman, Joyita Mukherjee et Tatiana Nenova, *Going Informal: Benefi ts and Cost*, Washington, DC: Banque mondiale, avril 2002.

Friedman, Eric, Simon Johnson, Daniel Kaufmannet Pablo Zoido-Lobatón, «Dodging the Grabbing Hand: The Determinants of Unoffi cial Activity in 69 Coun tries», *Journal of Public Economics*, 2000, 76 (3), p. 459 – 93.

Gatti, Roberta et Maddalena Honorati, «Informality among Formal Firms: Firm-Level, Cross-Country Evidence on Tax Compliance and Access to Credit», *Policy Research Working Paper 4476*, Washington, DC : Banque mondiale, 2008.

Gelb, Alan, Taye Mengistae, Vijaya Ramachandran et Manju Kedia Shah, «To Formalize or Not to Formalize? Comparisons of Microenterprise Data from Southern and East Africa», *Working Paper 175*, Washington, DC: Center for Global Development, 2009.

Golub, Stephen S. et Ahmadou Aly Mbaye, «Obstacles and Opportunities for Senegal's International Competitiveness: Case Studies of the Groundnut, Fishing et Textile/Clothing Sectors», *Africa Region Working Paper 36*, Washing ton, DC: Banque mondiale, 2002.

Golub, Stephen S. et Ahmadou Aly Mbaye, «National Policies and Smuggling in Africa: The Case of The Gambia and Senegal», *World Development*, 2009, 37 (37), p. 595 – 606.

Haan, Hans Christian, «Training for Work in the Informal Micro-Enterprise Sec tor: Fresh Evidence from Sub-Sahara Africa», *Evidence from Sub-Sahara Africa Series: Technical and Vocational Education and Training: Issues, Concerns et Prospects*, vol. 3, Dordrecht: Springer, 2006.

Ingram, Michael, Vijaya Ramachandran et Vyjayanti Desai, «Why Do Firms Choose to Be Informal? Evidence from Enterprise Surveys in Africa», Washington, DC: Banque mondiale, 2007.

Ishengoma, Esther et Robert Kappel, «Economic Growth and Poverty: Does Formalisation of Informal Enterprises Matter?», *GIGA Working Paper 20*, Hamburg : German Institute of Global and Area Studies, 2006.

Johanson, Richard et Arvil V. Adams, «Skills Development in Sub-Saharan Africa: Regional and Sectoral Studies», Washington, DC : Banque mondiale, 2004.

Johnson, Simon, Daniel Kaufmann, John McMillanet Christopher Woodruff, «Why Do Firms Hide? Bribes and Unoffi cial Activity after Communism», *Journal of Public Economics*, 3 juin 2000, 76, p. 495 – 520.

Johnson, Susan, «Gender Norms in Financial Markets: Evidence from Kenya», *World Development*, 2004, 32 (8), p. 1355 – 74.

Kanbur, Ravi, «Conceptualizing Informality: Regulation and Enforcement», *Working*

Paper 09 – 11, Department of Applied Economics and Management, Ithaca, NY: Cornell University, 2009.

Kaufmann, Daniel, Aart Kraay et Pablo Zoido-Lobatón, *Aggregating Gover nance Indicators*, Washington, DC: Banque mondiale, 1999.

La Porta, Rafael et Andrei Shleifer, «The Unoffi cial Economy and Economic Development», *Brookings Papers on Economic Activity*, 2008, 2, p. 275 – 364.

Lambert, Agnès. 1994. «Les commerçants et l'intégration régionale». In *Le Sénégal et ses voisins*, ed. Momar-Coumba Diop. Dakar : Sociétés-Espaces-Temps.

Liedholm, Carl, «Small Firm Dynamics: Evidence from Africa and Latin America», *Small Business Economics*, hiver 2001, 18, p. 227 – 42.

Loayza, Norman, «The Economics of the Informal Sector: A Simple Model and Some Empirical Evidence from Latin America», *Policy Research Working Paper 1727*, Washington, DC : Banque mondiale, 1997.

Loayza, Norman V. , Ana Maria Oviedo et Luis Serven, «The Impact of Regula tion, Growth et Informality: Cross-Country Evidence», *Policy Research Working Paper 3623*, Washington, DC : Banque mondiale, 2005.

Lucas, R. E. , «On the Size Distribution of Business Firms», *Bell Journal of Economics*, automne 1978, 9 (2), p. 508 – 23.

Marcouiller, Douglas et Leslie Young, «The Black Hole of Graft: The Predatory State and the Informal Economy», *American Economic Review*, 1995, 85 (3), p. 630 – 46.

Ndiaye, Ousmane. S. , *Contribution de l'UNACOIS à la cérémonie de lancement du projet de promotion des exportations du Sénégal*, Dakar, 2004.

Ndjanyou, Laurent, «Portes du système comptable OHADA sur la production et la diffusion de l'information fi nancière des entreprises de petite dimension», *Revue Africaine de l'Intégration*, 2 juillet 2008, 2, p. 1 – 26.

Nielson, Helena S. , MichaelRosholm et Andrew Dabalen, «Evaluation of Train ing in African Enterprises», *Journal of Development Economics*, 2007, 84 (1), p. 310 – 29.

NISER (Nigerian Institute of Social and Economic Research), «Report of Baseline Study of Employment Generation in the Informal Sector of the Nigerian Economy», *Report prepared for the Africa Capacity Building Foundation and the OIT*, Ibadan, 2007.

Perry, Guillermo E. , William F. Maloney, Omar S. Arias, PabloFajnzylber, Andrew Mason et Jaime Saavedra-Chanduvi, *Informality: Exit and Exclusion*, Washington, DC: Ban-

165

que mondiale, 2007.

Steel, William F. et Don Snodgrass, «World Bank Region Analysis on the Informal Econ-omy», In *Raising Productivity and Reducing Risk of Household Enterprises*, Annex 1, «Diag-nostic Methodology Framework», Washington, DC: Banque mondiale, 2008.

Verick, Sher D., «The Impact of Globalization on the Informal Sector in Africa», *Eco-nomic and Social Policy Division*, Bonn: United Nations Economic Commission for Africa and the Institute for the Study of Labor, 2006.

第7章

非正式部门与生产率

阿马杜·阿里·姆拜耶，多米尼克·霍顿

非正式部门对经济发展的影响主要表现在与生产率的关系上。以往研究表明，非正式经济发展往往会造成社会经济水平和生产率低下。正式与非正式经济间的生产率差距既可能是非正式部门发展的后果，也可能是非正式部门发展的诱因。关于西非的研究结果显示，与正式企业相比，非正式企业往往生产率更为低下并具有一项重要特征，即与小型非正式经济相比，大型非正式经济与正式经济间的生产率差距相对较小。同时，我们还将在本章中重点分析造成差距的原因，以及生产率和非正式经济间的因果关系。

发展相关文献中生产率的重要性

近年来，对生产率趋势和影响因素的研究重新受到经济学家和政策制定者的青睐。克鲁格曼（Krugman，1994）总结道："虽然生产率并不能决定一切，但从长远来看，它几乎代表了一切。随着时间的推移，国家提高生活水平的能力几乎完全取决于该国提高单位劳动力产出的潜力。"生产率几乎被各国都视为经济长期增长和生活水平持续改善的决定因素。它与竞争力、就业和社会福祉情况也有密切关系。

在经济增长研究的实证文献中，全要素生产率的增长对人均国内生产总值增长率的影响超过了三分之一甚至达到一半（Nehru et Dhareshwar，1994）。同样，经济合作与发展组织（OECD，2008）认为，1985～2006年，全要素生产率对七国集团（G7）各国的国内生产总值增长的贡献为

1~3个百分点；如果将经济合作与发展组织的其他国家考虑在内，这一贡献将高达 6 个百分点。诺德豪斯（Nordhaus，2001）和克鲁格曼（Krugman，1994）等一些经济学家将生产率视为影响生活水平的重要指数。这一观点与考萨和科恩（Causa et Cohen，2005）的观点相契合，他们认为，"国家的工业生产率是决定该国经济繁荣的关键因素之一"。施莱尔和皮拉特（Schreyer et Pilat，2001）对生产率与其他决定国内生产总值增长的变量之间的关系进行了详细分析。他们认为，按照大部分实证研究衡量生产率的方式，生产率难以与技术进步、市场竞争、规模效应、经济周期等因素剥离开来。尽管他们驳斥了"在生产率的演变和变量的演变之间建立对比总是可行的"这一观点，但不能否定两者之间确实存在关联性。近年来，一种理论引起了关于生产率和增长关系的争论，这一理论如今通常被称为生产率悖论。关于发达国家信息与通信新技术部门的一些著作倾向于认可一种观点，即在信息与通信技术领域，投资量最大的企业并不一定是那些生产率最高的企业（Sharpe，1997）。如今，越来越多的人承认，特别是服务行业，生产率的衡量在很大程度上也契合了这一悖论。

生产率与竞争力之间的关系也成为许多研究的对象，这些研究试图在两者之间建立起正相关性。姆拜耶和格鲁伯（Mbaye et Golub，2003）根据相对单位劳动力成本重新定义了竞争力，相对单位劳动力成本是指，一国的工资与劳动生产率之比相较于其他国家的同一比率。当生产率的增长速度超过工资的增长速度时，竞争力将趋于提高，从而促进出口。姆拜耶和格鲁伯证实，在塞内加尔，相对单位劳动力成本是制造业出口的重要决定因素。采用相同的方法，格鲁伯和爱德华兹获得了同样的结果。而考萨和科恩（Causa et Cohen，2005）进行了更加深入的研究，他们发现在一些发展中国家里，生产率水平的低下与市场准入的困难之间存在高度的相关性。发达国家的生产率水平比发展中国家的生产率水平平均高出 4 倍；这便是发展中国家难以推动出口的主要原因之一。经济合作与发展组织（OECD，2008）认为，一些国家在竞争力方面取得的成绩主要取决于该国在生产率方面的优秀表现。

最后，生产率还与生活水平密切相关，即生产率的提高促进了人均收入增加，这层关系似乎显而易见，而人均收入又决定了生活水平。例如，在塞内加尔，贫困相较于人均收入的弹性高于贫困相较于不均衡（由基尼系数度量）的弹性（Mbaye，2006）[1]。

发展中国家的生产率与非正式部门

对发展中国家进行的实证研究表明，在非正式经济与企业的生产率水平之间存在高度的负相关性。在回顾解释企业增长的因素时，斯蒂尔和斯诺德格拉斯（Steel et Snodgrass，2008）对企业面临的外部因素（市场对于企业所生产商品的需求、良好的营商环境、基础设施质量、获取生产资源的渠道、获取融资的渠道、获取投入物的渠道、参加培训与获取其他针对私营企业的服务的渠道、市场信息）和内部因素（员工资质、管理者资质、管控水平）进行了研究。他们认为，正式企业与非正式企业获取社会服务的机会存在不均衡，这一现象是引起两类企业间生产率差异的主要原因。罗伊扎（Loayza，1997）运用内生增长模型得出了一种理论，即非正式部门的扩张与整体经济增长呈负相关。非正式部门在对某些公共产品的使用过程中造成了某种拥堵，这一情况导致非正式经济对增长产生了负面的影响。非正式经济主体消费了这些产品，却并不为此纳税，从而损害了作为公共产品资金来源的税收。此外，罗伊扎还使用拉丁美洲的数据对该模型进行了测试，结论得到了证实。盖尔伯等人（Gelb et al.，2009）使用南部和东部非洲国家的投资环境调研数据，对正式企业和非正式企业的生产率进行了比较。他们的研究结果表明，在不同国家，正式经济企业的平均生产率远远高于非正式经济企业；然而，与南部非洲国家相比，东部非洲国家的企业间的生产率差异较小。他们认为，造成这一现象的原因可能是公共部门提供给企业的服务质量更高，南部非洲国家政府在治理纳税方面执法能力也更强。综上所述，造成正式与非正式部门间生产率差距的最主要因素是国家落实管理企业相关法律法规的能力相对薄弱以及现行监管框架运营成本问题。

拉波塔和谢菲尔（La Porta et Shleifer，2008）通过世界银行对来自 13

个国家（含 6 个非洲国家）的注册企业与未注册企业，以及 14 个国家（印度与 13 个非洲国家）的微型企业的数据进行分析，得出的最引人注目的结果是，正式企业的生产率远远高于非正式企业，这一现象在印度尤为明显。然而，当他们加入了投入成本、高级管理人力资本和企业规模等控制变量时，企业未办理注册这一因素对生产率的影响便有所弱化。相反，佩里等人（Perry，2007）指出，即使人们将非正式经济的其他特征用作控制变量，非正式经济对生产率仍会产生一定的负面影响。达布拉 – 诺里斯等（Dabla-Norris，Gradstein et Inchauste，2008）也指出，非正式经济与企业生产率之间存在高度的相关性。然而，上述任何研究都没有将大型非正式经济考虑在内。

通过对宏观数据的分析，佩里等人（Perry et al.，2007）认为，非正式经济与生产率水平低下有关这一观点还得根据具体情况具体分析。他们证实非正式经济主体在获得资本与熟练劳动力方面受到限制。于是，这些主体往往转向生产规模有限、能够实现高效生产的部门。在大多数发展中国家，在非正式经济蓬勃发展的部门对产品的需求与人均收入呈负相关，这印证了非正式经济与生产率水平低之间的相关性。此外，即便生产率差异对正式企业有利，但非正式企业往往通过逃避税收以及其他费用增强竞争力。关于非正式经济对经济增长的负面影响的问题，他们并未从他们进行的回归分析中得到证实；在这些分析中，增长模型里的非正式经济负系数在人均收入回归模型中并不稳健。他们强调大部分用于解释增长的变量也与非正式经济相关。因此，难以对这些变量对增长的直接影响与通过非正式经济的间接影响做出区分。当考虑非正式经济与生产率之间的关系时，他们发现对样本中包含的拉丁美洲与加勒比地区 7 个国家而言，正式经济和非正式经济间的平均劳动生产率差异为 29%。他们还总结道，以非正式地位创立但最终办理了注册的企业，其生产率水平高于那些始终维持非正式地位的企业，也就是说正式化对生产率和经济增长可能有积极影响。

实证模型

为了对正式经济和非正式经济的生产率进行计算与比较，本书交替使用了两种生产率的概念：劳动生产率与全要素生产率（Harrigan，1997；Mbaye et Golub，2003）。通过以下比率来衡量劳动生产率：

$$PT_i = \frac{Q_i}{L} \tag{7.1}$$

在这个公式里，Q_i 代表企业 i 的附加值，L 代表企业 i 的正式员工与临时员工的数量。

运用柯布—道格拉斯生产函数，使用以下关系来衡量全要素生产率：

$$PTF_i = \frac{Q_i}{L_i^\alpha K_i^\beta} = A \tag{7.2}$$

在这个公式里，α 和 β 分别代表总收入中的劳动和资本要素所占的比重。根据常规假设，规模产量是恒定的；在这一假设下，得到 $\alpha + \beta = 1$。

衡量生产率的另一种方法，从柯布—道格拉斯生产函数的自然对数线性公式出发，并估算以下关系：

$$LogQ = A + \alpha LogL + \beta LogK + \varepsilon \tag{7.3}$$

在这里，常量 A 很好地度量了全要素生产率。公式 7.3 针对样本中 3 个子样本（正式企业、大型非正式企业、小型非正式企业），提供了 A 的 3 个不同等级，与各个子样本的全要素生产率估算相对应。值得注意的是，对于所涉子样本的各个企业而言，运用公式 7.3 估算得到的全要素生产率是一个平均值。这一公式并没有考虑每个子样本中各个成员企业的生产函数（技术）之间存在的潜在差异，也没有考虑规模效应。相反，尽管公式 7.2 假设规模报酬是恒定的，但使用这一公式估算得到的全要素生产率考虑了同一子样本中各企业间的生产函数差异。

全要素生产率与劳动生产率之间也具有相关性。根据柯布—道格拉斯生产函数，劳动生产率可以表示为：

$$PT = \frac{AL^{\alpha} K^{\beta}}{L} = PTF\left(\frac{K}{L}\right)^{\beta} \tag{7.4}$$

$$\ln\left(\frac{PT_t}{PT_{t-1}}\right) = \ln\left(\frac{PTF_t}{PTF_{t-1}}\right) + \beta\ln\left(\frac{K_t/L_t}{K_{t-1}/L_{t-1}}\right) \tag{7.5}$$

......

β 代表资本在收入中的占比。

使用公式 7.3 回归方程估计全要素生产率，在现有文献中引起了一些质疑：（1）在规模报酬恒定的假设下计算得到的全要素生产率，会导致人们将投入效率的规模效应归因于技术变量；（2）在所有部门中，各要素在总成本中的占比应是一样的，但由于技术会因企业和部门而异，因此，情况并不一定始终如此（Harrigan，1997；Mbaye，2002）。姆拜耶（Mbaye，2002）使用 Wald 测试以及全要素生产率公式的替代标准对假设（1）进行了检验；并且在两种情况下，根据塞内加尔的行业数据，证实了规模报酬恒定这一假设。为了将企业间的生产函数差异和技术差异纳入考虑范围，作者计算了每家企业的要素在总成本中所占的比例。这一方法运用了企业的特定参数，下文所列举的结果都以这一方法为基础。

由公式 7.4 可知，劳动生产率是全要素生产率和资本的强度函数。在所有条件相同的情况下，即使用来衡量全要素生产率的技术水平保持不变，资本密集度的变化仍将导致劳动生产率发生改变。公式 7.5 也表现出了相同关系。在分析劳动生产率的决定因素时，人们对资本密集度给予了特别关注。这对正式经济和非正式经济生产率的比较分析具有非常重要的影响。资本 - 劳动比率的差异反过来也反映了正式和非正式企业或大公司和小公司在融资渠道上的差异。研究结果表明，正式企业和非正式企业的生产率差异反映了效率和资本密集度的差异。

实证结果

我们的结果显示，在调研涉及的三座城市中，正式经济与非正式经济之间确实存在生产率差异，而正式经济与大型非正式经济的生产率差异较小。与大型非正式经济相比，正式经济的劳动生产率更高；而小型非正式经济的劳动生产率则较低。这些结果证实了文献关于生产率和非正式经济的结论，上文中参考过这些结论。然而，其他一些研究则考虑以全要素生产率代替劳动生产率。如前文所述，企业生产率的差异可能反映了资本密集度差异而不是技术差异，因此，这样的处理方式很有意义。相较于现存文献，另一项改良是使用了其他指标或代理变量来代表非正式经济。我们采用了多种研究方法以使估算数据更具说服力。

根据第 1 章中对非正式经济作为一个连续体的定义，图 7.1 运用箱型图对三座城市中正式经济和非正式经济的生产率水平进行了比较。在此处，根据有关企业符合定义标准[2]的数量，非正式经济分为 0 到 5 级，其中，0 代表完全正式，5 代表完全非正式。在三座城市中，生产率差异确实存在，在瓦加杜古，这一差异尤为显著，其程度似乎比达喀尔或科托努要大得多。这一现象似乎与营商环境有关，例如布基纳法索的营商环境在某些方面要好得多。考虑到获取基础社会服务的机会、开通这些服务前的等待时限以及服务中断的平均时长后，根据我们的结果，瓦加杜古的营商环境远远优于另两个样本城市。这同时印证了盖尔伯等（Gelb et al.，2009）提出的假设，即根据国家的不同，正式经济与非正式经济间生产率差异有两个最主要的决定因素，一个是营商环境，另一个是国家对自定法规的执行能力。

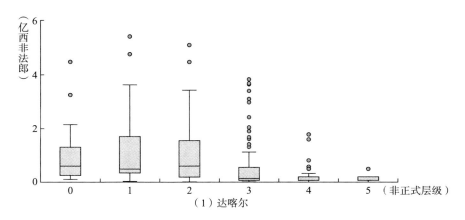

（1）达喀尔

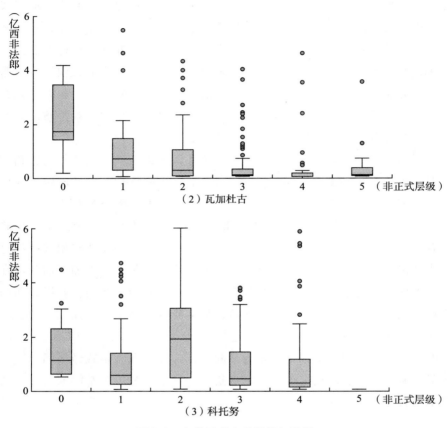

图 7.1　各非正式企业规模与层级

注：非正式层级为从 0 到 5，其中，0 代表完全正式，5 代表完全非正式。

数据来源：基于调研数据。

图 7.2 为正式企业、大型非正式企业和小型非正式企业的生产率分布图。劳动生产率最高的企业以正式企业居多，而生产率低下的企业中，绝大多数是非正式企业。例如，以达喀尔为例，规模为 1 亿～3 亿西非法郎的企业中，正式企业占 77%，大型非正式企业占 23%，小型非正式企业占 0%。相反，生产率水平在 500 万西非法郎以下的企业中，正式企业占 13%，大型非正式企业占 8%，小型非正式企业占 79%（见图 7.3）。

我们同样关注样本中各个子样本之间的生产率差异程度。正式企业和大型非正式企业的生产率差距非常小，而与小型非正式企业的差距却相当明显。例如，考虑生产能力在 5000 万西非法郎以上的企业，其中，正式企业的 22% 在这个区间，大型非正式企业的 21% 在这个区间。如果考虑生产率水平更高的企业，正式企业则更加占据主导地位。例如，在达喀尔，生产率高于 1 亿西非法郎的企业中，正式企业的 17% 达到这个水平，而大型非正式企业的比例为 10%。

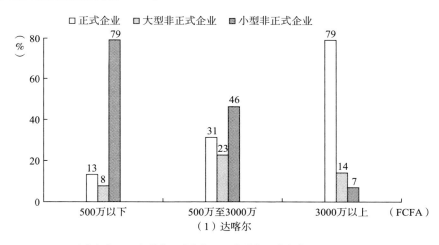

（1）达喀尔

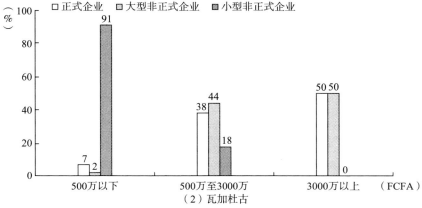

（2）瓦加杜古

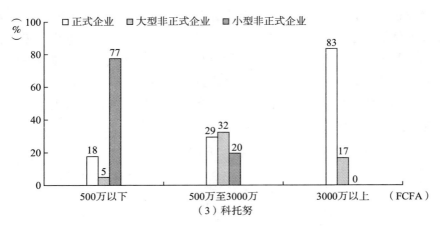

（3）科托努

图 7.2 不同生产率企业占比

数据来源：基于调研数据。

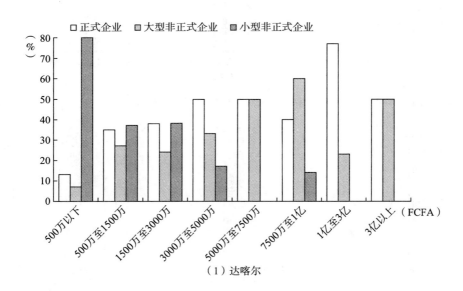

（1）达喀尔

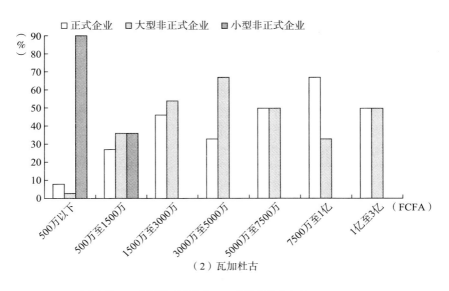

（2）瓦加杜古

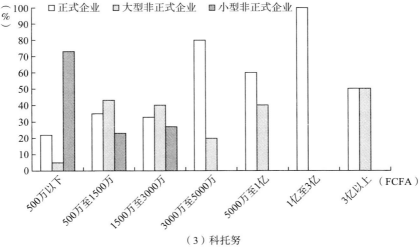

（3）科托努

图 7.3 不同生产率企业占比

数据来源：基于调研数据。

　　当我们以另一种方式（将社会保险与可靠账目的维护考虑在内）衡量非正式经济时，结果仍是一致的（见图 7.4）。例如，与不为员工购买社会保险的企业相比，那些提供这项福利的企业（通常是正式企业）的生产率水平显然高得多。因此，在生产率水平低于500万西非法郎的企业中，不为员工购买社会保险的企业占76%。相反，在生产率水平高于3000万西非法郎的企业中，提供员工社会保险的企业占64%，大型非正式企业当然不为员工购买社保，它们在这一生产率水平的企业中占25%[3]。考虑到正式企业相较于非正式企业在获取银行信贷方面并不具有明显优势（见第5章），与其他因素相比，这一因素发挥的作用似乎并不显著。

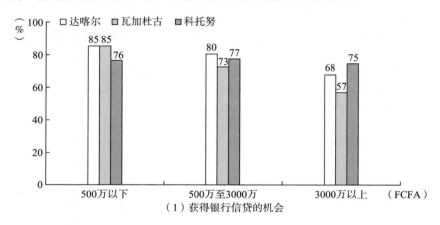

（1）获得银行信贷的机会

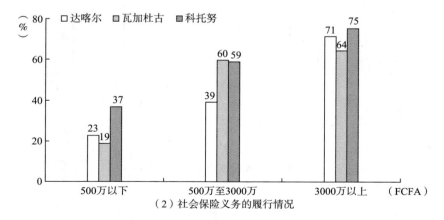

（2）社会保险义务的履行情况

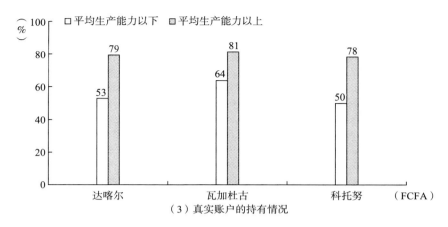

（3）真实账户的持有情况

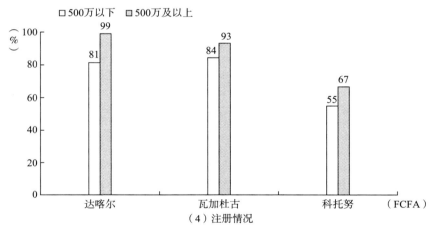

（4）注册情况

图 7.4　非正式经济各个标准下的企业生产率

数据来源：基于调研数据。

形成生产率差距的原因

　　如前文所述，人们已经提出了许多用于解释正式经济与非正式经济的生产率差异以及差异程度的因素。在本节中，我们将在进入多变量计量经济学回归分析之前，对其中一些因素进行研究。

信贷获取机会、资本密集度与全要素生产率

本小节将分析信贷获取机会不均衡对资本密集度的影响，以及造成正式企业与非正式企业间劳动生产率差异的潜在原因。原则上，正式经济与非正式经济之间显然存在融资机会不均衡情况。正式企业有更多机会获得银行融资，而非正式企业则主要依靠其自有资本、亲戚朋友的资助或小额信贷机构的贷款。融资差异究竟对两个部门间的生产率差异造成了多大影响？作者通过将劳动生产率分解为资本密集度与全要素生产率来解答这一问题，如公式 7.4 和公式 7.5 所示。

资本密集度通过资本存量与企业员工数量之比来进行衡量。为了评估企业的资本存量，加总了过去 5 年里的净投资总额；对于员工情况，将长期员工与临时员工同时考虑在内。如公式 7.4 与公式 7.5 所示，资本密集度是劳动生产率与全要素生产率之间出现差异的主要原因。

正式经济与非正式经济的资本密集度的差异程度可以用融资难易度来解释。我们的研究也部分支持这一结果。根据我们的调查，在获得融资方面，正式企业和非正式企业之间确实存在差异，但差距可能没有预期的大。然而，正式企业和非正式企业在资本密集度方面的巨大差异，部分原因可能是获得信贷的机会不同，但也可能是其他原因导致的，例如，非正式企业对可能被没收的大型资本投资感到不安，因而会被回报快的投资所吸引。

正式企业和非正式企业的全要素生产率的分布与劳动生产率的分布非常相似，即正式企业的全要素生产率往往高于非正式企业。在科托努，34% 的小型非正式企业的全要素生产率高于科托努的中位数，而 63% 的正式企业的全要素生产率高于中位数（见图 7.5）。

我们的结果还表明，全要素生产率与企业的成立年限相关。忽略企业的正式或非正式地位，企业成立时间越早，它们的生产率似乎越高（见表 7.1）。例如，在达喀尔，成立时间在 14 年以上的企业中，正式经济中企业全要素生产率在平均水平之上的概率为 50%，大型非正式经济中这一概率为 30%，而对于小型非正式经济而言，这一概率仅为 7%。企业规模也

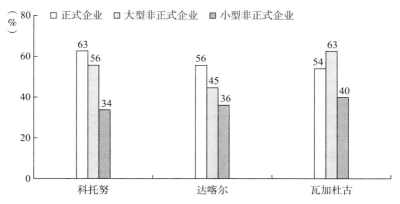

图 7.5　根据全要素生产率和企业正式及非正式经济地位的企业分布

数据来源：基于调研数据。

对正式与非正式经济的全要素生产率产生影响。在达喀尔，正式经济中小规模企业（员工人数在 5 人以下）的全要素生产率超过平均水平的概率为 25%，对于大型和小型非正式经济中小规模企业而言，这一概率则分别为 20% 和 4%。相反，仍是在达喀尔，对于员工人数在 10 人以上的企业而言，正式经济中企业生产率超过样本平均水平的概率为 30%，这一概率在大型和小型非正式经济中分别为 33% 和 0%（见表 7.2）。

表 7.1　根据成立年限不同和企业正式或非正式经济地位，达到平均全要素生产率的概率

单位：%

企业年龄与地位	达喀尔	瓦加杜古	科托努
正式企业			
10 年以下	14	14	33
10 至 14 年	33	60	18
14 年以上	50	22	25
大型非正式企业			
10 年以下	17	63	30
10 至 14 年	40	40	19
14 年以上	30	33	21

企业年龄与地位	达喀尔	瓦加杜古	科托努
小型非正式企业			
10 年以下	0	7	0
10 至 14 年	0	4	3
14 年以上	7	9	6

数据来源：基于调研数据。

表 7.2　根据规模不同和企业正式或非正式经济地位，
达到平均全要素生产率的概率

单位：%

企业规模与地位	达喀尔	瓦加杜古	科托努
正式企业			
少于 5 名员工	25	29	21
5 至 10 名员工	33	25	22
多于 10 名员工	30	31	27
大型非正式企业			
少于 5 名员工	20	45	20
5 至 10 名员工	25	25	19
多于 10 名员工	33	50	21
小型非正式企业			
少于 5 名员工	4	3	0
5 至 10 名员工	0	7	6
多于 10 名员工	0	9	11

数据来源：基于调研数据。

　　正式与非正式经济的资本密集度之间也存在差异。正式企业的劳动生产率、效率和资本密集度高于大型和小型非正式企业。这表明劳动生产率的差异既反映了效率的差异，也反映了资本密集度的差异。

　　企业的寿命和规模与资本密集度和生产率相关。在运营不到 10 年的公司中，正式企业的资本密集度达到平均水平的概率为 21%，大型非正式企业为 11%，小型非正式企业则为 0%。对于经营超过 14 年的公司，正式企业的概率上升到 33%，大型非正式企业为 25%，小型非正式企业则为 5%（见表 7.3）。我们即便考虑企业规模大小，也得出了同样的结果。在我们的样本中，如果企业属于小规模（员工人数少于 5 人）范畴，正式经济、大型非正式经济、小型非正式经济中企业资本密集度超过样本平均水平的概率分别为 37%、18%、3%。对于员工人数超过 10 人的企业而言，正式经济、大型非正式经济、小型非正式经济中这一概率则分别为 36%、25%、20%（见表 7.4）。

表 7.3　根据年龄不同和企业正式或非正式经济地位，达到平均资本密集度的概率

单位：%

企业年龄与地位	达喀尔	瓦加杜古	科托努
正式企业			
10 年以下	21	33	33
10 至 14 年	25	60	32
14 年以上	33	39	25
大型非正式企业			
10 年以下	11	63	43
10 至 14 年	25	50	47
14 年以上	25	22	42
小型非正式企业			
10 年以下	0	4	19
10 至 14 年	0	8	14
14 年以上	5	5	14

数据来源：基于调研数据。

表 7.4　根据规模不同和企业正式或非正式经济地位，达到平均资本密集度的概率

单位：%

企业规模与地位	达喀尔	瓦加杜古	科托努
正式企业			
少于 5 名员工	37	62	36
5 至 10 名员工	33	25	38

续表

企业规模与地位	达喀尔	瓦加杜古	科托努
多于 10 名员工	36	23	27
大型非正式企业			
少于 5 名员工	18	53	36
5 至 10 名员工	25	25	41
多于 10 名员工	25	20	18
小型非正式企业			
少于 5 名员工	3	8	21
5 至 10 名员工	6	2	16
多于 10 名员工	20	9	5

数据来源：基于调研数据。

管理者和员工的性别与文化水平

解释生产能力差异的因素似乎颇为多样，另外，这些因素与和非正式经济有关的因素极为相似。管理者的性别与文化水平似乎也是正式经济和非正式经济之间生产率差异的原因。以达喀尔为例，如果企业负责人是男性，那么，正式经济中企业达到平均劳动生产率水平的概率为 34%，大型非正式经济和小型非正式经济中这一概率分别为 33% 和 2%。另一方面，当企业负责人是女性时，在 3 个部门的企业中，这一概率分别下降为 15%、21% 和 2%（见表 7.5）。

表 7.5　根据负责人不同性别和企业正式或非正式经济地位，
达到平均生产能力的概率

单位：%

企业负责人性别与企业地位	达喀尔	瓦加杜古	科托努
正式企业			
男性	34	52	24
女性	15	75	36

续表

企业负责人性别与企业地位	达喀尔	瓦加杜古	科托努
大型非正式企业			
男性	33	81	46
女性	21	50	50
小型非正式企业			
男性	2	4	3
女性	2	3	4

数据来源：基于调研数据。

　　员工的技能水平，以平均月工资衡量，也与劳动生产率有关。在达喀尔，当员工平均月薪低于最低工资，正式企业达到平均生产率水平是 0%（可能是因为支付最低工资员工的比例在正式部门的数量可以忽略不计），大型非正式经济企业为 33%，小型非正式企业则为 3%。但是，如果公司负责人的月收入超过 20 万西非法郎，那么这一比例在正式企业为 34%，在大型非正式企业为 45%，在小型非正式企业为 8%（见表 7.6）。

　　员工的平均教育水平也与生产率相关：在具有平均或更高水平生产率的正式公司中，44% 的员工受过大学教育，而在大型非正式企业中，只有 20% 的员工受过大学教育（见表 7.7）。一般来说，只有 18% 拥有受过大学教育的员工的企业产出水平低于 500 万西非法郎。企业营业额为 1 亿～3 亿西非法郎的，拥有受过大学教育的员工的公司占比高达 38%。

**表 7.6　根据平均员工薪资和企业正式或非正式经济地位，
达到平均生产能力水平的概率**

单位：%

企业员工月薪与企业地位	达喀尔	瓦加杜古	科托努
正式企业			
3.5 万西非法郎以下	0	25	13
3.5 万至 20 万西非法郎	50	56	38
20 万西非法郎以上	34	86	55

续表

企业员工月薪与企业地位	达喀尔	瓦加杜古	科托努
大型非正式企业			
3.5 万西非法郎以下	33	38	21
3.5 万至 20 万西非法郎	33	67	33
20 万西非法郎以上	45	80	5
小型非正式企业			
3.5 万西非法郎以下	3	0	5
3.5 万至 20 万西非法郎	3	21	6
20 万西非法郎以上	8	20	10

数据来源：基于调研数据。

表 7.7 根据员工文化水平和企业正式或非正式经济地位，
其生产能力超过平均水平的企业占比

单位：%

城市与企业地位	无	小学	中学	大学	合计
达喀尔					
正式	0	25	31	44	100
大型非正式	10	20	50	20	100
瓦加杜古					
正式	0	33	33	33	100
大型非正式	50	0	50	0	100
科托努					
正式	0	0	80	20	100
大型非正式	0	0	100	0	100

数据来源：基于调研数据。

对新型信息与通信技术的使用水平

对新型信息与通信技术（NTIC）的使用情况与非正式经济及生产率密切相关。产出在 500 万西非法郎以下的企业中，76% 的企业并不使用电子邮件与客户联络；而产出在 1 亿 ~ 3 亿西非法郎的企业中，不使用电子邮

件的仅占 38%。通过调研企业是否创建了用于维护客户关系的网站，我们对新型信息与通信技术的接入情况进行了评估，结果也是一样的。在产出水平低于 500 万西非法郎的企业中，未设有客户关系网站的企业占 85%，而在产出为 1 亿～3 亿西非法郎的企业中，这一比例则为 77%。

非正式部门与生产率：计量模型与因果关系检验

在本节中，我们将通过计量回归法，重点介绍非正式部门与劳动生产率之间的关系。我们还将使用有向无环图（DAG）方法，对这两个变量间的因果关系进行分析。

关于非正式部门与生产率之间的关系的计量分析

为了检验非正式经济对生产率的影响，使用最小二乘线性回归模型。其因变量为劳动生产率的对数，对各种解释变量进行回归的，如非正式性、企业管理者的特征、企业经营的部门，以及其对商业环境和劳动力市场的看法，预期影响见表 7.8。通过回归我们剔除了不显著变量，只保留显著性变量。

表 7.8　解释性变量及其预期影响

变量	预期影响
企业负责人与/或员工的社会特征	
年龄	- / +
性别	- / +
婚姻状况	- / +
文化程度	+
文盲	-
家庭角色（一家之主，其他）	- / +
行业特征	
资本密度	+

续表

变量	预期影响
进口保护程度	+ / −
出口占总产出中的比例	− / +
人们对监管框架与劳动力市场弱点的看法	
对高劳动力成本与其他非交换要素的看法	−
对劳动法规效果有限的看法	−
对税务骚扰的看法	−
对政府监察机构效率低下的看法（安全、质量控制等）	−
对财政拮据的看法	−
对整体经济政策可信度的看法	−

注：−表示影响相对较小，+表示影响相对较大。

结果表明（见表7.9），所有的变量在期望符号下都是显著的。非正式性在这里被认为是一个分类变量，对于大型非正式企业、正式企业和小型非正式企业，分别取1、2和3的值。模型中正式经济被视为引用变量，可将其删除。小型非正式企业变量的负系数在1%水平上显著，而大型非正式企业的正系数在1%水平上显著。对劳动生产率起作用的其他要素包括资本密集度（显著正系数为1%）与企业所属的部门。

表7.9 对正式或非正式地位与其他解释性变量的劳动生产率对数回归分析

劳动生产率对数	系数	标准误	t	$P > \mid t \mid$	【95%置信区间】	
资本/劳动之比	0.096	0.027	3.550	0.000	0.043	0.149
服务	0.463	0.218	2.130	0.034	0.035	0.891
贸易	0.836	0.220	3.790	0.000	0.402	1.270
建筑与公共工程	0.709	0.425	1.670	0.097	− 0.128	1.546
法律结构	0.606	0.340	1.780	0.076	− 0.064	1.275
小型非正式企业	− 1.401	0.239	− 5.860	0.000	− 1.872	− 0.930
大型非正式企业	0.658	0.295	2.230	0.027	0.077	1.239
常量	13.054	0.521	25.050	0.000	12.028	14.080

以下三个问题可能导致回归分析结果的偏差：

1. 经过仔细检查，数据表明，大多数变量并不呈正态分布，其中许多变量有时呈现出高度不对称的形态；

2. 不能完全排除一种假设，即相较于进行的线性回归分析法，非线性回归分析法将能提供更好的标准；

3. 最后，即使描述性统计与基本回归分析的结果表明在非正式经济与生产率之间存在负相关性，由于几乎没有得到与因果关系含义有关的要素，也无法证实在这两个变量之间不存在可能引发变量内生性偏差的双向因果关系。

为了将问题 1 和问题 2 纳入考量范围，我们使用了分类回归树（CART）这一非参数关联分析法。图 7.6 列出了所得到的结果（借助 IBM 统计产品与服务解决方案决策树，IBM – SPSS）。这一算法考量了若干潜在的自变量，并在其中确定了一个变量，该变量通过将因变量（劳动生产率对数）尽可能均质地分成两组（即标准差最小），从而得出因变量的最佳分布。在科托努、达喀尔与瓦加杜古 3 座城市中，一家企业是否为非正式企业这一事实便是最好的分组依据。然后，对之前分组过程中产生的每一组均迭代式重复操作该流程。企业的非正式地位是对因变量（劳动生产率的对数）进行最优同质分组的变量，这一事实表明，非正式经济与生产率之间存在高度相关性。

此外，在划分时，分类回归树分析法将大型非正式经济与正式经济归入一个同质小组，而小型非正式经济则单独分为另一组。在达喀尔，正式经济、大型非正式经济与小型非正式经济间的生产率对数平均差异为 2.09，在科托努和瓦加杜古，这一差异分别为 1.93 和 2.89。关于分类回归树分析法的更多细节及其在福祉问题分析中的应用，可参见霍顿和霍顿的分析（Haughton et Haughton，2011，第 4 章）。

根据分类回归树分析法，除非正式经济外，其他变量也对劳动生产率产生影响，即行业、企业规模和资本密集度。这符合前文从回归分析与描述性统计分析中得到的结果。然而，与回归分析的结果不同，某些解释性变量之间出现了颇高的相关性，尤其是行业与规模之间。这一现象启发在

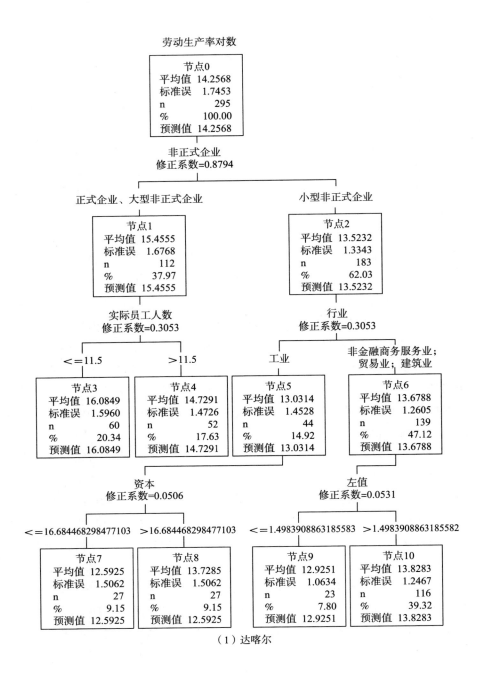

劳动生产率对数

节点0
平均值	14.2568
标准误	1.7453
n	295
%	100.00
预测值	14.2568

非正式企业
修正系数=0.8794

正式企业、大型非正式企业

节点1
平均值	15.4555
标准误	1.6768
n	112
%	37.97
预测值	15.4555

小型非正式企业

节点2
平均值	13.5232
标准误	1.3343
n	183
%	62.03
预测值	13.5232

实际员工人数
修正系数=0.3053

行业
修正系数=0.3053

<=11.5

节点3
平均值	16.0849
标准误	1.5960
n	60
%	20.34
预测值	16.0849

>11.5

节点4
平均值	14.7291
标准误	1.4726
n	52
%	17.63
预测值	14.7291

工业

节点5
平均值	13.0314
标准误	1.4528
n	44
%	14.92
预测值	13.0314

非金融商务服务业；
贸易业；建筑业

节点6
平均值	13.6788
标准误	1.2605
n	139
%	47.12
预测值	13.6788

资本
修正系数=0.0506

左值
修正系数=0.0531

<=16.684468298477103

节点7
平均值	12.5925
标准误	1.5062
n	27
%	9.15
预测值	12.5925

>16.684468298477103

节点8
平均值	13.7285
标准误	1.5062
n	27
%	9.15
预测值	12.5925

<=1.4983908863185583

节点9
平均值	12.9251
标准误	1.0634
n	23
%	7.80
预测值	12.9251

>1.4983908863185582

节点10
平均值	13.8283
标准误	1.2467
n	116
%	39.32
预测值	13.8283

（1）达喀尔

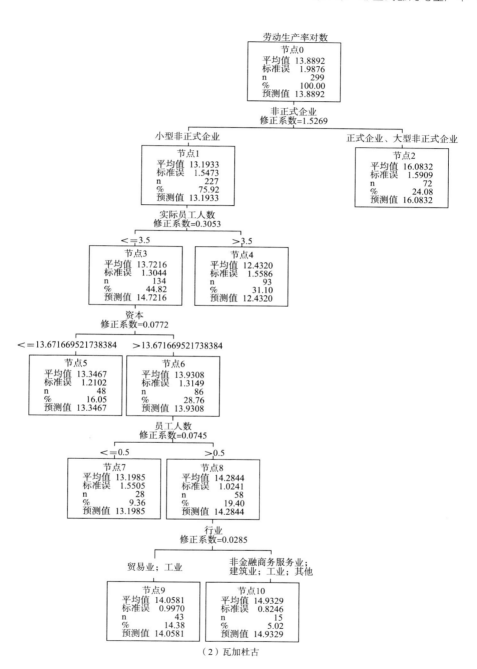

（2）瓦加杜古

191

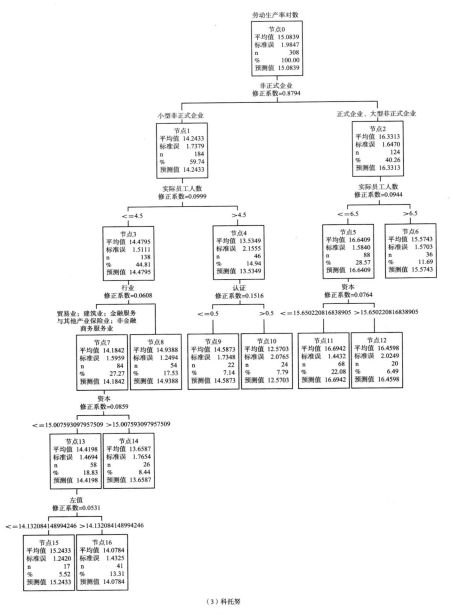

（3）科托努

图 7.6　决策流程树形图

估算的第 2 个模型中让这两个变量进行相互作用，表 7.10 列出了该模型的结果。这一全新的标准证实并大幅优化了第 1 个模型的结果。资本密集度显著性水平始终为 1%，预期为正。代表非正式经济的系数显著性水平为 1%，与前一模型的结果一致。行业也具有显著性，贸易与服务部门的行业尤为显著。R^2 得到明显优化。

表 7.10　对解释性变量互相作用下的正式或非正式地位的劳动生产率对数回归分析

劳动生产率对数	系数	标准误	T	$P > \mid t \mid$	【95% 置信区间】	
资本/劳动之比	0.100	0.027	3.720	0.000	0.047	0.153
小型非正式 * 金融服务	2.363	1.401	1.690	0.093	- 0.395	5.119
建筑与公共工程	0.706	0.423	1.670	0.096	- 0.126	1.538
大型非正式 * 贸易	- 1.298	0.594	- 2.190	0.030	- 2.468	- 0.129
小型非正式	- 1.090	0.278	- 3.920	0.000	- 1.638	- 0.543
小型非正式 * 贸易	- 1.056	0.471	- 2.240	0.026	- 1.984	- 0.129
大型非正式	1.086	0.364	2.990	0.003	0.371	1.802
服务	0.499	0.216	2.310	0.022	0.073	0.925
法律结构	0.761	0.342	2.220	0.027	0.087	1.434
贸易	1.788	0.440	4.070	0.000	0.922	2.654
常量	12.694	0.530	23.930	0.000	11.650	13.738

数据来源：基于作者公司调查数据的估计。

注：观察次数 = 286；$F_{(10, 27)}$ = 16.67；概率 > F = 0；R^2 = 0.38。* 表示置信区间为 90%。

是否存在一种可能归纳出和解释性变量相关的残差的双向关系，对于这一问题，大多数计量经济学提出的实证研究都推荐使用工具变量法进行估计。不过，作者借用了以此为主题的最新研究中的一些结果。实际上，在解释性变量存在内生性的情况下，对于这一方法是否能够无偏差地估算回归分析参数，越来越多作者开始提出诸多疑问。这些研究中，有的质疑所用工具的质量（Murray，2006），有的怀疑根据工具变量得到的估算质量是否真的优于根据最小二乘得到的结果（Larcker et Rusticus，2010）。

非正式经济与生产能力之间的因果关系分析

GAG 分析法是标准方法，近期关于检验调研数据因果关系的文献常常采用这一方法。这一方法表明，变量之间存在有条件的独立性（Bessler，2003；Zhang，Bessler et Leatham，2006；Awokuse，Chopra et Bessler，2009；Bessler et Loper，2001；Awokuse，2006；Canalda，Chatonnay et Josselin，2004；Haughton，Kamis et Scholten，2006）。关于有向无环图的介绍和家庭生活条件的因果关系，可参见霍顿和霍顿（Haughton et Haughton，2011，第 5 章）的分析。

我们的有向无环图是根据使用 4.3.9 − 0 版 Tetrad 软件（Tetrad 2012 计划）得出的数据和充分条件独立性（FCI）算法画出的。充分条件独立性算法的优势在于其考虑了数据集中出现变量对未记录的常见原因的可能性（概率）。这一分析描述了与生产率变量有关的变量之间的关系，指出了这两个变量子集之间存在相关性。然而，所用算法尚未能确立因果关系的方向。

结 论

与以往的文献一致，我们在本章重点论述了正式经济与非正式经济生产率之间存在的显著差异。研究中既考虑了非正式经济的多种指标与代理变量，还采用了多变量回归分析的方法并将替代标准涵盖其中，因此这一结果是具有说服力的。生产率与非正式经济之间的相关性可以反映为一种双向因果关系。在以管理水平为依据完成自动筛选的过程中，生产率低下会导致企业趋于选择非正式地位。而非正式经济地位导致获得公共服务的机会有限，这一情况可以解释企业属性（正式或非正式）对生产率的反向因果关系。

我们还研究了大型非正式经济与小型非正式经济间的生产率差异。结果表明，虽然大型非正式企业的生产率水平低于正式企业，然而，与大型非正式企业和小型非正式企业之间极为显著的生产率差距相比，这一差异则不甚明显。因此，从生产率方面而言，相较于小型非正式经济，大型非正式经济与正式经济更为相似。与此同时，除了劳动生产率之外，还对全要素生产率进行了分析。和劳动生产率一样，基于资本密集度的全要素生产率，与非正式经济之间存在正相关性。这一现象清楚表明，仅仅使用资本密集度这一变量无法解释劳动生产率水平的变化。

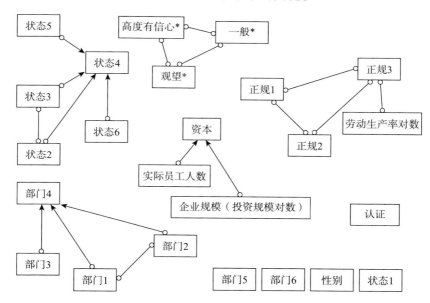

图 7.7　运用有向无环图对科托努非正式经济与生产能力之间因果关系的分析

注：＊表示未来对企业投资信心。

注释

1. 本项研究断定，贫困发生率相对于人均收入的弹性为－1.38，相对于基尼系数的弹性为 0.89。

2. 第 1 章介绍了正式性的六项标准。在此，考虑到企业的财务状况与注册情况紧密相关（注册一般意味着与税务当局挂钩），将这两点合并为一项，共计使用了五项标准。

3. 根据定义，没有任何小型非正式企业能够满足营业额水平阈值从而达到生产率水平阈值。

参考文献

Awokuse, Titus O. , «Export-Led Growth and the Japanese Economy: Evidence from VAR and Directed Acyclic Graphs», *Applied Economics*, mars 2006, 38 (5), p. 593 – 602.

Awokuse, Titus O. , Aviral Chopra et David A. Bessler, «Structural Change and International Stock Market Interdependence», *Economic Modeling*, 2009, 26 (3), p. 549 – 59.

Bessler, David A. , «On World Poverty: Its Causes and Effects», *Research Bulletin*, Rome: Food and Agricultural Organization of the United Nations, 2003.

Bessler, David A. et Nathan Loper, «Economic Development: Evidence from Directed Acyclic Graphs», *The Manchester School*, 2001, 69 (4), p. 457 – 76.

Canalda Philippe, Pasal Chatonnay et Didier Josselin, «Énumeration d' arbres couvrants tentaculaires, une solution au problème de transport à la demande en convergence», In *IEEE International Conference on Sciences of Electronic, Technologies of Information and Telecommunications (SETIT) 2004*, Sousse, Tunisie, mars 2004, p. 146 – 54.

Causa, Orsetta et Daniel Cohen, «Productivité industrielle et compétitivité», Paris: OCDE, septembre 2005.

Dabla-Norris, Era, Mark Gradstein et Gabriela Inchauste, «What Causes Firms to Hide Output? The Determinant of Informality», *Journal of Development Economics*, 2008, 85 (1 – 2), p. 1 – 27.

Gelb, Alan, Taye Mengistae, Vijaya Ramachandran et Manju Kedia Shah, «To Formalize or Not to Formalize? Comparisons of Microenterprise Data from Southern and East Africa», *Working Paper 175*, Washington, DC: Center for Global Development, 2009.

Golub, Stephen S. et Lawrence Edwards, «South Africa's International Cost Competitiveness and Exports in Manufacturing», *World Development*, août 2004, 32 (8), p. 1323 – 39.

Harrigan, James, «Cross-Country Comparison of Industry Total Productivity: Theory and Evidence», *Research Paper 9734*, New York: Banque de Réserve fédérale, 1997.

Haughton, Dominique et Jonathan Haughton, *Living Standards Analytics: Development through the Lens of Household Survey Data*, Berlin: Springer-Verlag, 2011.

Haughton, Dominique, Arnold Kamis et Patrick Scholten, «A Review of Three Directed Acyclic Graphs Software Packages: MIM, Tetrad et WinMine», *American Statistician*, 2006, 60 (3), p. 272 – 86.

IBM （ *International Business Machines* ）， n. d. ， *SPSS Decision Trees*， http：∥www-01. ibm. com／software／analytics／spss／products／statistics／decision-trees／.

Krugman， Paul， «Increasing Returns and Economic Geography»， *NBER Working Paper 3275*， Cambridge， MA： National Bureau of Economic Research， 1990.

Krugman， Paul， «Fluctuations， Instability et Agglomeration»， *NBER Working Paper 4616*， Cambridge， MA： National Bureau of Economic Research， 1994.

La Porta， Rafael et Andrei Shleifer， «The Unoffi cial Economy and Economic Development»， *Brookings Papers on Economic Activity*， 2008， 2， p. 275 – 364.

Larcker， David F. et Tjomme O. Rusticus， «On the Use of Instrumental Variables in Accounting Research»， *Journal of Accounting and Economics*， 2010， 49 （3）， p. 186 – 205.

Loayza， Norman V. ， *The Economics of the Informal Sector*： *A Simple Model and Some Empirical Evidence from Latin America*， Washington， DC： Banque mondiale， 1997.

Mbaye， Ahmadou A. ， «Capital humain， compétence et productivité du travail au Sénégal： une analyse empirique»， *Économies et Sociétés*， Série F， 2002， 36 （3 – 4）， p. 567 – 588.

Mbaye， Ahmadou A. ， «Competitiveness， Manufacturing et Exports in Senegal»， In *Senegal*： *Policies and Strategies for Accelerated Growth and Poverty Reduction*， Country Eco nomic Memorandum， Washington， DC： Banque mondiale， 2003.

Mbaye， Ahmadou A. ， «Mise à jour des indicateurs de pauvreté au Sénégal»， Dakar： Centre de recherches économiques appliquées， université de Dakar， for the ministère de l'Économie et des Finances， cellule de suivi du programme de lutte contre la pauvreté， 2006.

Mbaye， Ahmadou A. et Stephen Golub， «Relative Unit Labor Costs， Interna tional Competitiveness et Exports： The Case of Senegal»， *Journal of African Econo mies*， 2003， 2 （11）， p. 219 – 48.

Murray， Michael P. ， «The Bad， the Weak et the Ugly： Avoiding the Pitfalls of Instrumental Variables Estimation»， Lewiston， ME： Bates College， 2006.

Nehru， Vikram et Ashok M. Dhareshwar， «New Estimates of Total Factor Pro ductivity Growth for Developing and Industrial Countries»， *Policy Research Working Paper* 1313， Washington， DC： International Economics Department， Banque mondiale， 1994.

Nordhaus， William D. ， «Productivity Growth and the New Economy»， *NBER Working Paper* 8096， Cambridge， MA： National Bureau of Economic Research， 2001.

OCDE， *Compendium* 2008 *sur les indicateurs de productivité*， Paris： OCDE， 2008.

Perry, Guillermo E. , William F. Maloney, Omar S. Arias, PabloFajnzylber, Andrew Mason et Jaime Saavedra-Chanduvi, *Informality*: *Exit and Exclusion*, Wash ington, DC: Banque mondiale, 2007.

Schreyer, Paulet Dirk Pilat, «Measuring Productivity», *OECD Economic Studies*, 2001, 33 (2), p. 127 – 69.

Sharpe, Andrew, «Pourquoi les Américains sont-ils plus productifs que les Canadiens?», Montréal: Centre d'études des niveaux de vie, Observateur international de la productivité, 1997 .

Steel, William F. et Don Snodgrass, «World Bank Region Analysis on theInfor mal Economy», In *Raising Productivity and Reducing Risk of Household Enterprises*, Annex 1, «Diagnostic Methodology Framework», Washington, DC: Banque mondiale, 2008.

Tetrad Project, «The Tetrad Project: Causal Models and Statistical Data», Pittsburgh, PA: Carnegie Mellon University, http://www. phil. cmu. edu/projects/tetrad/, 2012.

Zhang, Jin, David A. Bessler et David Leatham, «Does Consumer Debt Cause Economic Recession? Evidence Using Directed Acyclic Graphs», *Applied Economics Letters*, 2006, 13 (7), p. 401 – 07.

第 8 章

西非非正式跨境贸易网络：塞内加尔/冈比亚的穆里德教派与贝宁/尼日利亚的约鲁巴人

史蒂芬·格鲁伯，杰米·汉森－勒维斯

我们曾得出一个重要结论：企业所面临的制度环境和激励结构在很大程度上决定着西非非正式经济的发展规模（第 6 章）。特别是在执法能力薄弱、腐败横行的国家，公共部门无法保障正式市场经济的根基，例如产权、合同执行与信息传播等。在这样的情况下，非正式经济在许多方面代替国家提供公共物品，这也使得非正式活动不断持续下去。非正式制度广泛存在于所有经济体中，但在发展中国家里尤为常见（Casson, Guista et Kambhampati, 2009）。族裔与社会网络是特别重要的非正式经济运作工具，它们建立起一套行为规范和执行机制，大有取代正式规章制度之趋向。

族裔与社会网络构成了某种"社会资本"（Barron, Field et Schuller, 2000），它们对经济发展既有积极影响也有消极影响。积极影响在于，社会网络建立了信任关系，在这种关系之中，人们无须出示正式文件或办理正式手续便能够执行合同、取得融资以及交换信息（Fafchamps, 2004）。在国际贸易活动中，这些网络发挥着尤为重要的作用，有助于消除由于信息匮乏和国家间商业惯例差异所产生的交易成本。在西非的跨境贸易活动中，它们发挥着主导作用，我们将在本章以及下一章中对此进行详细介绍。另一方面，消极影响在于，一般来说，社会资本，特别是非正式网络，可能具有排他性，它们接受甚至鼓励其成员做出违反正式经济规则等的反社会行为（例如，Adhikari et Goldey, 2009；Field, 2003；Porte,

1998）。蒙氏与罗森茨维格（Munshi et Rosenzweig，2006）的研究有力地印证了印度种姓制度这一传统网络与现代全球化经济之间复杂的相互作用。在西非这种现象也很明显，社会网络大量参与非法活动，尤其是走私和逃税。总体而言，西非的正式制度极其脆弱，某些社会关系可以追溯到前殖民时期与反殖民时期。在这两种情况的综合作用下，族裔与宗教网络尤其活跃。

诺思（North，1989）提出的制度理念也为人们理解非正式部门提供了概念框架。诺思对正式制度（"规则"）与非正式制度（"社会规范"）进行了区分，认为两者对经济发展的不同结果都会产生影响。为了避免某些投机行为造成的不良后果，在现代社会与传统社会中，正式与非正式制度都会得到发展；然而，与传统的乡村社会相比，现代资本主义拥有一组庞大得多的制度结构。在第6章中，重点研究了关于保护产权和公共机构运转的正式制度。本章将对前文进行补充，分析若干非正式制度因素，特别是对西非非正式经济行为影响重大的社会网络。

在本章中，将阐述对西非两个非正式跨境网络即穆里德和约鲁巴的调研结果，从它们各自的发展历史、运作规则和影响来分析非正式经济制度。穆里德教派是活跃于塞内加尔的穆斯林兄弟会，其历史可以追溯到19世纪。约鲁巴是远在殖民时期之前就已形成的一个族裔群体。这两大网络都经受住了时间的考验，一直活跃至今。团体成员间的团结纽带成为西非非正式经济发展的基础，特别是跨境贸易的基础。由于现存官方经济制度存在显著缺陷，这些网络便代替了官方制度，但同时它们客观上也强化了官方制度的弱点。

塞内加尔与冈比亚的穆里德教派[1]

穆里德伊斯兰兄弟会在塞内加尔和冈比亚的非正式经济中发挥着重要作用，它的势力范围覆盖整个西非、欧洲和美国。穆里德成员彼此团结，并具备卓越的职业道德，这些品质使得他们完成了显著的社会转型，很多人从种花生的农民一跃成为非洲最活跃的城市贸易团体成员。

历史

19 世纪末，法国殖民者击败了沃洛夫土著人民，后者随即面临着政治社会秩序紊乱的局面，穆里德便创立于这一时期。在外来殖民入侵的背景之下，于 11 世纪传入塞内加尔的伊斯兰教在国内社会中的重要性日益凸显，穆斯林宗教领袖被称为宗教修士，修士的信徒也被称为"《古兰经》学童"，修士是学童们的精神向导和组织领袖。阿马杜·邦巴酋长（Cheikh Ahmadou Bamba）就是一位宗教修士，他个人魅力十足，品德高尚，并且坚定抵抗法国殖民统治，是当时国内抵抗运动的主要代表人物。信奉他的学童越来越多，其影响力也越来越大，法国人却认为他的态度越来越激进，于是就把他流放到了加蓬和毛里塔尼亚。然而，这却使他的威望及信徒对他的忠诚之心有增无减。1912 年，邦巴酋长获释并返回塞内加尔。

阿马杜·邦巴酋长回到塞内加尔之后，法国人主动谋求与穆里德兄弟会建立战略伙伴关系。随后，他迁至巴奥尔大区的久尔贝勒，他的信徒们也获得了大量土地发展农业。在法国的支持下，穆里德教派垄断着花生种植，直至 20 世纪末，花生一直都是塞内加尔和冈比亚的主要经济作物。邦巴酋长建立起图巴村，他死后也安葬于此，这里便成了穆里德教派的圣城。

穆里德传统中，学童要绝对服从于宗教修士，反过来，修士也有义务在任何情况下帮助学童。于是两者之间的关系便愈发密切，兄弟会内部颇具团结意识。穆里德教派一直尊崇邦巴酋长为圣人，他的权威与正统地位在团体内部不容置疑。这种缅怀邦巴酋长构成的共鸣巩固了团队的凝聚力。邦巴酋长的继任者也同样得到了学童的效忠。

在穆里德教派中，权力继承仿效君主制。组织内呈金字塔层级结构，其中大哈里发为最高首领，一般是邦巴酋长在世后裔中的最长者。在大哈里发之下设小哈里发，其中有人是邦巴酋长或他以往同伴的后裔。大哈里发之下还设有若干酋长（即拥有信徒的宗教修士），他们威望不同，信徒数量也各异。酋长间时有权力争夺，有时还会发展为实际对抗，这客观上削弱了他们的权力，然而穆里德教派团体内部基础结构仍然非常牢固。

穆里德教派的精神核心是通过艰苦的田间劳作和自律修行向酋长表明

自己忠贞不贰，矢志不移。邦巴酋长在世时一直劝诚信徒"起身劳作"（O'Brien，1971，57）。有这样一条著名穆里德箴言对劳作与信仰之间的联系做出了阐释："你祷告如同明日将亡，你耕耘如同永活不死。"（Bava，2002）在这种封建式制度中，学童要向酋长捐赠实物或资金，酋长通过这种方式积累了大量财富。穆里德教派对其首领的捐赠数目远远多于其他任何伊斯兰兄弟会。学童往往出身于最穷困和边缘化的人群，通过捐赠，他们除了获得强烈的团体归属感与上天堂的承诺，还能够由此获得某种形式的社会保护。酋长应该慷慨对待其信徒，特别是对那些因年长或患有疾病而无法劳作的信徒。酋长还可以向这些人发放贷款，贷款的条件比商人开出的条件更为优惠。信徒对酋长的虔诚程度以及酋长对待信徒的慷慨程度各不相同，然而，两群人相互扶持的传统普遍存在并且延续至今。

即便穆里德教派与法国殖民当局的合作对教派内部的团结提出了挑战，穆里德信徒的坚定信仰及其牢固的集体凝聚力使其能够抵抗殖民影响并一直保持着内部团体认同感（Diouf，2000）。

20世纪，穆里德兄弟会成员人数不断增加，图巴也顺理成章成为塞内加尔最大城市之一。图巴现有50万居民，而在1960年这里的居民人数仅为5000人。无论穆里德信徒身在何处，他们都将这座城市视为精神家园。图巴大清真寺是撒哈拉以南非洲最大的清真寺，每年都会在这里举办马加尔节朝圣活动，数十万穆里德信徒前往朝拜邦巴酋长。图巴实际上已经成为一个国中之国，不像塞内加尔其他地方那样必须接受行政与政治管辖，保持着某种自治状态。除大清真寺之外，信徒们还捐资建立了一家造价高达1000万美元的医院、一家穆里德文化中心、一家穆里德图书馆以及其他纪念碑与研究所。

穆里德教派与花生经济

穆里德教派和法国的合作主要围绕花生生产贸易，穆里德教派在这一产业中的主导地位越来越明显，在殖民时期，其治下的花生产量可以占到全国总产量的2/3（O'Brien，1971）。直至20世纪70年代，穆里德信徒仍然主要居住在农村地区，以种植花生为业，他们种植的花生已经可以很好地适应塞内加尔的气候与土壤。

1960 年塞内加尔独立之后，穆里德信徒与执政党社会党建立了日益紧密的政治关系，教派自殖民时期发展至今的政治影响力得以延续。这些政治关系很快便开始产生经济红利，穆里德教派成员更容易获得花生种植农业信贷，还经常不还贷款；同时，他们基本垄断了花生贸易运输，而理论上这本该是政府做的事情（Lambert，1996）。花生产业政商勾结是 20 世纪80 年代塞内加尔金融危机的主要原因之一，这场危机在一定程度上触发了之后的国家经济结构调整和贸易自由化倾向。

穆里德教派围绕花生贸易发展出了不同形式的社会组织。来自穆里德信徒家庭的年轻男孩被安置在"达拉"（dara）中，达拉是一个青年组织，组织成员一边从事农业劳动，一边接受穆里德宗教教育[2]。起初，这些穆里德达拉各自独立，劳动条件恶劣，农民连取水都困难。他们不断占领无人居住的土地，由此穆里德活动范围不断扩大。虽然目前人们生活条件已经有所改善，达拉也逐渐归各部酋长管辖，但达拉成员仍然饱受剥削，他们为酋长艰苦劳动，报酬却极低。劳动者在达拉劳作生活多年之后，便能够获得一小块土地（O'Brien，1971；Copans，1980）。

大部分穆里德农民由此成为独立小农，而有些人则继续在酋长管辖的田地间劳作。即便不在达拉中，穆里德信徒也能通过向首领捐赠大量财物来享受到作为团体成员的好处。通常，信徒会选定每周中的一天（称为"周三例行耕作"）前往酋长的土地进行耕种（O'Brien，1971：20）。久而久之，穆里德教派便凭借其内部凝聚力、目标共同性以及政界人士的支持从其他宗教团体中脱颖而出，控制的土地越来越多，可供信徒们种植花生。

然而穆里德教派的农业耕作模式通常与塞内加尔为保护脆弱生态系统所采取的措施相悖。穆里德教派的耕作技术不可持续，大量森林遭到砍伐，人口迅速增长，土地愈发干旱，久而久之土质恶化，沙漠化现象出现，花生种植者的收入随之减少。花生价格降低，国家实施结构调整政策后对农民的补贴减少，这些都导致农业收入下降。在这种情况下，越来越多的穆里德信徒于 20 世纪 70 年代陆续往市区迁移（O'Brien，1988；

Babou，2007）。

从小村农庄到大城贸易

穆里德教派在 20 世纪逐渐向城市迁移，过程可分为几个阶段，其中尤以 20 世纪 70 年代迁移规模最为庞大。穆里德教派长期在花生种植区城市从事花生贸易。于是，在迁入城市的过程中，他们自然会向非正式经济靠拢，尤其是集中于非正式贸易行业。第四任大哈里发阿卜杜·拉哈·姆巴给（Abdou Lahat Mbacké，1968～1988 年在位）与之前领袖不同，他积极倡导穆里德教派信徒在城市中定居（Babou，2002）。位于达喀尔的桑达加非正式露天市场被称为塞内加尔非正式贸易中心，可与图巴的奥卡斯市场相提并论，后者更偏向于穆里德信徒的灵修场所。当然，图巴的奥卡斯市场也是举国闻名的非正式经济集散中心。

穆里德教派信徒将传统乡村生活与城市生活灵活有效地结合起来，很快就在城市中安顿下来。穆里德信徒们将传统家族关系与信仰紧密联系在一起，形成了巨大的凝聚力。由此，穆里德教派在城市里也建立了一套独有的社会关系与经济活动网。无论在哪里，他们都会聚集在一起，而他们聚集的这些街区会被自称为"图巴"（Diouf，2000）。

穆里德教派信徒城市生活中心机构被称作"达伊拉"（dahira），它在某些方面与农村的达拉作用相同，都可为信徒提供精神寄托和经商机遇。达伊拉每周举行集会，信徒在集会上演唱宗教歌曲、诠释宗教典籍并收取会费。会费通常用于支持团体日常运营，而送往图巴的献金则用于维持穆里德组织的整体运转。达伊拉也是各种非正式会面的场所，信徒在这里交换各种政界商界信息、互相帮助。团体中资历最老的信徒要向刚刚进城的新人提供帮助，就像乡村的酋长帮助学童那样。达伊拉是集权体系与穆里德特色非正式合作结合的产物，事实证明这种结合非常有效。穆里德信徒拥有共同信仰，对图巴权威一致效忠。尽管如此，也很少出现权力集中于某个达伊拉的情况，各个达伊拉自主运行，暗自较劲，都希望能在兄弟会中拔得头筹。达伊拉使信徒们坚定效忠教派，成员间已经建立起一套特有的商业关系，这种模式并不是单纯地制定规则这么简单。

随着贸易逐步超越农业成为社会中的支柱产业，曾经的花生种植者将对劳作和储蓄的热情转移到城市贸易中。穆里德信徒团结一致并且互相信任，这非常有助于推动非正式贸易网络的发展。团体具有凝聚力，对兄弟会理想的恪守，这确保了穆里德信徒们在没有签署正式合同的情况下也会践行诺言、履行契约。穆里德信徒之间几乎从未发生过欠债不还或者承诺没有兑现的情况。他们认为这些行为违反宗教原则，也违背团体成员应相互帮助的商业道义。

初进城的穆里德信徒通常会为穆里德大商人工作，他们往往在大城市当街头小贩。大商人们会指导年轻小贩，给他们供货允许赊账，在住房与食物方面也会提供帮助，激励年轻小贩努力工作。这些小贩一般都是穆里德信徒，但也有人不是。街头小贩顶着烈日，在恶劣条件下长时间艰苦工作，与乡村农民在花生田里劳作的情形相似。劳动者要以流动小贩的身份熬过漫长的学徒期，最有进取心并且小有成就的则能够晋升至稍微高级一点的贸易活动之中，也可以开始经营自己的企业。达拉的农民常年为酋长提供低报酬的艰苦劳动，随后他们便可以挣得属于自己的土地，这两种情形何其相似。

当城市中的流动商贩艰苦劳动时，他们默默希望有朝一日能出人头地，同时他们对邦巴酋长能指引自己进入天堂这件事深信不疑，这种希望与信仰是他们工作生活的精神支柱。与此同时，城市中的大商人们利用大量可靠的廉价劳动力积累了可观的财富，这不仅巩固了图巴兄弟会的领导核心地位，还增强了兄弟会帮助信徒们融资、获取社保与信息的能力和水平。

桑达加市场是塞内加尔乃至全球穆里德信徒的贸易活动中心。大型批发商们居于穆里德贸易网顶层，他们可以销售各种各样的产品。埃宾（Ebin，1992）通过研究法勒（Fall）家族的族志，描述了桑达加市场的运行模式。法勒家族最初在考拉克区贩卖布料，他们与之前某位大哈里发关系密切。法勒家族兄弟五人，其中谢赫·法勒（Cheikh Fall）最具商业嗅觉和经商头脑，因此他负责经营家族企业。谢赫·法勒以流动商贩的身份前往纽约，在那里购入非裔美国人的化妆品，然后在塞内加尔出售。谢赫·法勒在纽约待了 8 年后回到塞内加尔，创办了一家生产假发接发产品的工厂，获得了巨大成功。随后，他的兄弟们离开了考拉克区，协助他经商。法勒家族企业的总部位于桑达加，在 Ebin 的研究期间，他们在桑达加经营着三家大型商店。除了与靠叫卖出售商品的小贩合作之外，像法勒这样的大型批发商还与其他中间商合作，包括批量进货的二道商贩、寻找潜在客户并将其介绍给商店以此换取少量佣金的尼奥罗人、了解哪些零售商想从批发商进货的探子、当潜在客户即将出现时负责通风报信的信使等。通过增加客户数量和供应商数量，批发商能够降低贸易风险、缩短交易时间并扩大经营规模。因此，与各个渠道打通联系并拓展贸易网络便成为经商的重中之重。埃宾的文献介绍了成功的商人如何指导其他商人做生意，受到指导的商人随后又成为自己导师的客户或者供应商。

除贸易和进出口外，穆里德教派还在塞内加尔其他重要部门中占有主导地位，特别是公共交通与房地产。尽管穆里德在这些产业中的经营规模庞大，但所有这些产业都是以非正式方式运营的，例如塞内加尔的主要公共交通工具小型货车（即高速客车）通常为穆里德教派信徒所有，车身往往五颜六色并饰有图巴元素。

穆里德教派的经济影响力与日俱增，但一路走来他们也遇到过很多困难，与其他社会团体时常有冲突。穆里德教派团体内部出现过一些裂缝，商人与知识分子之间的关系尤为紧张（O'Brien，1998）。然而，所有信徒都保留着对宗教的虔诚信仰，彼此间具备良好的职业道德和团结意识，加上一些成员还拥有政治威望，因此穆里德教派整体仍然实力强大，运转高效。

穆里德商业网络的国际化

穆里德信徒不仅涌入塞内加尔和冈比亚城市中心，同时还迁往国外，他们先后进入欧洲和美国的大城市，于是兄弟会日益成为一种高效的国际化贸易集团。许多研究人员（Salem，1981；Fassin，1985；Ebin，1992，1993；Diouf，2000；Babou，2002；Tall，2004；等等）对穆里德教派的活动与国际网络均有所介绍。穆里德兄弟会的故事具有令人惊叹的商业意义。

穆里德信徒散落在全球各个城市的塞内加尔人聚居区里。在达伊拉内，穆里德商人为了在商业中占得先机，会彼此共享信息，支持扶助，也甘愿互为跳板。社会网络将所有这些城市联结在一起，而位于桑达加的批发商往往处于这些网络的顶层。作为收受捐赠的交换，留在塞内加尔境内的酋长会为学童提供出行便利。年轻的塞内加尔穆里德信徒移民通常在危险街区里蜗居。他们时常会受到当局的骚扰，并且长期无法与家人团聚，这与乡村达拉的境遇有些相似。埃宾（Ebin，1992）引用了一名电子产品专营批发商的话："我们已经习惯了席地而眠、食不果腹、工作直至精疲力竭的生活。我们就是这么熬过来的。"

从 20 世纪 60 年代起，穆里德信徒开始向法国的一些城市迁移，在当地做流动商贩。他们的生意遍布整个法国，在斯特拉斯堡等北部和东部的城市（Salem，1981）以及马赛等南部城市（Ebin，1992）尤为活跃。他们主要在夏季向游客出售小商品，通常在冬季返回塞内加尔。穆里德信徒工作勤奋，出售的商品价格低廉，甚至有取代法国商贩的势头，例如为了与德国游客沟通，他们甚至会在斯特拉斯堡学习德语。随着法国收紧了移民政策，穆里德信徒搬迁至欧洲其他地区，前往意大利的人数尤其众多。20 世纪 80 年代中期，纽约成了穆里德信徒的主要目的地，在那里做流动商贩的似乎很成功。

经验丰富的商贩会前往纽约、吉达、中国香港和中国内地，在这些地方批量购进各种电子产品和化妆品，然后在塞内加尔和其他国家出售。纽约的穆里德海运和金融代理还与亚洲的贸易商有联系，这些贸易商提供手表、太阳镜、化妆品等产品，而这些产品是穆里德贸易产品价值链上的重要部分。货物通过非正式机制进入塞内加尔，最终抵达桑达加或其他城区市场。在某些情况下，贸易商会用大旅行箱或手提箱亲自运输货物。桑达加和其他本地市场的货源还包括来自冈比亚的走私进口物品。冈比亚关税较低，人们以正式方式从冈比亚进口，然后通过走私将这些货物在塞内加尔出售，这个操作利润非常大，将在第 9 章中对此进行详细介绍。货物也可以从达喀尔港入境，众所周知，达喀尔港海关有相当大的自由裁量权，穆里德商人会动用其政治关系来逃避缴纳与进口相关的税金。

法辛（Fassin，1985）详细解释了穆里德信徒是怎样以走私的方式将医药产品带入塞内加尔再出售的，本书第4章对此也有介绍。从冈比亚进口再次成为商人们的首选途径，进入塞内加尔后这些产品会被藏在装满干草的卡车里，途经考拉克，最后被运送到图巴。此外，穆里德信徒还会通过欺诈手段从医院和国家定点药房获取药品，国家定点药房是经过官方授权的药品进口商。有关部门往往对穆里德派的行为睁一只眼闭一只眼，穆里德商人们便在固定场所明目张胆地公开出售这些药品。

埃宾（Ebin，1993）对穆里德马赛贸易团体的经营展开了生动的描述。团体成员几乎全部来自塞内加尔的同一个穆里德城市达鲁姆斯提（Darou Mousty）。团体首领穆斯塔法·索（Moustapha Sow）帮助并管理从塞内加尔初到马赛的年轻商人，这些商人通过各自的酋长与他取得联系。索的活动轨迹以马赛为根据地，沿地中海岸延伸。他从穆里德走私贩手中进货，这些走私贩携带来自西班牙、意大利、北非和亚洲的产品，定期来到马赛。其中，索的主要供货商之一也来自达鲁姆斯提。周末游客生意结束后，周一早上索会亲自前往巴黎补货。他在巴黎的主要供货商是一名摩洛哥人，这名供货商雇用了塞内加尔的穆里德信徒麻马杜·恩迪亚耶（Mamadou Ndiaye）。恩迪亚耶是穆里德教派中知名的巴黎地区商品消息联络人，能够向索这样的商人提供各样货物或者是货源信息。周一下午，索就带着新进库存返回马赛，将这些库存分销给整个区域里的流动商贩、向其他商人供货的中间商以及在塞内加尔桑达加和其他市场转手的批发商。总之，穆里德教派在马赛的经营方式与在达喀尔的情形完全一样。

20世纪90年代初，塞内加尔穆里德教派控制了纽约大部分街头生意，他们转售手表、雨伞、T恤和帽子（Babou，2002）。过一段时间，他们又将收入投资到其他服务中，主要包括面向塞内加尔人和其他在美国定居的非洲移民的航运、出行以及汇款服务。纽约逐渐成为穆里德贸易网络的枢纽。埃宾（Ebin，1993）介绍了另一名来自达鲁姆斯提的穆里德信徒巴颇·法耶（Pape Faye）是怎样在纽约以穆斯塔法·索的代理人身份工作的。法耶最初是达喀尔的一名商人，他于1979年离开了塞内加尔，在欧洲各地做买卖捎客。埃宾（Ebin，1993）描述了法耶在酋长的安排下初次走访纽约的情形。那时，达鲁姆斯提人大多聚居在布朗克斯区一处公寓楼里，定期在弗拉特布什区一处叫作图巴长老之家的地方聚会。塞内加尔穆里德信徒一般都聚集在哈莱姆区 116 号街西端，那里号称"小塞内加尔"（Ebin，2008；Babou，2002）。许多穆里德信徒从街头小贩做起，现在已成为这一街区的店主。他们提供各种商品，包括化妆品、宗教物品、压缩光盘、数码视频光盘和电话卡。伊斯兰之家是街区里穆里德教派的聚集点。这是在邦巴酋长的一位后人的帮助下大家集资购买的一栋房子。纽约市内也有若干达伊拉，彼此在暗中较劲儿。

类似谢赫·法勒和穆斯塔法·索这样的穆里德批发商在全球各地都有联络人，他们能够通过电话或互联网与这些联络人实时沟通。穆里德商人在日常交易中会运用各种现代通信技术，尤其是那些涉及资金转移的交易（Tall，2004）。当需要低价购入某种货物时，他们非常清楚应与哪些人取得联系，在供求关系瞬息万变的市场中表现得非常灵敏。例如，在非洲杯足球赛之前，谢赫·法勒这样的批发商预计到电视机的需求会增加，他便联系在纽约工作的一位穆里德信徒，后者会将他介绍给中国的一些联系人（Ebin，1992）。涉及珠宝之类的商品，批发商则会转向意大利联络网。

穆里德社群内部存在着紧密的团结纽带，他们无须借助合约或担保便能完成复杂的国际资金交易，这减少了交易成本并降低了遭受当局审查的风险（Tall，2004）。桑达加的商人则往往承担运作资金在塞内加尔汇入与汇出的金融中介功能。身处美国或欧洲的穆里德信徒如果想给家里汇款，可以将钱汇给塞内加尔大商户的一名联络人，然后这名联络人再将款项转给侨民的家人。对商人而言，这些都是资金周转的主要来源。实际上，流动商贩可以预支一些钱给侨民在塞内加尔的家人，当回国时，侨民转售自己带到塞内加尔的产品，用从中取得的收入偿付商人预先垫付给家人的钱。

卡拉（Kara）国际货币交易系统主要处理国际汇款业务。卡拉创立于1991 年，其创始人是一名定居在纽约的穆里德商人。其产品依托于一套复杂的非正式汇款机制，往返于纽约和达喀尔的商人往往都会采用这一机制，他们因此无须在旅途中随身携带大量现金（Tall，2004）。这套系统不要求提供文档或者只需要很少文档，对于不识字的商人而言非常方便。商人在离开塞内加尔前往纽约之前，将资金存入卡拉位于达喀尔的办事处，随后，当他们抵达美国时便可以动用这笔资金。同样，身在纽约的商人将现金交给卡拉在百老汇的办事处，便能够将资金转移至塞内加尔。卡拉在百老汇的办事处将资金支付给塞内加尔的指定收款人，收款人无须提供任何书面文件便能提款。卡拉在纽约和达喀尔的办事处通过传真联络，收款人无须办理手续几乎就能即时安全地收到汇款。穆里德信徒间的信任关系足以确保卡拉运转正常，不会发生侵吞资金现象。不守信的代理人违背了手足情谊价值观，会因此被体系拉黑。

尼日利亚、贝宁与多哥的约鲁巴人

历史背景

约鲁巴是撒哈拉以南非洲人口最多、城市化程度最高的族群之一。约鲁巴人大多使用共同的语言，即约鲁巴语。约鲁巴区指传统约鲁巴民族聚居地区，包括贝宁、多哥中部、尼日利亚西南部即拉各斯、奥贡、奥约、奥逊、翁多、埃基蒂与夸拉等城市。约鲁巴区在历史上是由多个松散的王国联合而成的。尽管每个王国各自独立，它们却都将位于尼日利亚奥逊州的伊莱－伊费城视为共同的民族起源地，约鲁巴语称"orirun"。各个王国均实行自治，但是王国之间的政治经济联系相当紧密。群体的等级结构以首领为尊，这与穆里德宗教修士与其信徒之间的关系有几分相似。

约鲁巴人最古老的贸易形式大概是以物易物。约鲁巴区肥沃土壤的优势之一在于每个王国生产食物的水平均高于维持本国生计所需的水平。于是，为了补足衣物、住所等其他基本需求，王国之间可以互相交换剩余产品。约鲁巴社会分工相当多样，包括精英统治阶层、手工匠、草药师、教士、史学家、艺人和农民，这样的分工为物物交换以及物力交换等一系列交易形式提供了便利。此外，随着现代技术对约鲁巴人生活的影响越来越显著，为了维持精英阶级奢侈的生活方式以及传统仪式庆典的需要，约鲁巴人对外国产品的需求比以前更为旺盛了（Faola et Adebayo，2000）。

约鲁巴经济开始成型时期，有很多经典的物物交换实例。在农业领域里，农民之间会物物交易。例如，种植番薯的农民往往用其收获的一部分番薯向种植小米的农民换小米。农民还会用农作物向铁匠换取铁器。教士和草药师提供服务，换取贵重物品与动物、棕榈油等可食用的产品。艺人获得的报酬形式则包括食物、昂贵的服装、马匹或奴隶。通过远途贸易，人们可以交换取得小苏打、盐等进口货物。据估计，在 15 世纪前后，以物易物的活动开始使用贝壳作为货币，向货币化贸易演变。

约鲁巴经济最终转变为一种区域贸易网络，其中尤以跨撒哈拉商队贸易贡献突出（Faola，1991）。在欧洲人抵达西非大陆之前，漫长的贸易路线已经形成，这些线路贯穿非洲大陆。商队贸易在互相独立的族群之间发展了信用、运输、信息交换、贸易纠纷处理以及担保体系，而当时各个族群内部并没有提供上述服务的现代制度，由此，商队贸易推进了各个族群的经济一体化。

区域贸易促进了约鲁巴人与北部近邻努皮人以及豪萨人之间的互动。这些族群之间并不存在将彼此分隔的地理障碍，这为他们合作在跨撒哈拉贸易主干线上出售地方特色产品提供了便利（Perani et Wolff，1999）。豪萨人参与区域贸易的历史尤为久远。约鲁巴人为贸易网络供应家畜，换取合格的豪萨奴隶。他们还向南部的埃格巴和埃格巴多族群提供盐、小苏打等奢侈品。奥约位于约鲁巴区最北端，由于该王国所处战略位置尤为重要，它由此运用马队，成了区域贸易的主导力量。直至 19 世纪末期，奥约人通过位于奥盆穆地区的一些大型市场，控制着约鲁巴区及周边一些地区的贸易活动（Faola et Adebayo，2000；Eades，1993）。这种贸易利润丰厚，随着财富积累商业模式便逐渐向政权演变。在 16 世纪初期，欧洲介入约鲁巴经济，导致区域贸易中心向欧洲人最早开始经营的沿海地区迁移。奥约人逐渐没落，而伊杰布人则顺势崛起，他们与大西洋沿岸的欧洲人一起逐渐控制了这种油水颇多的贸易；欧洲的介入对沿海路线的影响更大，对内陆贸易网络的影响较小。欧洲人向伊杰布人出售贝壳与工业制成品，换取奴隶和布匹。约鲁巴人所处的地理位置有利于向北部运输欧洲的产品。贝宁旧称达荷美，奴隶贸易使它成了国际三角贸易的战略要地，并逐步将烟草等全新商品引入西非区域市场。

19 世纪末期，大量约鲁巴商人在波多诺伏以及达荷美的威达外经商（Igué et Soule，1992），他们与一些从巴西遣返、拥有约鲁巴血统的奴隶合作。一些商人成了区域里颇有财力的大富翁。自 1894 年法国开始殖民达荷美后，约鲁巴贸易网络发生了天翻地覆的变化。从巴西遣返回来的奴隶开始与法国人合作，而当地的约鲁巴人则皈依了伊斯兰教并与尼日利亚发展了新的地下网络以躲避殖民当局控制、避开贸易壁垒。

农村市场体系

20 世纪中叶，尽管殖民当局和欧洲势力在当地影响力颇大，约鲁巴人的历史贸易关系仍然在社会中占据一定地位（Cohen，1969）。城市和农村地区经常会有集会，这种集会支撑着约鲁巴区及周边地区的贸易网络，商人们会通过当地公路和长途公路运输商品（Eades，1980）。除了农村城镇的集市外，大城市郊区还会组织一种叫作"环线"的集会。这种类型的集市往往以 4 天或 8 天为举办周期，内部运作非常复杂。例如，中间商待在离集市不远的道路上，以便以略低于集市的价格从贸易商处购买商品，然后小幅加价转售（Hodder，1961）。

约鲁巴人销售本地产品或进口制成品，包括纺织品和当地食品（Eades，1980）。制成品从大型城市中心流向农村地区，而农产品则从农村地区流向城市中心。约鲁巴农村妇女们除生产销售陶器、葫芦、棕榈油、棕榈酒、木材、成捆的叶子和山药面粉外，还会向农村市场提供农产品，如玉米、木薯、山药、香蕉、胡桃仁、西红柿、秋葵等（Hodder，1961）。由于每个妇女经营的产品数量有限，因此拼货销售是农业贸易的核心特征，产品必须在运往城镇之前形成批量。在城市市场，位于拉各斯和伊巴丹的大型外国企业，特别是黎巴嫩企业，会提供一些工业制成品。城里的约鲁巴批发商大批量购买这些产品并将其分成小批量转销给零售商，因此批量—分散是城市贸易的特征。尽管如此，制成品市场供应不稳定凸显了在贸易路线上建立良好人脉的重要性。原材料短缺、港口进口操作延误和价格控制都会造成制成品市场供应不稳定（Eades，1980）。市场竞争激烈、小笔交易占主导，这些因素大幅拉低了商人们的盈利水平。大量在城镇与城镇之间倒买倒卖商品的中间商的利润降低，大多数交易无利可图（Hodder，1961）。

约鲁巴妇女们在约鲁巴区低利润零售业中占据主导。伊德斯（Eades，1980）估计，1950 年，伊巴丹贸易商中女性有 84%，在拉各斯占 70%，这反映了约鲁巴社会的传统分工。男性一般活跃在农业部门，而女性则更有可能加工销售丈夫的劳动产品。如果丈夫认为妻子售出价格不合理，便可以自由地将自己劳动产出的产品交给另一位女士。许多妇女甚至会从丈夫那里拿到资金发展个人生意。霍德（Hodder，1961：154）认为，"对于约鲁巴妇女来说，做买卖，拥有一家小商店，或只是出现在市场上，都是她们生活方式的一部分，而市场提供的社交生活和从中获得的利润都是她们的回报。"尽管妇女积极参与小型贸易，但社会因素往往阻碍她们涉足更高级的贸易。男人可以在婚前数年就开始积累经商资本，这使他们可以直接进入利润更高的批发贸易。与此同时，妇女结婚生子，家庭责任严重限制了她们的商业活动。因此，尽管大多数约鲁巴贸易商是女性，但贸易链顶端一直由男性主导（Eades，1980）。

移民运动

20 世纪，农村市场体系和长途贸易进一步发展，这有利于约鲁巴人在西非各地逐步形成聚居规模（Eades，1980）。约鲁巴移民和贸易的推动因素有很多。第一，筹集到足够资金的约鲁巴工人和工匠倾向于迁移到贫穷的稀树草原城镇，成为商人（Eades，1980）。第二，在邻国，特别是加纳和科特迪瓦，大型种植园和采矿项目为移民创造了很多成为工人和贸易商的机会。第三，西非地区对消费品的需求随着人们收入的增加而增加。约鲁巴贸易商出售在尼日利亚西部生产的面料，将胡桃仁从加纳带到尼日利亚（Sudarkasa，1985）。约鲁巴移民在加纳北部特别活跃。非洲东西部间的贸易产品类别逐渐辐射到奴隶、皮革制品、牛和加纳纺织品等。第四，英国人带了大量约鲁巴人去阿克拉对抗阿散蒂，许多约鲁巴人便在加纳定居下来。第五，尼日利亚烟草和棉花收成不好，拉各斯—卡诺铁路逐步建成通车，这两点使约鲁巴人对移居西非法语国家更感兴趣（Ighé，2003）。

尽管 1968 年加纳政府驱逐了许多约鲁巴人，但在 20 世纪下半叶，约鲁巴人逐步在西非各地定居聚集，包括科特迪瓦、尼日尔、布基纳法索和塞内加尔。约鲁巴人之间的团结有助于他们向更广阔的地区移民定居。小有成就的贸易商会提携亲故让他们帮自己打理生意，而后者往往会逐步建起自己的企业。内部组织性是约鲁巴人在国际贸易中的制胜法宝，这一点与穆里德教派一样。

现代商业网络

约鲁巴人借助亲属关系、各种市场战略和等级组织结构，成功跻身西非庞大非正式国际贸易网络的核心，尽管他们的组织结构不如穆里德教派那样严密（Igué et Soule，1992；Igué，2003）。约鲁巴人相互信任，语言共通，商业价值观和经商模式相近，因此他们更倾向于与同是约鲁巴人的商人打交道（Sudarkasa，1985）。约鲁巴人的共同信仰伊斯兰教是他们团结的动力源泉，就像穆里德教派一样。此外约鲁巴人内部还有一个仅限于组织成员参与的非正式养老储金会系统，这套系统已经非常完善，它加强了这些成员之间的经济联系。然而，由于他们从事的走私活动具有秘密性，贸易商又多是文盲一般不会留存账目，外界对约鲁巴经济运作模式的了解还相对浅显（Igué，2003）。

约鲁巴人所经营的产品来源和目标市场并不固定，时代不同他们所经营的产品也在变化。他们在塑料和医药贸易中尤为活跃。20 世纪 60 年代加纳限制欧洲进口商品，约鲁巴贸易商便从尼日利亚、科特迪瓦、塞拉利昂和布基纳法索收购产品再将其走私到加纳。自 20 世纪 70 年代，约鲁巴商人在整个西非地区分销科特迪瓦生产的塑料，他们也经常从西非进出口法规较为宽松的英语国家进口药物。多哥、贝宁、尼日利亚和加纳的一些企业还会从中国进口其他商品，如珐琅器和化妆品等，约鲁巴人再用自己的方式将这些商品走私到西非其他国家（Igué，2003）。约鲁巴商人在加纳销售的商品一般都是从库马西和阿克拉的约鲁巴供应中心大批量采购来的。

约鲁巴移民贸易家庭的结构与传统约鲁巴区家庭结构类似。按传统，一家之主一般是男人，负责与国内和国际供应商交易寻找货源。在此期间，妻子管理货物并负责销售。她也可以将货物重新分销给年轻的街头商贩。从这种结构可以看出人员迁移流动对于约鲁巴人贸易体系极为重要。贸易商的大多数是女性，她们是成功家庭企业中不可或缺的一员。约鲁巴妇女因其在贸易中的耐力和耐心而闻名。此外，按约鲁巴贸易体系内部传统，学徒和其他新手贸易商可以学习实践一段时期后着手建立自己的企业（Igué，2003）。

约鲁巴人一直在尼日利亚和贝宁之间的走私活动中发挥主导作用，这种活动甚至可以追溯到殖民时代（Flynn，1997）。20 世纪 70 年代尼日利亚石油产业繁荣，经济上推行保护主义政策，这些都进一步助推了约鲁巴人的走私活动。他们是尼日利亚和贝宁之间除大米和小麦以外大多数商品再出口贸易的主要参与者（Igué et Soule，1992），详见第 9 章。

约鲁巴商人通过各种街头交易和集市及商店的摊位交易接触客户。街头贸易是约鲁巴人最活跃的贸易形式。其中较为常见的方式是年轻商贩们行走村庄，将产品带到当地。他们将货物带到一个村庄展示、宣传并出售，然后继续前往下一个村庄，每天会经过数个村庄。他们经常在开放的公共场所经营，以吸引村民的注意。而另一种方式则是让一些商贩，尤其是年轻女性，在邻近的城镇挨家挨户推销。他们走街串巷展示产品并说服买家购买。伊格（Igué，2003）强调了约鲁巴人这些方法的优势。首先，由于没有固定的商铺，商家可以节省相关成本和税收。其次，他们可以把产品卖到更远的地方。最后，他们可以更好地了解客户的偏好并知道在哪里销售哪种产品。

约鲁巴商人除了在街头工作外还在城市市场占据了大量摊位。跟街头交易一样，市场上的摊位可以让贸易商了解买家的口味。白天，约鲁巴人的摊位一般都是几张小桌子，上面放着待售产品，一天结束时商人们会拆除这些小桌子。摊位的安置成本较低，一般由学徒来经营。在科特迪瓦这种现象更为常见，学徒们销售衣服、塑料鞋、手表和内衣。摊位交易利润很低，每天每个摊位大约只能赚 1000 西非法郎（Igué，2003）。

有的约鲁巴商人在城市市场中也有商铺。约鲁巴商铺主要以出售塑料产品而闻名，他们的商铺一般都在市场入口处，这表明约鲁巴人在塑料贸易中处于垄断地位。约鲁巴人通常会以特定的方式布置产品，只有店主才清楚摆放规律。约鲁巴经营者在商铺贸易中有自己的优势。商铺越大，所有者可以批发和存储的产品越多。他们在乡村市场中遇到的顾客大多教育水平和消费水平偏低，而这些商铺便提供给商人们与更高端顾客见面的机会，这些高端顾客一般都喜欢明码标价的商品（Igué，2003）。

约鲁巴商铺的经营活动因国家而异。在 20 世纪 70 年代，尼日尔有少量约鲁巴商铺，可能不到 30 家，其中没有 1 家曾在政府注册过。这些商铺一般经营三个品类：食品、纺织品和杂货。它们由业主及其家庭成员经营，并没有雇用当地人。据估计，当时每个商店每天的营业额为 5 万 ~ 10 万西非法郎，而且业主一般都是富有的移民；有些甚至拥有锃亮的汽车，显眼地停在自家商铺门口。相反，在科特迪瓦，尽管 1968 年大批移民被驱逐出境，约鲁巴商铺却并未受到巨大冲击。在此之前，约鲁巴人约占该国商铺的 70%；在 1968 年之后，许多商铺裂变为更小的商铺，其占比有所下降，但仍高达 60%。1968 年的移民驱逐危机使在阿比让的约鲁巴商人更加谨慎，各移民群体间的竞争也更趋激烈（Igué，2003）。

总的来说，约鲁巴贸易商善于填补区域市场中的缺口。如果另一个族群垄断了某种商品的供应，约鲁巴人便不会试图在该地区出售同种商品。因此，约鲁巴人所使用的贸易方式以及所选择的产品在很大程度上取决于所在区域。例如，在布基纳法索，约鲁巴人出售化妆品和自行车零配件。在尼日尔的尼亚美，高人垄断化妆品，哲尔马和古尔曼特人控制自行车零件，约鲁巴人就出售珐琅、塑料制品和铁制品。约鲁巴人经常在城市市场周边的棚屋中经营（Igué，2003），而不是在昂贵的城市市场中心建筑中，后者一般是其他族群的经营场所。

在西非最大的露天市场——科托努当托帕市场，约鲁巴人与其他族群一样都是重要参与者（Prag，2010）。当托帕是第 4 章和第 9 章所述的区域跨境贸易中心。这里汇集着大小型非正式贸易者。当托帕类似于达喀尔的桑达加，此外西非还有其他日益繁荣的非正式市场，但没有一个族群能够像穆里德教派主宰桑达加那样在当帕托占据主导。波尔图—诺沃的约鲁巴商人负责运营当帕托商会。与约鲁巴人历史上就有贸易关系的其他族群，如阿贾斯和米纳斯，也在当托帕市场中占据一席之地。布拉格（Prag，2010）描述了当托帕各利益集团之间竞合关系及其中的族裔属性。在一些市场主体的支持下，政府试图控制市场并使其现代化，但大小型非正式贸易商联合起来使得政府的计划泡汤。

传统社会网络和现代非正式部门

本节总结了所研究的两个群体中的显著特征并将其与前面章节中强调的当代非正式经济惯例活动联系起来。

非正式主体的传统烙印使他们中很多人对西式规范嗤之以鼻。造成这种态度的一个重要因素是非正式经营者们往往受教育程度不高。大多数非正式企业家几乎从未接受过现代教育，即使有程度也很低。相反，他们在塞内加尔的达拉接受过培训或者类似的学徒教育。穆里德达拉有很强的宗教色彩，但教育内容不局限于宗教。即使在今天，塞内加尔依然很少有年轻人有机会在西方殖民势力构建的正式教育体系中接受教育。传统教育仍然对现代教育构成很大冲击（Mbaye，2002；Gérard，1995；Meunier，1995）。在马里的调查显示，36% 的家长更愿意让子女接受非正式教育。默尼耶（Meunier，1995）指出，非正式学校入学率增长速度几乎比正式学校快两倍。法语非洲的法式教育体系与传统教育形式之间存在许多本质性差异。法国体系一直以来都是以培养"白领"为目标，特别是公务员。而传统非洲教育更加实用，非常适合发展创业技能。因此许多家长和学生，尤其是在农村地区，会更多地被传统教育形式吸引，这在一定程度上解释了正式学校入学率较低的现象（Mbaye，2002）。

从非正式经济行为中可以看到传统非洲社会的实践经验对其影响巨大。妇女在非正式经济中的地位与在非洲村庄中的地位极其相似。这在约鲁巴人中尤其明显，传统农业根据性别有劳动分工，这种分工也延伸到了非正式贸易中。在农业中，妇女没有土地所有权，男人负责种地，而女性在非正式贸易中的角色是在市场上摆小摊子销售产品。因此，非正式贸易商中大多数都是女性，但总的来说，男性在生意和资本中有绝对控制权。在非正式经济中，妇女往往负责经营小商店，专心卖东西。

非正式企业往往以家庭为中心，这与非洲传统社会相似。正如第 4 章和第 5 章所讨论的那样，大小型非正式企业在很大程度上依赖家庭关系来获取贷款、招聘员工以及执行企业的各项职能，虽然以上特征会随着企业规模扩大而减弱，但这些做法依然是非正式企业的惯例（Lyons, Dankoco et Snoxell, 2008）。此外，贸易和手工艺等非正式经济主导的产业是非洲传统经济的支柱产业。

在非正式经济中，人们对传统权威的忠诚度，如约鲁巴首领和穆里德宗教修士，比对现代国家机构的忠诚度更高。穆里德教派和约鲁巴人的组织之间有相同点也有不同点。后者是一个以家庭为基础的族群，而前者通过教义和生活哲学将几个族群聚集在一起，尽管如此穆里德教派仍然会受到沃洛夫族群传统强烈影响。因此，这两个群体之间的等级结构基本相似。两者中的成员都相信领导者具有神秘力量，这既使人们畏惧首领的威力，也让人们敬仰首领的权力。没有人敢质疑首领的权威，连政客为了选票也会试图讨好这些族群首领。第 4 章中卡蒂姆·布索的经历说明了这些群体首领拥有极大权力。

结　论

穆里德教派和约鲁巴人的商业活动说明了非正式商业网络历史悠久，这种依靠各种社会关系的商业模式在市场中颇具优势，某些群体甚至可以追溯到几个世纪前，在欧洲殖民统治之前就已经存在，其中有许多群体历经殖民和后殖民时代复杂多变的经济环境，已经逐步适应了现代市场。群体成员之间的社会宗教关系催生出了一套复杂而灵活的合同契约机制，这种机制更依赖于群体成员间的团结关系而不是各种官方规则。伊斯兰教作为成员间的共同信仰促进了群体内部的团结意识。在约鲁巴人和穆里德教派内部都存在上下等级，穆里德教派更为明显。

本章对穆里德教派和约鲁巴人的描述突出了非正式经济群体在贸易中的紧密联系。到目前为止，贸易仍是非正式经济的主要活动，如第 3 章所述，非正式贸易涉及国内和跨国两个维度。除非洲外，穆里德教派的贸易网络还延伸到欧洲、亚洲和北美。相较之下约鲁巴人则局限于西非地区。将研究对象背后的历史、文化和经济因素结合在一起考量并分析其相互作用，对于理解非正式商业活动在西非经济中的重要性是十分有必要的。

这些非正式网络在结构和功能等很多方面都有传统非洲社会的影子。非正式经济内部的运作规则和行业惯例对西非经济产生了巨大影响，特别是在市场组织方式、传统教育形式延续、妇女的作用等方面。人们追随宗教领袖和部落酋长的热情往往强于人们的现代国家意识。

虽然群体间的团结和信任有利于商业版图的扩张，但这些因素也会对国家政治经济产生负面影响。非正式经济的主要交易市场，如塞内加尔的图巴和桑达加以及贝宁的当托帕，在很大程度上是国家无法控制的，这使得非正式商人们往往会在政府眼皮底下明目张胆地走私逃税。

注释

1. 斯沃斯莫尔学院的丽莎·卡布拉尔（Lisa Cabral）为本节贡献了很多资料，本节是基于 2007 年 10 月访问图巴成果完善而来的。
2. 在其他兄弟会中还有一些专注于宗教教育的达拉。

参考文献

Adhikari, Krishna P. et Patricia Goldey, «Social Capital and Its Downside: The Impact on Sustainability of Community-Based Organizations in Nepal», *World Development*, 2009, 38 (2), p. 184–94.

Babou, Cheikh A., «Brotherhood Solidarity, Education, and Migration: The Role of the Dahiras among the Murid Muslim Community in New York», *African Affairs*, 2002, 101, p. 151 – 70.

Babou, Cheikh A. , «Urbanizing Mystical Islam: Making Murid Space in the Cities of Senegal», *International Journal of African Historical Studies*, 2007, 40 (2), p. 197 – 223.

Barron, Stephen, John Field et TomSchuller, *Social Capital: Critical Issues*, Oxford: Oxford University Press, 2000.

Bava, Sophie, «De la baraka aux affaires : la captation de ressources religieuses comme initiatrices de nouvelles routes migratoires», *Ville-École-Integration Enjeux*, décembre 2002, 131, p. 48 – 63.

Casson, Mark C. , Marina D. Guista et Uma S. Kambhampati, «Formal and Infor mal Institutions in Development», *World Development*, 2009, 38 (2), p. 137 – 41.

Cohen, Abner, *Custom and Politics in Urban Africa: A Study of Hausa Migrants in Yoruba Towns*, Berkeley: University of California Press, 1969.

Copans, Jean, *Les Marabouts de l'arachide: la confrérie mouride et les paysans du Sénégal*, Paris: Le Sycomore, 1980.

Diouf, Mamadou, «The Senegalese Murid Trade Diaspora and the Making of a Vernacular Cosmopolitanism», *Public Culture*, 2000, 12 (3), p. 679 – 702.

Eades, J. S. , *The Yoruba Today*, Cambridge, R. -U. : Cambridge University Press, 1980.

Eades, J. S. , *Strangers and Traders: Yoruba Migrants, Markets, and the State in Northern Ghana*, Édimbourg : Edinburgh University Press, 1993.

Ebin, Victoria, « À la recherche de nouveaux ëPoissons': stratégies commerciales Mourides par temps de crise», *Politique Africaine*, mars 1992, 45, p. 86 – 99.

Ebin, Victoria, «Les commerçants mourides à Marseille et à New York: regards sur les stratégies d'implantation», In *Grands Commerçants d'Afrique de l'Ouest: logiques et pratiques d'un groupe d'hommes d'affaires contemporains*, ed. Grégoire Emmanuel and Pascal Labazée, Paris : Karthala-Orstom, 1993, p. 101 – 23.

Ebin, Victoria, «Little Senegal vs. the New Harlem Renaissance: Senegalese Immigrants and the Gentrifi cation of Harlem», *Asylon Terra*, mars 2008, http://terra. rezo. net/rubrique133. htm

Fafchamps, Marcel, *Market Institutions in Sub-Saharan Africa*, Cambridge, MA : MIT Press, 2004.

Falola, Toyin, «The Yoruba Caravan System of the Nineteenth Century», *International Journal of African Historical Studies*, 1991, 24 (1), p. 111 – 32.

Falola, Toyin et A. G. Adebayo, *Culture*, *Politics et Money among the Yoruba*, New Brunswick, NJ: Transaction Publishers, 2000.

Fassin, Didier, «Du clandestin à l'offi cieux: les réseaux de vente illicite des medicaments au Sénégal», *Cahiers d'Études Africaines*, 1985, 25 (98), p. 161 – 77.

Field, John, *Social Capital*, Londres : Routledge, 2003.

Flynn, D. K. , «'We Are the Border': Identity, Exchange, and the State along the Benin-Nigeria Border», *American Ethnologist*, 1997, 24 (2), p. 311 – 30.

Gérard, Etienne, «Jeux et enjeux scolaires au Mali : le poids des stratégies éduca tives des populations dans le fonctionnement et l' évolution de l' école publique», *Cahiers des Sciences Humaines*, 1995, 31 (3), p. 585 – 615.

Hodder, B. W. , «Rural Periodic Day Markets in Part of Yorubaland», *Transactions and Papers* (Institute of British Geographers), 1961, 29, p. 149 – 59.

Igué, John O. , The *Yoruba in French Speaking West Africa*: *Essay about a Diaspora*, Paris : Librairie Présence Africaine, 2003.

Igué, John O. et Bio G. Soule, *L'État entrepôt au Bénin*: *commerce informel ou solut ion à la crise* ?, Paris : Éditions Karthala, 1992.

Lambert, A. , «Lescommerçants et l'intégration régionale», In *Le Sénégal et ses voisins*, ed. Momar-Coumba Diop, Dakar: Sociétés-Espaces-Temps, 1996, p. 81 – 94.

Lyons, Michal, Ibrahima S. Dankoco et Simon Snoxell, «Capital social et moyens d'existence durables: quelle stratégie de survie chez les commerçants urbains du Ghana et du Sénégal», *Revue Ouest-Africaine de Science Économique et de Gestion*, 2008, 1 (1), p. 12 – 37.

Mbaye, Ahmoud A. , «Capital humain, compétence et productivité du travail au Sénégal: une analyse empirique», *Économies et Sociétés*, 2002, IV (3 – 4), p. 567 – 88.

Meunier, Olivier, «Enseignement de base: politique d'éducation et stratégies éducatives en milieu haoussa; Le cas de la ville de Maradi (Niger)», *Cahiers des Sciences Humaines*, 1995, 31 (3), p. 617 – 34.

Munshi, Kaivan et Mark Rosenzweig, «Traditional Institutions Meet the Modern World: Caste, Gender et Schooling Choice in a Globalizing Economy», *American Economic Review*, 2006, 96 (4), p. 1225 – 52.

North, Douglass, «Institutions and Economic Growth: A Historical Introduction», *World*

Development，1989，17（9），p. 1313 – 32.

O'Brien，Donald B. C.，*The Mourides of Senegal*，Oxford：Oxford University Press，1971.

O'Brien，Donald B. C.，《Charisma Comes to Town》，In*Charisma and Brotherhood in African Islam*，ed. Donald B. Cruse O'Brien and Christian Coulon，Oxford：Oxford University Press，1988.

Perani，Judith et Norma H. Wolff，*Cloth*，*Dress et Art Patronage in Africa*，New York：Berg Publishers，1999.

第 9 章

国家经济政策，走私和非正式经济

史蒂芬·格鲁伯

近几十年来，西非非正式经济国际化程度不断提升。本章将重点关注西非跨境走私问题，特别是塞内加尔和贝宁。根据官方贸易数据，尽管西非诸国在西非经济货币联盟和西非国家经济共同体框架下签署了贸易协定，但区域贸易量仍然很低。然而，走私在西非却发展蓬勃，这反映了殖民时期遗留下来的人为国家边界问题以及在第 8 章中已经详细描述过的强大民族关系超越国界的现象，而边境警力不足、相邻国家之间经济政策差异也成为商人们走私的动力。

本章阐述了西非国际贸易的正式和非正式方面之间复杂的相互作用。如第 4 章所述，大部分区域贸易由大型非正式企业经手。事实上，如第 3 章所述，贸易是非正式经济最重要的部门之一，跨境贸易又是其中一个重要方面。非洲国家国内贸易与跨国贸易的界限非常模糊。传统主食（如小米）的区域贸易传统比现有的国家边界产生时间要早得多。商人们会大量从亚洲、欧洲和北美进口西非大宗消费品，如大米、糖或小麦，然后在整个西非地区分销。大型非正式经济大量参与整个区域分销过程，并以复杂手段与进口商和航运公司，如 Bolloré、Maersk 和 Grimaldi，进行合作。尼日利亚出产的经济作物和石油也通过非正式渠道在西非分销。总而言之，走私（欺诈性贸易）与非正式经济（欺诈性经营主体）之间存在许多联系。本章强调了制度环境中的弱点会助推非正式贸易增长，这些弱点包括国家贸易政策不合理和海关管理松散薄弱等。第 6 章阐释了制度缺陷会刺激非正式经济发展，强调了海关在非正式经济发展中的核心作用。海关的腐败和官僚主义为大型非正式企业（见第 4 章）和社会网络（见第 8 章）

打开了走私大门。相应地，走私往往会创造很多工作岗位，为企业创收，这些好处引诱企业投身走私活动，因此也影响着西非经济体非正式化。走私推动当局进一步堕落腐败，越来越多的企业偷税漏税。

历史背景摘述

非洲贸易网络历经岁月至今已经成型。传统短途和长途贸易路线在殖民时代之前就已经存在。殖民列强人为地在具有数百年历史种族文化联系的地区间划定了边界。随着 20 世纪 50 年代和 60 年代的独立浪潮席卷非洲大陆，非洲各国新政府所实施的贸易外汇政策往往差异较大，又很不稳定。各国贸易保护主义的程度不同，政府执法能力又相对薄弱，而人为划定国界两端的人民往往有着文化族裔联系，加之如本书第 8 章所展示的族群贸易传统（Berg，1985；Egg et Herrera，1998），西非走私活动因此十分活跃。

在非洲走私研究中，学界一般会侧重于分析走私是否对相关经济体经济发展有利。阿扎姆（Azam，2007，第 2 章）总结了以往学界关于走私与社会福祉关系的文献。巴格瓦蒂和汉森（Bhagwati et Hansen，1973）重点关注走私带来的资源流失问题，而迪尔多夫和斯托珀（Deardorff et Stolper，1990）则指出，走私是对国家经济政策扭曲严重而产生的一种回应，走私甚至可能对国家经济政策有调节作用。但总体来说很少有研究试图描述非洲走私活动的规模和决定因素。

在殖民时代之前，非洲国家没有明确的地理边界，地区首领对领土和人口流动的控制能力很弱（Herbst，2000，第 2 章）。在 1884 年柏林会议上，殖民列强瓜分了非洲，各国在自己实际控制区之间建立起非洲国家边界。殖民者将几百年来靠历史文化习俗联系在一起（有些是家族联系）的区域武断专横地割裂开，有时甚至都不会有各自势力范围的明确地理界限（Young，1994）。

尽管这些划分出来的边界可能不合逻辑又漏洞百出，但它们仍自殖民时期保留下来，成为现在各国边界的基础。20 世纪 60 年代非洲各国试图重新划定国界，希望巩固自己国家在区域内的实力，塞内加尔和冈比亚就是很好的例子，但这项计划最终由于很多国家的政治精英担心损害国家和自己的权益而失败了（Herbst，2000：102）。

另外，后殖民时代独立后的民族国家制定了自己的国家经济政策，特别是货币和财政政策，但在独立后的最初几十年中，大多数情况下这些政策是不成熟的。贸易政策特别重要，是因为它们既有利于保护当地工业，又对税收有很大影响（Berg，1985）。从殖民时期到现在，对外贸易税在非洲公共收入中占比很大。由于非洲国家对人口和经济活动的控制能力有限，国家往往难以对国民收入和个人财富直接征税（Herbst，2000：116）。正如第3章所讨论的那样，非正式经济的泛滥限制了直接征税的范围。此外，许多国家，特别是那些积极谋求进口替代贸易战略的国家会设置非常高的进口壁垒，包括关税和配额。保护主义政策一直是非洲贸易正式化的阻碍，大大刺激了走私泛滥。

到目前为止，区域一体化在促进非洲正式贸易或减少走私方面效率非常低。非洲有大约30个区域集团，平均而言，非洲大陆53个国家中的每一个都至少参与了四个相互交错的区域集团（Yang et Gupta，2005）。但是，非洲大陆上的官方跨境贸易量仍然很小。除南非外，非洲内部跨境贸易占非洲大陆进出口总额的比例不到10%。区域一体化未能促进官方跨境贸易的原因有很多。首先，在许多区域集团中，特别是西非国家经济共同体，有效的政策协调很少。特别是尼日利亚一直比较抗拒实施西非国家经济共同体关于协调对外关税和消除成员国之间贸易壁垒的决议。其次，法语国家和英语国家之间区域一体化进程的发展是不对称的。前者通过西非经济货币联盟一体化程度更高，目前已达到关税同盟的阶段，但这仅限于西非的法语国家，撇开了冈比亚和尼日利亚等相邻英语国家——它们是西非国家经济共同体成员国而非西非经济货币联盟成员国。因此，各国贸易政策间存在巨大差异，国家边界模糊，当局执法能力薄弱。冈比亚就是一个很好的例子。这是一个仅有150万人口的小国，除了面向大西洋的60公里边界外，完全被法语国家塞内加尔包围。尽管两国之间地理文化关系密切，但塞内加尔和冈比亚之间的政治经济合作却并不多。同样，尽管贝宁和尼日利亚有着漫长的共同边界，社会族群关系历史悠久，但两国并没有努力协调各自经济政策。

冈比亚—塞内加尔、贝宁—尼日利亚间的非正式跨境贸易概述

非正式商业活动主要涉及三类贸易流动（INSAE，2001）：违法通过陆地海洋边界（特别是港口）从其他国家进口货物而不登记（即走私）、本地生产商品未经登记便出口国外、合法进口产品的非正式再出口。再出口是冈比亚的主要非正式商业活动，而在贝宁，这三种形式在非正式贸易中都存在。这里重点关注再出口。

再出口表示进口货物到达目标国后再运往其他国家。采用再出口方式的商人们除运费外一般不需要任何额外费用或包装处理。冈比亚对塞内加尔的再出口活动与贝宁到尼日利亚的再出口活动相似。在20世纪60年代和70年代，塞内加尔和尼日利亚通过高进口壁垒发展了效率低下的进口替代制造业。而冈比亚和贝宁几乎没有工业产业基础，逐渐发展为仓储经济，其发展思路是规避邻国更为保守的贸易保护政策。除走私外，这两个国家唯一的主要出口产品是冈比亚的花生和贝宁的棉花，而这两个行业发展都进入了停滞期，两国的旅游业也在衰落。自20世纪70年代以来，两国一直试图将其关税维持在邻国设定的水平之下，目的就是鼓励商人们向较大邻国再出口。冈比亚和贝宁非常依赖本国的仓储经济，尤其是税收的依赖程度更高。这两个案例都涉及西非国家经济共同体中的一个法语国家和一个英语国家，但两个案例中英语国家和法语国家的贸易保护程度却正好相反，法语国家塞内加尔和英语国家尼日利亚实行贸易保护主义，而英语国家冈比亚和法语国家贝宁在贸易上则比较开放。

再出口贸易跨越正式经济和非正式经济，处于一个高度复杂却组织良好的系统中，该系统在不同国家的运作方式基本相似。再出口中有一条运作复杂的分销链，连接着通过官方渠道进口货物的大型正式企业和通过非正式方式进行跨国分销的企业。再出口是冈比亚和贝宁税收的重要来源，

因为再出口的进口货物一般在走私进入他国领土前要在本国交税。因此，两国的关税收入占总收入的比例高于大多数其他非洲国家，至少占税收收入的一半。

再出口的货物种类非常多样化，时代不同种类也不同，主要包括来自亚洲、欧洲或美国的基本消费品，商人们将这些产品出售给非洲中低收入家庭。货物进入冈比亚的班珠尔港和贝宁的科托努港，然后分别再出口到塞内加尔和尼日利亚，虽然还有其他再出口目标国家但占比较小。再出口的主要产品是大米、糖和面粉等大宗食品以及番茄酱、食用油、罐装炼乳、茶和含糖饮料等加工食品，还有各种布料、二手车和许多其他常见家居用品，如电池、蜡烛和火柴等。

本土生产的商品跨境贸易规模也很大，特别是在贝宁。根据 LARES 研究所收集并由贝宁国家经济分析与统计局（INSAE，2001）报告的数据，贝宁国内消费的大部分农业和制造产品是从尼日利亚进口的。特别是石油产品几乎都是从尼日利亚进口的，因为尼日利亚的石油产品有生产补贴。在某些情况下，尼日利亚生产的工业制成品在贝宁等邻国比亚洲产品更具竞争力，因为商人们将这些产品走私到贝宁时会逃避关税。然而，据受访者说，近年来尼日利亚制成品在贝宁的进口量有所下降。贝宁国内还有大量未登记的本土应季农产品贸易。

表 9.1 列出了冈比亚和贝宁商品贸易的整体结构，将官方数据与非官方贸易量估算相结合并与国内生产总值做了对比。在这两个国家，自 20 世纪 70 年代以来官方商品出口量与进口量非常低，而且一直在下降。服务业出口增加（表中未显示）部分抵消了商品出口下降，但这也反映了未登记再出口贸易的增长。冈比亚的官方进口在国内生产总值中的占比非常高，超过 50%，但这一比例在贝宁较低，仅为冈比亚的一半。贝宁的官方进口占国内生产总值的比例远远低于西非沿海经济体，如塞内加尔、加纳和多哥[1]。贝宁的低进口率与其在该地区公认的仓储经济地位不相符。这种矛盾当然可以解释为官方统计数据未能体现出贝宁贸易的两个重要事实：（1）从尼日利亚走私来的大量进口产品，特别是石油产品；（2）大量进口被视为过境，但实际上，特别是二手车，它们与普通进口没有显著差异。在这两种

情况下，进口产品被转运到尼日利亚并在此过程中产生了大量收入。总体而言，冈比亚和贝宁的很大一部分进口产品并没有在本国被消费，而是分别转运到了塞内加尔和尼日利亚。

表 9.1　冈比亚和贝宁官方进出口、再出口及过境占国内生产总值的百分比

冈比亚

	2004 年	2005 年	2006 年	2007 年
官方出口	2.5%	1.7%	2.2%	2.0%
官方再出口	1.6%	0.1%	不详	不详
过境货物	2.3%	1.4%	不详	不详
官方进口	57.1%	51.4%	50.8%	47.4%
再出口的非官方进口估计	24.1%	18.3%	17.1%	14.3%
非官方再出口估计	32.6%	24.7%	23.1%	19.4%

贝宁

	2004 年	2005 年	2006 年	2007 年
官方出口	7.4%	5.1%	5.0%	6.0%
官方再出口	0.3%	0.5%	0.4%	0.6%
过境货物	26.0%	30.9%	44.3%	49.3%
官方进口	22.0%	20.6%	21.3%	26.2%
再出口的非官方进口估计	22.4%	23.6%	26.6%	32.4%
非官方再出口估计	30.2%	31.9%	35.9%	43.7%

资料来源：冈比亚和贝宁的关税和国际贸易统计，世界银行发展指标。

走私网络的运作方式

冈比亚和贝宁的再出口分销链复杂又隐秘。大型非正式进口商在贝宁或冈比亚采购商品然后通过各种机制走私跨越边境。再出口贸易已经发展出了一个复杂的基础结构，在某些方面比公共基础设施组织得更有效率。这两个国家的观察员声称，高级政府官员对这些走私活动心知肚明且经常

参与、组织和保护走私网络，非洲大部分地区都是如此（Egg et Herrera，1998）。这些运作网络已经不是秘密，几乎不用担心国家管制。

冈比亚和塞内加尔的案例[2]

货物是由少数大型进口商进口到冈比亚的，其中大多数是黎巴嫩人。之后，这些批发商会出售自己的商品给其他贸易商，往往是毛里塔尼亚人，他们在国界上一般都有自己的商铺。随后他们再将商品卖给零售商，一般是来自该地区"市场上的女摊贩"，她们主要来自几内亚比绍、几内亚、马里，当然还有塞内加尔。这些小商贩随后通过公共汽车或向边境海关官员行贿将货物偷运到塞内加尔。另外，班珠尔的批发商会直接向塞内加尔商人出售商品，后者用大型卡车将货物运到边境。大多数卡车司机都是塞内加尔国民。如上所述，卡车在边境处卸货，货物被分成小批量后走私。卡车司机有时会与塞内加尔海关官员串通一气然后偷偷过境。这个网络中的各个参与者之间有着深厚的社会、宗教和文化联系，特别是穆里德兄弟会，如第 8 章所述，为这些交易提供了极大便利。货物也可以通过海上运输到塞内加尔，通过独木舟在夜间运输。冈比亚的走私活动为达喀尔的非正式市场供应了大量货源，其中包括桑达加和其他城市的非正式市场，这些走私行为往往得到了腐败官员的默许。

据贸易商估计，通过冈比亚的再出口贸易中约有一半将运往塞内加尔，另外一半将继续运往几内亚（这部分几乎占冈比亚再出口的 1/4）、马里和几内亚比绍，有时还包括科特迪瓦和塞拉利昂。

贝宁和尼日利亚的案例[3]

往尼日利亚再出口产品的进口方式根据货物性质的不同有很大差异。第 4 章描述了这种运输网络结构复杂又组织严密，非正式经济在很大程度上控制跨境贸易，在这个行业边缘也有一些小型经营者参与。由于非正式网络通常具有宗教或族群特性，成员间很容易产生信任情感，便利的联络网使得遍布各大洲的交易变得快捷，同时也便利了信贷提供和资金转移，如第 8 章所述。

　　对于大米、小麦和糖等大宗商品，进口商会直接从与他们保持密切联系的国际中间商处购买。对于某些产品，如卷烟，外国企业一般都有驻贝宁代表。二手车等旧货进口商经常在跑业务，外国联络人也会提供一些相关货源消息。冷冻家禽进口则由某些批发商主导。COMON 占有 60% 的市场份额，雇用了 470 名全职员工；CDPA-Agrisatch 占有约 20% 的市场份额，150 名全职员工，另有 300 名临时员工。总的来说，贸易商在适应多变的市场环境时表现得非常灵活。

　　交易网络内部往往靠族裔及群体商业文化将成员联系在一起，这种网络在再出口贸易中极为常见，比如上一章中提到过的约鲁巴人。约鲁巴人的贸易网络总部设在波多诺伏，网络内部通过族群和宗教亲缘关系维系，约鲁巴妇女往往组团做进口商和市场中间商，她们在经营中展现出极高的商业天分。外国贸易商也会从事再出口贸易业务。大多数继承了欧洲贸易公司产业的企业已不再从事再出口贸易，黎巴嫩人和阿拉伯人倒是后来者居上，还有一些尼日利亚人，他们是在比夫拉战争期间涌入当地的伊博难民，此外还有 20 世纪 70 年代开始从加纳和尼日利亚来此的印度人。

　　非正式再出口可能会从陆路或水上过境。通过陆路，贸易商利用与尼日利亚漫长边界上的各种崎岖小路偷偷过境。他们还善于探索复杂的渠道网络，当海关在现有道路上巡逻时，他们就会挖出新的渠道。再出口贸易中还有专门用于存储各种货物的仓库，大多位于科托努和尼贝边境，例如有一些私人中间商或贸易商建造了专门用于存储小麦、大米和其他产品的仓库，这些仓库往往由建造者本人或组团运营，如此建造者就可以方便地自行使用仓库或将其租赁给其他贸易商。再出口贸易所形成的市场网络跨越了尼贝边境，两国国内都有其附属市场。

　　从尼日利亚到贝宁也存在反向平行贸易。长期以来，尼日利亚一直是诸法语邻国的产品供应国，包括从亚洲进口的各种农产品、制成品以及受益于尼日利亚较低进口壁垒的进口产品或在尼日利亚当地生产的产品。尼日利亚对贝宁的最大非正式出口交易绝对是石油产品贸易，因为尼日利亚政府对于石油生产有很多补贴。来自尼日利亚的进口产品是贝宁和非洲金融共同体区域其他国家日常消费品和资本货物的重要来源，包括化肥、设备、食品（玉米、小米）、塑料制品、零配件、各种消费品，如盘子、厨具、肥皂、学习用品、化妆品、电脑、玩具、滑板车和药品（Galtier et Tassou，1998）。尼日利亚对生产通用和廉价药物监管极少，因此来自尼日利亚的平行进口是贝宁廉价通用药的来源，那些没钱前往国家定点药店的人常常会购买。根据尼日利亚本国的市场条件和对外贸易政策，一些产品可能会在不同时间和地点进行双向流动，包括大宗食品和布料等。

尼日利亚到贝宁的走私活动组织非常严密。贝宁进口商与尼日利亚海关高层之间的协议保障了卡车车队可以跨境运输货物，海关对每辆卡车会一次性收取费用，1997 年以前这项费率据估计为 9% ~ 24%，远远低于关税（Le Faou，2001）。商人们还会运用复杂手段通过船只将货物偷运到贝宁，有时也会用出租车将货物跨越国界运送到贝宁。然而，1997 年 2 月，贝宁当局毫无预兆地将卡车的一次性费率增加了 50%，从而导致合法流入贝宁的产品明显减少，这愈发刺激了非法进口渠道发展。

近年来，尼日利亚出口到贝宁的制成品数量有所下降，贝宁商人们往往会直接从中国进口商品，或从中国购入后再在迪拜转运商品。而随着尼日利亚石油零售价格上涨，与贝宁国内价格差异变小，因此尼日利亚对贝宁的石油出口量略有收缩。

尼日利亚的高级官员与商人勾结串通进行非正式再出口贸易已经是不争的事实。例如，尼日利亚商人会在尼日利亚情报部门的直接保护下从事利润丰厚的卷烟再出口贸易（Hashim et Meagher，1999，104）。在旧货和烟草贩卖案例中，在市场中占主导地位的贸易集团可以鼓动当局打压新入行的竞争对手，从而维持自己在行业内的垄断地位。也有人怀疑尼日利亚当局参与甚至操纵境外大规模石油产品走私活动。

下文将详细描述二手车和石油产品的跨境贸易，从中可以进一步研究这些产品的贸易运作模式。

二手车贸易

自 2000 年以来，二手车一直是贝宁最大的再出口贸易行业[4]，第 4 章中强调了大型非正式经济在这一行业中非常活跃，是大型非正式企业偏好的行业之一。汽车进口量急剧增加，从 1996 年的 5 万辆增加到 2000 年的 20 万辆，以及 2002 年和 2003 年的 25 万辆。在 2004 ~ 2005 年收缩到 15 万辆后，在 2006 年反弹并在 2007 年达到历史纪录 30 万辆。佩雷（Perret, 2002）估计，二手车占 2001 年贸易总量的 43%，比 1999 年增加了 37%。逐年增长的态势非常显著，2001 年二手车再出口贸易占科托努港收入的 45%（运费和税费），这一比例非常惊人。二手车贸易已成为贝宁的主要产业之一。许多位于科托努郊区的停车场会直接雇用 1 万 ~ 1.5 万名员工分别负责进口、销售、仓储和驾驶，间接雇用人数可达数千名。二手车的分销和管理产生的附加值约占 2001 年贝宁国内生产总值的 9%，与棉花的比例大致相当。

进口到贝宁的二手车 90% 会运往尼日利亚，5% 会运往尼日尔，国内市场则留下 5%。大多数二手车以过境名义进入贝宁，而尼日尔或其他内陆国家只是名义上的目的地。例如，在 2001 年申报运往尼日尔的 23 万辆汽车中，只有 1.5 万辆真正到达目的地，剩下车辆几乎最终都流向了尼日利亚。运往尼日尔和其他内陆国家的汽车被转运到尼日利亚这一事实在贝宁已经不是秘密了。贝宁非正式商人已经有一套完善的程序可以获得海关授权文件将汽车转运到尼日利亚。每辆车要获得授权需要缴纳各项税费共计 40 万西非法郎，其中包括海关护送汽车到尼日利亚边境的费用。对于二手车而言，包括保险和运费在内，每辆车平均成本为 100 万 ~ 150 万西非法郎，税收和清关费用占成本的 30%。

二手车进口渠道组织严密，发展成熟。进口商会在发达国家找人脉找货源、购入汽车准备运向非洲。2001 年，非洲 65% 的进口汽车来自德国，其余来自其他欧洲国家。与贝宁方面联络的供货商自身的地理位置和在港口的操作便利条件会决定其选择哪个登船港。最近来自北美的二手车份额显著增加，但欧洲仍是主要的供应来源。一些进口商拥有自己的船只，并会与格里马尔迪（Grimaldi）等航运公司合作，其他没有自己船只的则会租船运货。海关专员负责办好各种授权和行政文件。如第 4 章所述，正式和非正式海关专员之间往往会密切合作。其他中间商通过介绍买家和卖家也参与进来。汽车清关后被存放在科托努的停车场，然后在海关的护送和警察的许可下，专门从事边境汽车交付的企业将汽车开到最终目的地。运输车队大约有 100 辆车，司机们会在夜间行进。走私者只要向贝宁和尼日利亚海关人员行贿就能越过尼日利亚边境。据被采访的海关专员透露，贿赂的金额通常由海关人员定。然后，汽车就可以获得尼日利亚正式牌照。简而言之，边境两边大小官员都牵涉进这一走私活动并能从中捞取好处。

多哥二手车贸易对贝宁的冲击越来越大，因为多哥的关税更低，加上多哥运输服务很快，贝宁的地理优势已不那么明显了。在多哥，办好各种文件仅需 1 天，而多哥海关对每辆车只收取 20 万 ~ 30 万西非法郎的费用。2003 ~ 2004 年多哥二手车贸易对贝宁的冲击尤其猛烈，因为当时科托努港出现了一些问题。然而，近年来这些问题有所缓解，贝宁贸易商似乎不再忧心多哥同行，2005 年贝宁的二手车进口量大幅回升。

欧洲大量旧车供货源加上西非人均收入偏低，都是二手车交易的理想市场条件。在 2001 年，抵达贝宁的进口汽车一般平均车龄为 16 年，95% 的车辆已经超过 10 年。丰田、梅赛德斯和标致是最受欢迎的汽车品牌，其他日本和欧洲品牌也渐渐受到人们青睐，相关的零配件市场也相应地得到了蓬勃发展。

尼日利亚汽车工业已经摇摇欲坠，国家虽试图挽救但终究徒劳，只能眼看着其他国家夺走本国汽车市场。在 20 世纪 70 年代后期，尼日利亚年均汽车组装能力可达 10 万辆，而如今只有 1 万辆。自 1994 年，尼日利亚开始禁止进口 8 年以上车龄的汽车。2002 年，禁止进口令进一步收紧，所有 5 年以上车龄的汽车都不准进入国内市场。2004 年，禁令放宽，禁止进口门槛再次回到 8 年以上的汽车。此外，根据尼日利亚法令，任何通过陆路进口的汽车，包括来自贝宁的，都是绝对禁止入境的。鉴于两国边界情况复杂，尼日利亚国内市场对廉价二手车需求又很旺盛，加之尼日利亚当局对进口态度时而武断时而暧昧，这项禁令在实践中只会沦为一纸空文。但如果尼日利亚完全对外国开放进口汽车市场或者严格执行对贝宁进口汽车的禁令措施，这种利润颇丰的贸易可能遭受巨大打击乃至崩溃。实际上尼日利亚在 2008 年 3 月对贝宁进口汽车实施过一段时间禁运令，效果非常显著，但并没有持续下去。

从尼日利亚进口石油产品

与从贝宁到尼日利亚的再出口贸易一样，尼日利亚向贝宁走私石油产品也反映了两国经济政策差异以及货物跨境运输的便利性和两国官员的默许。然而，这种贸易的决定性因素还是尼日利亚对石油产品补贴丰厚以及贝宁对石油产品定价机制管制宽松，两个因素共同导致了尼日利亚石油产品价格大大低于贝宁（Morillon et Afouda，2005）。尼日利亚对贝宁的石油产品走私始于 20 世纪 80 年代，并在 2000 年急剧增长。贝宁和尼日利亚的高级官员被指牵涉其中。

尼日利亚是世界上最大的原油生产国之一，其石油出口收入严重依赖国际原油价格。然而，尼日利亚国内石油消费价格却与全球市场趋势脱钩。尼日利亚炼油厂的原油供应成本远低于世界平均水平，政府对炼油厂发放 20%~30% 的经济补贴。由于本土炼油厂汽油精炼技术有限，尼日利亚也进口汽油，并在国内以管制价格出售。此外，尼日利亚对汽油、柴油和燃料的征税远低于贝宁和该地区其他国家。2005 年，贝宁汽油税率几乎达到 100%，包括关税、消费税和增值税，但尼日利亚对石油产品的征税水平却非常低。

鉴于本国和外部经济情况，贝宁实施了一些结构调整政策，自 1995 年起逐步对外开放本国石油市场。2000 年，贝宁汽油、柴油和煤油的零售价格上涨了 75%，但随后根据世界油价做了相应调整。贝宁这次油价上涨使其与尼日利亚官方油价差距拉大，以平行汇率计算，贝宁油价在 2000 年 8 月至 2004 年 5 月间是尼日利亚的 2 倍多。近年来，尼日利亚提高了国内官方油价，缩小了与贝宁的差距。2008 年 4 月，贝宁无铅汽油的官方价格为每升 470 西非法郎，比尼日利亚 80 奈拉（根据平行汇率约为 300 西非法郎）高约 50%。2000 年 6 月贝宁官方油价上涨后，官方油价比科托努黑市油价升高了许多，而 1997~1999 年黑市价格甚至比官方价格略高一点，这也反映了汽油作为管制商品的物以稀为贵。尼日利亚和贝宁的黑市汽油价格几乎持平，均比尼日利亚官方油价高约 30%。总的来说，贝宁黑市油价似乎是在尼日利亚官方油价的基础上确定的并略高一些，与贝宁官方油价

关系不大。因此，2000 年贝宁官方油价上涨对黑市价格影响不大（Moril-
lon et Afouda，2005）。

尽管贝宁二手车数量稳步增长，但自 2000 年以来贝宁国内汽油和其他
石油产品官方进口量却大幅下降。莫里永和阿富达（Morillon et Afouda，
2005）由此估计，贝宁从尼日利亚以非正式方式进口汽油的比例从 1998～
1999 年的 10% 增加到 2000 年的约 50% 和 2001～2002 年的 83%，在 2003～
2004 年略有下降，为 72%。

近年来，由于尼日利亚油价上涨，石油走私份额略有下降。在贝宁，
尼日利亚走私汽油的比例一直保持在国内消费的 60%～70%，但柴油和煤
油的平行进口量却急剧下降。

虽然贝宁油价远高于尼日利亚，但贝宁石油产品官方零售价格却依然
明显低于该地区其他法语国家。例如，2005 年 3 月，贝宁的普通汽油价格
为每升 360 西非法郎，而多哥为 415 西非法郎，尼日尔为 470 西非法郎，
布基纳法索为 522 西非法郎，马里为 580 西非法郎。由于贝宁非正式石油
进口量超过了国内市场需求量，因此贝宁商人会把从尼日利亚进口的汽油
和其他渠道获得的石油产品中相当大一部分进行再出口，但目前贝宁石油
总供应量超出国内市场消费的程度和具体数量仍不清楚。

贝宁国内正式加油站数量不足助推了贝宁非正式市场的蓬勃发展。反
过来，这种现象也反映了非正式市场在贝宁石油业中的主导地位，尤其是
贝宁在靠近尼日利亚边境地区的加油站数量持续减少。相反，尼日利亚加
油站网络却非常密集，可以轻松向贝宁非正式汽油走私商供应汽油。

大型批发商在尼日利亚汽油分销网络中扮演着非常重要的角色，他们
在边境地区有多个可容纳 1000 升汽油的仓库。这些批发商与尼日利亚的高
级官员保持非常密切的政治关系。他们向许多不同规模的中间经销商分销
产品，这些经销商通过独木舟、扩大燃料箱的汽车或踏板车，甚至步行将
小批量汽油带过边境。

这种大规模石油贸易对贝宁经济具有多重影响。一方面，会导致贝宁
税收损失巨大；但另一方面，它又是贝宁石油贸易商和分销商的就业和收
入来源。据估算，2005 年石油贸易占国内生产总值的 1%～2%，该产业创

造了 1.5 万~4 万个工作岗位。

走私的决定因素：关税和非关税贸易扭曲

格鲁伯和姆拜耶（Golub et Mbaye，2009）以及奥耶吉德等（Oyejide et al.，2008）学者指出，冈比亚和塞内加尔之间以及贝宁和尼日利亚之间零售商品价格存在巨大差异，这刺激了走私行为泛滥，例如塞内加尔的糖价高于冈比亚。这种邻国间的商品价格差异不能用产品从欧洲、北美或亚洲运输而来的成本差异解释，因为无论从任何起点出发，班珠尔与达喀尔或科托努和拉各斯之间的地理距离几乎是相同的，同样商品运输到达喀尔的成本甚至应该比班珠尔便宜，因为达喀尔是一些大型航运公司的区域中心。同理，由于尼日利亚经济体量大，按理说拉各斯应该受益于规模效应。

学界普遍认为造成这种情况的决定因素是西非各国贸易政策存在巨大差异（Egg et Herrera，1998，第 1 章）。此外还有其他一些影响因素，例如各国贸易便利化程序的行政效率和及时程度，特别是港口和海关业务以及边防警察的执法效率。

贸易政策

冈比亚和塞内加尔

如上所述，冈比亚比塞内加尔贸易政策更自由无疑有助于冈比亚作为区域贸易平台发挥独特作用。冈比亚比该地区其他国家特别是塞内加尔贸易开放时间更早，程度也更高。冈比亚和塞内加尔在外贸方面的税种包括关税、销售税、增值税和印花税以及某些产品如卷烟等的特殊税。从 20 世纪 70 年代到 90 年代中期，两国之间的进口税差异一直很大，塞内加尔对于某些产品如纺织品仅关税就接近于 100%，而冈比亚的同类税率约为 30%。

塞内加尔的贸易政策。塞内加尔在 1960 年独立后的第一个十年期间高度执行计划经济的贸易价格政策，关税很高，非关税壁垒也不透明。而大多数非洲国家此后都经历了非常严重的财政金融危机，塞内加尔也一样，于是 80 年代和 90 年代塞内加尔实施了一些结构调整方案，将计划经济逐步转型为市场经济。80 年代后，塞内加尔逐渐消除了进口壁垒。由于 1994 年塞内加尔国内货币贬值，政府显著降低了进口配额限制，简化了进口行政手续，特别是取消了进口差额税，对除糖等之外的某些进口产品全部或部分放开配额限制。正如第 4 章中提到的案例研究所表明的那样，尽管塞内加尔自 80 年代以来贸易逐步自由化，但颇有政治影响的敏兰家族依然牢牢控制着国内食糖产业。在他们的授意下，多个实力雄厚的非正式食糖走私企业家都破产了。食糖走私在塞内加尔是一门一本万利但风险极高的生意。1998 ~ 2000 年，西非经济货币联盟国家实施共同对外关税，导致塞内加尔进一步降低关税，这对冈比亚仓储经济构成了较大威胁，但也促使冈比亚进一步深化贸易自由化。而塞内加尔方面为落实共同对外关税，将各类产品关税合并为 4 个大类及所有商品的最高关税税率限制在 20%，这些政策大大简化了塞内加尔关税结构，使得塞内加尔关税透明程度显著提升。

冈比亚的贸易政策。 直到 20 世纪 90 年代，冈比亚的贸易政策一直都刻意比其邻国特别是塞内加尔更为宽松，尽管如此其关税峰值仍相当可观，税率高达 90%，而关税类别更是高达 27 个（WTO，2004）。2000 年，冈比亚为响应西非经济货币联盟共同对外关税政策，将关税简化为 5 档，关税峰值限制在 20%，与西非经济货币联盟适用的最高税率保持一致。2001 年，冈比亚将关税分档数量进一步减少到 4 个，最高限额也降至 18%（WTO，2004）。2006 年 1 月，冈比亚又将关税与西非国家经济共同体的共同对外关税调至持平，导致一些商品税率上升，而适用于大多数消费品的最高税率从 18% 增加到 20%；同时进口商品的销售税从 10% 增加至 15%，与国内商品的销售税税率保持一致。

比较。 表 9.2 比较了 2006 年底冈比亚和塞内加尔一些再出口关键产品的进口税，涵盖上面列出的不同税种。表中所有产品在塞内加尔的税负都高于冈比亚，有时甚至高出很多。如预期一致，税负差异最大的就是糖，糖在塞内加尔的综合税率比冈比亚高出 80% 多，而番茄酱、植物油、雪茄等税率差异也很大（25% ~ 40%）。这些税率差异与格鲁伯和姆拜耶

（Golub et Mbaye, 2009） 在报告中指出的同类商品价格差异一致。

表 9.2　2007 年塞内加尔和冈比亚的外贸税收比较

单位：%

	冈比亚	塞内加尔	差异
面粉	22.5	56.6	34.1
食糖	22.5	103.8	81.3
大米	16.8	22.7	5.9
番茄酱	28.3	56.6	28.3
雪茄	58.0	97.7	39.7
含糖饮料	39.8	48.2	8.4
罐装奶	22.5	44.8	22.3
炼乳	22.5	27.1	4.6
植物油	22.5	56.6	34.1
蛋黄酱	39.8	44.8	5.0
香皂	39.8	44.8	5.0
蜡烛	39.8	44.8	5.0
火柴	39.8	44.8	5.0
茶叶	28.3	37.3	9.0
沙丁鱼罐头	39.8	44.8	5.0
鞋	39.8	44.8	5.0
布料	39.8	44.8	5.0

＊包括销售税等税费及其他费用；2006 年数据。

资料来源：冈比亚和塞内加尔海关，以及作者计算。

贝宁和尼日利亚

根据现有文献（Igué et Soulé, 1992；Soulé, 2004；Perret, 2002；Mo-rillon et Afouda, 2005）以及实地访谈，贝宁与尼日利亚间贸易财政政策差异及政策落实程度不同是催生两国间再出口贸易的主要决定因素。

贝宁的贸易政策。 与冈比亚一样，贝宁的财政收入高度依赖关税，其比例高于非洲许多国家。而外贸税又占贝宁税收收入的一半以上，占财政

收入的一半左右。1973 年，贝宁推行积极的再出口贸易政策以便使关税水平始终低于尼日利亚。与塞内加尔一样，贝宁的税收在很大程度上由西非经济货币联盟确定，但与其他西非经济货币联盟国家不同，共同对外关税提高了贝宁的平均关税。在实施之前，贝宁消费品的关税平均为 13%，远低于当时大多数西非经济货币联盟国家的 30%，只有多哥与贝宁趋于接近，为 19%。随着共同对外关税的实施，贝宁平均关税从 11.4% 增加到 12.2%，而其他西非经济货币联盟国家平均关税则大幅下降（WB，2005，第 3 章）。由于提高后的关税税率依然比尼日利亚低很多，共同对外关税对贝宁的再出口贸易负面影响不大。

*尼日利亚的贸易政策。*一国的贸易政策会随当时国内外环境变化而变化。尼日利亚对某些产品贸易保护程度很高，特别是那些受进口同类产品冲击较大的本土产品，另外，尼日利亚还大力补贴某些产品，包括汽油和其他石油产品。尼日利亚是全世界关税壁垒最严重的国家之一，如表 9.3 所示，2003 年的平均关税税率为 30%，此外尼日利亚对进口产品数量也有限额（IMF，2005；WTO，2005）。放眼非洲，尼日利亚的制造业算是非常多样化的，但产业效率却很低，理论产能利用率通常达不到 50% 甚至低很多（IMF，2005）。尼日利亚政府一直试图通过关税壁垒来保护其国内工农业部门[5]。西非经济共同体各成员国已开始逐步采用共同对外关税，尼日利亚与西非经济货币联盟所定的关税结构有四类税种是相同的，但其却拒绝落实共同对外关税，同时尼日利亚也没有执行西非国家经济共同体关于成员国之间自由贸易的条款。所有从其他西非国家进口的产品必须通过卡拉巴尔港进入尼日利亚，尼日利亚方面在从贝宁边界到拉各斯这 120 公里的路上设置了许多检查站。尼日利亚进口禁令的适用对象是一切从贝宁进口的产品，即便是贝宁本国生产的产品也含在禁令适用范围内。

表 9.3 1995～2007 年尼日利亚对进口的一些限制（关税或禁止进口）

单位：%

	1995 年	1997 年	1999 年	2001 年	2003 年	2005 年	2007 年
植物油	禁止	禁止	55	40	禁止	禁止	禁止

	1995 年	1997 年	1999 年	2001 年	2003 年	2005 年	2007 年
禽肉	禁止	禁止	55	75	禁止	禁止	禁止
啤酒	禁止	禁止	100	100	100	禁止	禁止
葡萄酒	100	100	100	100	100	20	20
奶制品	55	55	50	50	100	20	20
番茄酱	45	45	45	45	45	20	20
二手服装	禁止	禁止	禁止	禁止	禁止	禁止	禁止
轮胎	禁止	禁止	禁止	禁止	禁止	禁止	禁止
面粉	禁止	禁止	禁止	禁止	禁止	禁止	禁止
二手汽车	禁止	禁止	禁止	禁止	禁止	禁止	禁止
食糖	10	10	10	40	100	50	50
布料与服装	禁止	50	65	55	100	禁止	禁止
烟草与雪茄	90	90	80	80	100	50	50
大米	100	50	50	75	110	50	50

资料来源：世界银行提供的尼日利亚海关数据。

表 9.3 显示尼日利亚对一些受再出口影响严重的产品设置了贸易壁垒，这表明尼日利亚限制进口的方法非常多，贸易保护程度很高。尼日利亚规定了很多禁止进口的产品，且每年都在变化。但是，这些禁令实施的程度各不相同，而经总统批准在某些情况下可以对某些产品给予豁免。总而言之，尼日利亚进口壁垒极其高，且其贸易政策既不透明又复杂多变。

贸易便利化和其他因素

当然，可以认为贸易壁垒是导致邻国之间同类产品批发价格存在差异的部分原因，但不是全部。在本节中，将考虑其他因素对价格差异的影响，包括国家贸易便利化程度、过境规则执法力度和货币交换水平。

冈比亚和塞内加尔

港口效率和海关操作。 海关操作与法定关税同等重要。这些操作主要包括海关估价程序以及在港口及其他地方货物清关的速度和便捷性。在塞内加尔，海关在货物价值确定中有高度自由裁量权。塞内加尔海关显然会

参照国内某些商品交易情况来保护当地生产的"敏感产品"，例如火柴。这种价值确定逻辑与糖类的进口差价税原理相似，但更为隐晦。塞内加尔海关程序更为复杂也更官僚，相比之下冈比亚海关工作效率较高。

另一个需要考虑的是班珠尔港效率卓越。与包括塞内加尔在内的其他非洲国家的港口不同，冈比亚班珠尔港以其货物清关速度快、效率高而闻名。在大多数非洲港口包括达喀尔港，抵港货物可能会滞留数天甚至数周，但在班珠尔港通常 24 小时内货物就可完成清关。

营商环境。塞内加尔和冈比亚都受益于国内和谐的社会环境和相对稳定的政治环境。但是，塞内加尔毕竟继承了法国体系，而这套体系又高度官僚化，相比之下冈比亚国内经济政策则更为自由宽松，这促进了班珠尔各种商业机构的发展。冈比亚银行系统的一个优势就在于获得外币相对容易，但是各国差距正在逐步缩小。在某些情况下，冈比亚甚至会处于不利地位。例如，冈比亚的利润税率为 35%，而塞内加尔的税率则降至 25%，尽管最近又有所增加。

与塞内加尔的关系。考虑到冈比亚地理上基本被塞内加尔包围，塞内加尔不可避免地成为冈比亚再出口贸易的首选对象之一。因此，与塞内加尔的经济关系对于冈比亚至关重要。如本节开头所述，两国经济关系时有摩擦。冈比亚与塞内加尔在边境上的冲突会严重扰乱再出口贸易。据受访的一些批发商称，冈塞的每一次边境争端都会导致两国间的再出口贸易大幅下降，甚至很久都无法恢复。2005 年 8 月，由于冈比亚渡轮费用增加，塞内加尔卡车司机人为阻挡了两国过境点，由此引发两国间边界冲突，导致后期再出口贸易减少。虽然有时贸易商能够穿越灌木丛越过边境从而避免以正式方式过境所遇到的麻烦，但再出口贸易还是会受到严重破坏，直到 2005 年 10 月冈比亚取消增加的渡轮费用，问题才得以解决。

货币走势。达拉西兑西非法郎的贬值降低了冈比亚再出口贸易的竞争力。虽然进口商品的价格往往以欧元或美元确定，FOB（船上交货）进口的价格不受达拉西—西非法郎两种货币汇率波动的影响，但冈比亚运输服务部门的竞争力在达拉西贬值时会有所提高。达拉西在 2001～2003 年的贬

值可能部分解释了自2001年以来两国间再出口贸易量的增加。据受访的贸易商称，汇率大幅波动对再出口贸易不利，因为这使得市场之间的套利风险更大。

贝宁和尼日利亚

营商环境和贸易便利化。 贝宁营商环境虽不是无懈可击，但远比尼日利亚友善。尼日利亚治安情况欠佳，犯罪多发，在港口也不例外。科托努港虽受累于腐败严重和基础设施薄弱，但其表现仍优于尼日利亚港口。科托努海关的清关速度比尼日利亚海关更快，价格更便宜，手续更便捷。但据受访的知情人表示，尼日利亚港口情况有所改善，因此这一因素的影响可能变得不那么重要了。

边防警察。 贝宁与尼日利亚间的经济政治关系长期以来非常复杂。尼日利亚时常会加强贸易保护程度，还经常单方面威胁贝宁叫停两国间的跨境贸易，有时甚至会付诸实践。当两国间政治关系趋于紧张时，边界有时会被关闭。1984年2月到1986年2月，尼日利亚关闭了与贝宁的边界以遏制贝宁商人走私石油。在此期间，尼日利亚关闭了与贝宁10公里边界内的所有加油站试图遏制走私但终究徒劳无功。1996年，尼日利亚总统阿巴查（Abacha）在与贝宁总统索格洛（Soglo）就与美国的军事合作发生政治冲突后关闭了边界，阿巴查认为受到了侮辱，从此贝宁社会便陷入动荡，国内燃料短缺，这直接导致索格洛在1996年总统大选中落败。2003年8月，一名尼日利亚嫌犯藏身科托努，而贝宁方面拒绝将其引渡回尼日利亚，两国当局由此发生对峙，边界关闭了一周[6]。2005年又发生一起短暂而尴尬的边界关闭事件。2008年3月，尼日利亚为了打击进口二手车贸易，在二手车通常会过境的路线上，如卡拉克（Krake）和伊戈洛（Igolo）设置了拦截车队[7]。

尽管两国间时有边界关闭事件发生，尼日利亚经常威胁要叫停两国跨国贸易，但两国再出口贸易却如野火般屡禁不止反而愈发活跃，两国边境管制政策也时而宽松时而严格。然而，只要尼日利亚决心进一步提高贸易壁垒或严打贝宁再出口贸易，贝宁仍会因此蒙受巨大损失甚至可能面临严重经济困难。

汇率和货币可兑换性。汇率波动本身不会显著改变进口自亚洲或欧洲的商品在贝宁或是尼日利亚的价格，因为价格在国际市场上是基本固定的，而且原则上西非法郎兑奈拉汇率的变化反映在贝宁和尼日利亚当地货币价格变动中。但是，汇率变动却可能会影响本土产品的竞争力。无论如何，1994 年西非法郎贬值对再出口贸易除短期有一些干扰外几乎没有其他影响。在 1994 年货币贬值之后的几个月里，再出口贸易量下降，但很快就恢复了，1993～1994 年再出口量没有发生实质性变化（Galtier 和 Tassou，1998：129；Hashim et Meagher，1999）。奈拉在平行市场上的急剧贬值和尼日利亚通货膨胀率上升可能掩盖了西非法郎贬值所带来的影响。

西非法郎与尼日利亚奈拉相比稳定性更高，这对贝宁作为区域贸易平台有着重要积极影响。西非法郎与欧元挂钩并可自由兑换，而奈拉却非常不稳定，受到严格的外汇管制，黑市流通混乱。1993 年，西非法郎曾短暂地可在西非法郎区外自由兑换，这对再出口贸易却并没有产生持久影响。

非官方跨境贸易估算

据冈比亚和塞内加尔的官方双边贸易统计数据，两国之间的双边贸易量很小。2002～2005 年，冈比亚与塞内加尔的双边进出口分别占冈比亚进出口总额的 3.5%，塞内加尔在双边贸易处于顺差地位。同样，贝宁贸易数据显示，贝宁近年来仅有约 15% 的进出口贸易的交易方是西非经济货币联盟和西非国家经济共同体其他成员国。特别是贝宁与尼日利亚的登记出口和进口量非常低，仅占 2000～2005 年官方进出口总额的 5% 左右。

因此，官方统计数据似乎与实际情况不符。从冈比亚到塞内加尔以及从贝宁到尼日利亚的再出口贸易量显然非常大。但遗憾的是，难以估计这些交易的真实数量。这与伯格（Berg，1985）得出的结果一致，后者得出的结论是，非洲外贸统计官方数据与实际情况不一致主要是由走私造成的。

虽然非官方贸易数据匮乏，但假设这些进口产品曾在港口入境时有过准确记录，那就可以通过观察这些产品中价格低廉得不正常的数量从而估计出再出口规模。这样做需要将商品进出口情况与国内消费情况进行比较，但很难获取后者准确数据。

据国际货币基金组织估计，冈比亚再出口量约为国内生产商品出口量的 4 倍，占国家出口总额的 80%，这与所采访的知情者提供的估算数字以及埃尔哈吉（Elhadj，2000）做出的定性分析结果一致。而关于再出口平均水平，格鲁伯和姆拜耶（Golub et Mbaye，2009）的调研结果是相似的，但显示出比国际货币基金组织的估计更大的区间。

从贝宁到尼日利亚的再出口产品主要是在尼日利亚被高度保护或禁售的商品，正式货源不多，包括表 9.4 中列出的商品：大宗消费食品（大米等）、加工食品（番茄酱等）、冷冻家禽、香烟、布料和服装以及二手产品（汽车、轮胎和服装）。大多数产品至少从 20 世纪 70 年代以来就是再出口贸易的支柱，这些产品各自进口规模不尽相同，从中可看出尼日利亚对不同产品进口限制严格程度的区别。

表 9.4　向贝宁再出口的货物样品的进口

单位：10 亿西非法郎

	2004 年	2005 年	2006 年	2007 年
二手汽车	150.5	178.7	264.2	327.7
大米	50.4	90.9	104.4	151.7
纺织品	44.7	60.1	57.0	82.9
二手服装	27.8	32.7	41.9	48.9
棕榈油	9.1	9.0	27.1	44.4
冷冻家禽	29.7	26.0	23.6	38.5
电池	20.4	23.5	29.6	34.5
家具	4.7	6.6	14.5	28.6
食糖	8.0	9.8	13.2	13.4
服装	4.1	10.7	2.3	8.8
雪茄	1.9	3.8	5.7	8.8
番茄酱	0.7	0.7	2.4	4.6

	2004 年	2005 年	2006 年	2007 年
二手轮胎	3.5	4.2	4.2	4.5
纸箱	4.3	4.2	3.7	3.1
合计	359.7	460.9	593.9	800.2
国内生产总值占比（%）	22.4	23.6	26.6	32.4

注：包括过境的进口货物。

资料来源：贝宁海关数据和作者计算。

表 9.4 列出了 2004～2007 年贝宁最重要的再出口产品中 14 种的进口量。受访的贝宁进口商估计，这些商品中有 70%～90% 是非法再出口到尼日利亚的。总体而言，表 9.4 表明，再出口贸易对官方进口量、国内生产总值和财政收入贡献并不显著，但实际活动规模却非常大。仅 14 种产品的实际进口量就超过了国际货币基金组织和世界银行数据库中报告的所有官方登记进口量，这主要是因为以上数据库不包括标记为过境的进口货物。仅在 14 种产品上收集的关税就占 2004～2007 年政府税收总额的约 30%。数字远高于之前文献给出的数据，如加尔蒂埃和塔松（Galtier et Tasson，1998）的数据。然而，根据伊格和苏莱（Igué et Soulé，1992）的说法，再出口在很多时候可以超过官方进口量的一半，例如在 20 世纪 70 年代和 80 年代初期。

非正式跨境贸易的规模

再出口贸易对贝宁或冈比亚经济的贡献量虽很难具体衡量，但估计很大。再出口贸易额约占冈比亚出口总额的 80%。净再出口（扣除以进口名义完成的再出口）贡献了约 20% 的外汇收入和 7% 的国内生产总值。虽然这一产业低于旅游业的贡献，但高于花生业[8]。许多人从事货物处理、储存和运输工作。

在贝宁，再出口贸易规模甚至可能远超人们想象。佩雷（Perret，2002）估计，仅二手车贸易就占贝宁国内生产总值的 9%，与棉花业的比例相同。而二手车占非官方出口总额的 20% 左右，非官方贸易占贝宁国内生产总值的 20% 左右。它对就业的贡献低于对国内生产总值的贡献，后者大部分是由进口商所获利润和税收组成的。然而，它对就业依然有不小的影响，约 5 万人直接受益，包括二手车市场的约 1.5 万从业者。

再出口贸易的最大贡献在于会为政府创造税收。事实上，正如上文所述，贝宁和冈比亚的外贸政策就是旨在使再出口收入最大化，当产品进入贝宁时，国家对产品征税的税率远低于邻国。对外贸易税占两国公共收入的一半左右，而对以再出口为目的的进口产品税收又占总对外贸易税入的一半。

西非经济货币联盟和西非国家经济共同体内部贸易政策对再出口活动有一定遏制作用。对贝宁来说，如果实行西非经济货币联盟共同对外关税，就要提高本国消费品关税，那么在再出口贸易中对于像多哥这样的国家竞争优势就不大了，而尼日利亚试图降低贸易壁垒的做法也强烈冲击着贝宁的走私活动。为了抵消邻国商业自由化对再出口活动盈利能力的影响，冈比亚和贝宁海关官员被怀疑一度试图通过降低某些商品的申报应税额消除关税增加的影响。以再出口为目的的进口产品相较于本地消费的商品一般会有更多的政策优惠。

虽然贝宁和冈比亚从再出口贸易中获得了可观的收入，但大部分走私活动几乎都不会交税。此外，这些利润是不可持续的，邻国贸易政策的任何变化以及边防执法严格程度都会对再出口贸易造成严重冲击。

走私在纠正各国内部不合理的贸易政策上应该说具有积极的社会功能。然而，这种基于邻国贸易政策弊病而发展起来的贸易方式，其可持续性仍有很大争议。整体而言，走私助长了西非外贸中的逃税腐败之风，不法行为大肆泛滥，人们对此甚至已经见怪不怪。

结　论

在本章中，作者描述了塞内加尔和冈比亚之间以及贝宁和尼日利亚之间的走私活动。西非邻国之间不登记和不纳税的贸易量非常大。造成这种现象的原因很多，其中比较重要的因素是邻国间同种商品价格差异较大，各国国内和国际贸易政策不同，再加上非洲大陆上一直长期存在超越国界的族群宗教关系，以及极不合理的冗长边界，导致国家在边境上的执法能力薄弱，一些有影响力的政治主体牵涉其中，正如第 8 章中所述。第 4 章中也提到过，大型非正式企业在跨境贸易中表现活跃。

　　第 6 章中已经讨论过非正式经济相关产业治理思路，减少走私需要对政策进行改革，减少政策中可能诱发或助推走私的因素，而在这种情况下，西非各国需要进一步协调关税。此外各国也应加强行政、执法能力，特别是海关主管部门要严格执法，遏制走私做大。

注释

1. 多哥也在向尼日利亚再出口。

2. 本说明基于兰伯特、布恩、莱斯（Lambert，1994；Boone，1989；Rice，1967）的文献，以及 2005 年对冈比亚和塞内加尔贸易商和海关官员的采访。

3. 本说明基于伊格和苏莱（Igué et Soulé，1992）的文献以及作者在贝宁的采访。

4. 关于二手车市场的讨论基于佩雷（Perret，2002）的文献以及对涉及二手车进口和销售的贸易商和企业的采访。

5. 人们认为，尼日利亚前总统奥巴桑乔之所以禁止进口家禽与他本人投资了国内家禽商业养殖有关。

6. 该事件导致奥巴桑乔总统的一个侄女在拉各斯人质劫持事件中遇难。绑匪意欲盗窃尼日利亚汽车并将它们运往科托努。居住在科托努的尼日利亚侨民提加尼·哈玛尼（Tijani Hamani）是该地区的地头蛇，他涉嫌违法被捕但后来被贝宁司法部门释放。

7. 《贝宁与尼日利亚之间的贸易困境：对科托努的二手车禁运》，《晨报》（贝宁）2008 年 3 月 14 日。

8. 国际货币基金组织（2005）。文中所涉有关国内生产总值贡献量是基于国际货币基金组织提出的估算方法，这一方法"为定量研究冈比亚企业服务便将企业进口利润与产品成本加总"。

参考文献

Azam, Jean Paul, *Trade*, *Exchange Rate et Growth in Sub-Saharan Africa*, New York：Cambridge University Press, 2007.

Banque mondiale, *Benin Diagnostic Trade Integration Study* [*DTIS*], Washington, DC：Banque mondiale, 2005.

Banque mondiale, *World Development Indicators*, Washington, DC：Banque mondiale, 2010.

Berg, Elliot, *Intra-African Trade and Economic Integration*, Washington, DC：Development Alternatives, 1985.

Bhagwati, Jagdish et Bent Hansen, «A Theoretical Analysis of Smuggling», *Quarterly Journal of Economics*, 1973, 87 (4), p. 172 – 87.

Boone, Catherine, *Merchant Capital and the Roots of State Power in Senegal*, *1930 – 1985*, New York：Cambridge University Press, 1989.

Deardorff, Alan et Wolfgang Stolper, «Effects of Smuggling under African Conditions：A Factual, Institutional et Analytic Discussion», *Weltwirtchaftliches Archiv*, 1990, 126 (1), p. 116 – 41.

Egg, Johnny et Javier Herrera, *Échanges transfrontaliers et intégration régionale en Afrique subsaharienne*, Bondy：Autrepart, 1998.

Elhadj, Charbel, «Improving the Competitiveness and Effi ciency of the Trading Sector, with Particular Reference to the Reexport Trade», *Paper presented at the publicprivate sector forum*, Banjul, Gambie, novembre 2000, p. 29 – 30.

FMI (Fonds Monétaire International), «Nigeria：Selected Issues and Statistical Appendix», *Country Report 05/203*, Washington, DC：FMI, août 2005.

Galtier, Franck et Zakari Tassou, «La réexportation：vice ou vertu? Le commerce du Bénin vers le Nigeria», In *Échanges transfrontaliers et intégration en Afrique subsaharienne*, ed. Johnny Egg and Javier Herrera, Orstrom：IRD Éditions, 1998.

Golub, Stephen S. , «Benin's Reexport Trade», In *Benin Country Economic Memorandum*, ch. 3. Washington, DC：Banque mondiale, 2008.

Golub, Stephen S. et Ahmadou A. Mbaye, «National Trade Policies and Smuggling in Africa：The Case of The Gambia and Senegal», *World Development*, mars 2009, 37 (3),

p. 595 – 606.

Hashim, Yahaya et Kate Meagher, «Cross-Border Trade and the Parallel Currency Market: Trade and Finance in the Context of Structural Adjustment», *Research Report 113*, Uppsala: Nordiska Afraka institutet, 1999.

Herbst, Jeffrey, *States and Power in Africa*, Princeton, NJ: Princeton University Press, 2000.

Igué, John O. et Bio G. Soulé, *L'État entrepôt au Bénin: commerce informel ou réponse à la crise?*, Paris: Karthala, 1992.

INSAE (Institut National de la Statistique et de l'Analyse Économique), *Estima tion du commerce extérieur non-enregistré au Bénin*, Bénin: INSAE, octobre 2001.

Lambert, Agnés, «Les commerçants et l'intégration régionale», In *Le Sénégal et ses voisins*, ed. Momar-CoumbaDiop, Dakar: Sociétés-Espaces-Temps, 1994.

LeFaou, Steven, «Les exportations de produits manufacturés du Nigeria vers le Bénin», *Économie Régionale* (LARES), 2001.

Morillon, Virginie et Servais Afouda, «Le trafi c illicite des produits pétroliers entre le Bénin et Nigeria», *Économie Régionale* (LARES), septembre 2005.

OMC (Organisation Mondiale du Commerce), *The Gambia Trade Policy Review*. Genève: OMS, 2004.

OMC (Organisation Mondiale du Commerce), *Nigeria Trade Policy Review*, Genève: OMS, 2005.

Oyejide, T., E. Ademola, OlawaleOgunkola, Abiodun S. Bankole et Adeolu O. Adwuyi, «Study of Trade Policy and Nigerian Wholesale Prices», *Report prepared for the World Bank*, Washington, DC, 2008.

Perret, Christophe, «Le commerce de véhicules d'occasion au Bénin. Problématique régionale et aspects nationaux.» *Économie Régionale* (LARES), novembre 2002.

Portes, Alejandro, «Social Capital: Its Origins and Applications in Modern Sociology», *Annual Review of Modern Sociology*, 1998, 24, p. 1 – 24.

Prag, Ebbe, «Political Struggles over the Dantokpa Market in Cotonou, Benin», *DIIS Working Paper* 2010: 3, Copenhague: Danish Institute for International Studies, 2010.

Putnam, Robert D., «Bowling Alone: America's Declining Social Capital», *Journal of Democracy*, 1995, 6 (1), p. 65 – 78.

Rauch, James E., «Business and Social Networks in International Trade», *Journal of E-*

conomic Literature, 2001, 49（4）, p. 1177 – 203.

Rice, Berkeley, *Enter Gambia: The Birth of an Improbable Nation*, Boston: Houghton-Miffl in, 1967.

Salem, Gérard, «De labrousse sénégalaise au Boul' Mich: le système commercial Mouride en France», *Cahiers d'Études Africaines*, 1981, 21（81 – 83）, p. 267 – 88.

Soulé, Bio. G. , «La dynamique régionale», *Économie Régionale* （LARES）, avril 2004, p. 11 – 33.

Sudarkasa, Niara, «The Role of Yoruba Commercial Migration in West African Development», In *African Migration and National Development*, ed. Beverly Lindsay, University Park, PA: University of Pennsylvania Press, 1985.

Tall, Serigne M. , «Senegalese Emigres: New Information and Communication Technologies», *Review of African Political Economy*, 2004, 31（99）, p. 31 – 48.

Yang, Yongzheng et Sanjeev Gupta, «Regional Trade Arrangements in Africa: Past Performance and the Way Forward», *Working Paper* 05/36, Washington, DC: FMI, février 2005.

Young, Crawford, *The African Colonial State in Comparative Perspective*, New Haven, CT: Yale University Press, 1994.

图书在版编目（CIP）数据

非正式经济：西非企业规模、生产率和制度研究 /
（美）南希·本杰明（Nancy Benjamin）等著；王战，周
晨宇，孙小涵译. -- 北京：社会科学文献出版社，
2023.4

（中国非洲研究院文库）

ISBN 978 - 7 - 5201 - 9050 - 3

Ⅰ.①非… Ⅱ.①南… ②王… ③周… ④孙… Ⅲ.
①企业管理 - 研究 - 西非 Ⅳ.①F279.430.3

中国版本图书馆 CIP 数据核字（2021）第 195918 号

中国非洲研究院文库

非正式经济：西非企业规模、生产率和制度研究

著　　者 / 〔美〕南希·本杰明（Nancy Benjamin）
　　　　　〔塞内加尔〕阿马杜·阿里·姆拜耶（Ahmadou Aly Mbaye）等
译　　者 / 王　战　周晨宇　孙小涵

出 版 人 / 王利民
组稿编辑 / 高明秀
责任编辑 / 许玉燕
责任印制 / 王京美

出　　版 / 社会科学文献出版社·国别区域分社（010）59367078
　　　　　地址：北京市北三环中路甲 29 号院华龙大厦　邮编：100029
　　　　　网址：www. ssap. com. cn
发　　行 / 社会科学文献出版社（010）59367028
印　　装 / 三河市龙林印务有限公司

规　　格 / 开　本：787mm × 1092mm　1/16
　　　　　印　张：18.25　字　数：271 千字
版　　次 / 2023 年 4 月第 1 版　2023 年 4 月第 1 次印刷
书　　号 / ISBN 978 - 7 - 5201 - 9050 - 3
著作权合同
登 记 号 / 图字 01 - 2021 - 5827 号
定　　价 / 168.00 元

读者服务电话：4008918866